基于CIPP的北京市校园足球特色学校评价体系构建研究

张健 著

人民体育出版社

图书在版编目（CIP）数据

基于CIPP的北京市校园足球特色学校评价体系构建研究 / 张健著. -- 北京：人民体育出版社，2024
ISBN 978-7-5009-6363-9

Ⅰ.①基… Ⅱ.①张… Ⅲ.①学校体育—足球运动—研究—北京 Ⅳ.①G843.2

中国国家版本馆CIP数据核字(2023)第190807号

*

人民体育出版社出版发行
北京建宏印刷有限公司印刷
新 华 书 店 经 销

*

787×960 16开本 19印张 319千字
2024年4月第1版 2024年4月第1次印刷

*

ISBN 978-7-5009-6363-9
定价：82.00元

社址：北京市东城区体育馆路8号（天坛公园东门）
电话：67151482（发行部） 邮编：100061
传真：67151483 邮购：67118491
网址：www.psphpress.com

（购买本社图书，如遇有缺损页可与邮购部联系）

前　言

全国青少年校园足球特色学校（以下简称"特色学校"）是落实校园足球"角色定位"和"使命任务"的基本单位和中坚力量，其发展的"质"与"量"是校园足球成败的关键。目前特色学校的数量已突破两万，如何对质量做出判断是当前亟须解决的问题。学校评价是现代教育行政管理的有机组成部分，是行之有效的管理和监督机制。发挥评价的管理与监督效能提升特色学校的办学质量是本研究的主旨所在，为此构建了"基于CIPP的北京市校园足球特色学校评价体系"，这不仅为北京市校园足球运动协会对特色学校实施评价提供了工具支持，还是应用发展性教育评价理论解决学校体育实践问题的有益尝试。

本书以校园足球特色学校评价体系为研究对象，采用文献资料法、德尔菲法和环比构权法等研究方法构建了"基于CIPP的北京市校园足球特色学校评价体系"，并通过实证研究进一步对其合理性、科学性和有效性做出判断。具体研究成果及结论如下：

第一，构建了以发展性教育评价理论为宏观指导、CIPP模式为中观指导、指标构建理论为微观指导的"基于CIPP的北京市校园足球特色学校评价体系"，该体系符合校园足球特色学校发展战略的内在逻辑关系，三个层次的理论衔接紧密，使校园足球特色学校评价工作既有雄厚的理论基础又有扎实的实践支撑。第二，发展性教育评价理念主要体现在该评价体系从"目标—资源—过程—结果"四个维度对学校展开评价，评价指标兼顾前瞻性与基础性、过程性与增幅性、定性与定量，评价过程遵循"平等、协商、对话"的原则，在行政、校方和师生共同参与下进行，使得学校的主体地位和师生利益得到尊重，评价结果兼顾多方利益诉求。第三，该评价体系由发展目标、资源保障、组织执行、发展成果4个一级指标和18个二级指标、57个三级指标构成，其一级指标的权重值分别是0.1584、0.2794、0.3797、0.1835，评价标准依据《学校体育工作条例》《教育部办公厅关于组织开展加快发展校园足球重点督查工作的通知》文件精神和北京市校园足球特色学校发展实际情况综合制定。第四，实证研究表明，该评价指标体系具有良好的导向性和可操作性，评价结果具有良好的诊断性和区分性功能，能够较准确地鉴别不同学校的整体发展程度，甄别优势与薄弱环节。第五，从整体来看，校园足球特色学校处于特色办学的孕育阶段，特色学校在价值导向上着眼于全员参与、培养兴趣，均以足球课程建设与实施为着力点，以提高校园足球活动形式的数量与质量为手段，取得的成绩值得肯定，反映出前期以规范办学行为为目的的初衷已经实现。同时存在的突出问题有：学校不同层次的发展目标之间存在"断层现象"，致使发展目标的定向凝聚作用"被削弱"；师资、场地和课程建设依然是特色学校资源配置的短板；校园足球活动形式创新性不够、推进方式趋同化、学生参与人数比例受限是组织执行的薄弱环节；特色学校"课内外一体化"教学模式逐渐成型，但发展成果尚不显著。

张健

2019年2月

摘 要

"评价不仅是反映价值的方法，同时还是发现价值和实现价值的手段"。北京市校园足球特色学校评价指标体系是本书的研究对象，CIPP模式为本研究提供了建立评价指标体系的理论工具，评价的目的是甄别校园足球特色学校的发展程度，以上三者的内在逻辑关系决定了本研究遵循构建评价指标体系并进行实证研究的整体路径，即从CIPP模式所规定的发展目标、资源保障、组织执行和发展成果四个维度构建评价指标，并以评价标准为"坐标尺度"衡量学校发展"实然"与"应然"的差距，为北京市校园足球特色学校"提质增效"提供依据。本书由六章内容组成。

第一章为绪论，从理论层面对本研究的选题依据、目的和意义进行阐述，以已有相关文献存在的不足为基点，在专家访谈与文献研究相结合的基础上提出问题，并对本研究所要实现的目标和解决问题的思路、方法以及所具有的创新点等进行简要阐述。

第二章是校园足球特色学校评价的理论探讨。校园足球特色学校评价是以发展性教育评价理论为指导，以校园足球特色学校与足球教育教学相关要素为评价重点，旨在促进学校发展的管理手段，具有发展性、综合性和动态性的特点。本章以拟要解决的问题为导向，首先采用文献资料法阐述了对校园足球特色学校实施评价的理论基础，包括发展性教育评价理论、系统科学理论和综合评价理论；其次采用逻辑分析法先后阐述了CIPP模式秉承发展性教育评价理论的要义和该模式应用于校园足球特色学校评价的实施策略，从而为之后展开论述做好铺垫。

第三章是基于CIPP的校园足球特色学校评价的系统分析。本章在对校园足球发展的价值目标等基本问题进行阐释后，从校园足球特色学校发展的时空结构入手构建了以CIPP模式为模版的校园足球特色学校评价系统，其四个子系统分别是发展目标、资源保障、组织执行和发展成果。要实现校园足球特色学校的良好运转，需要四个子系统及相关元素的协同运行，因此从协同运行的机制进行了理论阐释，为建立评价指标体系提供理论支撑。

第四章是基于CIPP的北京市校园足球特色学校评价指标体系的构建，是本书的重点研究内容，也是本书的核心成果和创新点。在遵循全面性、科学性、可操作性等原则的基础上，首先构建了评价指标系统的初稿，其次采用德尔菲法通过两轮专家咨询对指标进行优化，确定了由4个一级指标、18个二级指标和57个三级指标构成的评价指标系统，再次对各指标进行释义，最后采用层次分析法与环比构权法为各个指标赋予权重值。

第五章是基于CIPP的北京市校园足球特色学校评价的实证研究。首先在阐释校园足球特色学校评价的步骤与方法的基础上，应用前一章制订的基于CIPP的北京市校园足球特色学校评价指标体系，以A校为例，举例说明各级指标的具体得分与总得分之间的关系；其次依据A校的得分情况分析优势找出不足，进一步提出对A校的发展建议；然后依据5所学校的得分情况与教育部制订的《校园足球特色学校复核标准》的得分情况进行对比，从"保序性结果检验"和"排序性变化原因分析"两个方面对新建指标体系的合理性做出判断；最后指出5所学校在四个子系统方面存在的问题。

第六章是研究结论与展望。通过对前面几章研究结果进行总结、梳理，提炼出本研究的主要结论，客观地指出本研究存在的局限性，并据此对未来相关研究进行展望。

目 录

第一章 绪论 …………………………………………………（1）

　第一节 研究背景与意义 …………………………………（1）
　　一、研究背景 ……………………………………………（1）
　　二、研究目的与意义 ……………………………………（6）
　第二节 文献综述 …………………………………………（7）
　　一、校园足球研究进展 …………………………………（7）
　　二、CIPP模式的应用研究 ……………………………（32）
　　三、校园足球特色学校评价研究 ………………………（37）
　第三节 研究目标与思路 …………………………………（52）
　　一、研究目标 ……………………………………………（52）
　　二、研究思路 ……………………………………………（53）
　第四节 研究对象与方法 …………………………………（53）
　　一、研究对象 ……………………………………………（53）
　　二、研究方法 ……………………………………………（53）
　第五节 研究重点、难点与创新点 ………………………（55）
　　一、研究重点 ……………………………………………（55）
　　二、研究难点及解决办法 ………………………………（56）
　　三、研究的创新点 ………………………………………（56）

1

第二章　校园足球特色学校评价的理论探讨……………（ 58 ）

第一节　校园足球特色学校评价的理论基础…………（ 58 ）
一、发展性教育评价理论……………………………（ 58 ）
二、系统科学理论……………………………………（ 62 ）
三、综合评价理论……………………………………（ 69 ）

第二节　校园足球特色学校评价的依据………………（ 72 ）
一、校园足球特色学校评价的理论依据……………（ 72 ）
二、校园足球特色学校评价的政策依据……………（ 76 ）
三、北京市校园足球特色学校评价的现实依据……（ 77 ）

第三节　CIPP模式与校园足球特色学校评价的契合性………（ 81 ）
一、CIPP模式的特点与功能…………………………（ 81 ）
二、CIPP模式对发展性学校评价理念的体现………（ 87 ）
三、基于CIPP的校园足球特色学校评价的实施策略……（ 89 ）

本章小节…………………………………………………（ 92 ）

第三章　基于CIPP的校园足球特色学校评价的系统分析…（ 93 ）

第一节　校园足球特色学校评价系统的界定…………（ 93 ）
一、校园足球特色学校评价系统的界定……………（ 93 ）
二、校园足球特色学校评价系统的诠释……………（ 94 ）

第二节　校园足球特色学校评价的系统分析…………（ 96 ）
一、系统分析的概念…………………………………（ 96 ）
二、系统分析的步骤…………………………………（ 97 ）

第三节　校园足球特色学校评价系统的基本问题……（ 97 ）
一、校园足球特色学校评价系统的目标……………（ 97 ）
二、校园足球特色学校评价系统的结构……………（ 98 ）
三、校园足球特色学校评价系统的模型……………（ 102 ）

四、校园足球特色学校评价系统的特点……………………（103）
　　五、校园足球特色学校评价系统的功能……………………（106）
第四节　校园足球特色学校评价系统的运行机制………………（108）
　　一、校园足球特色学校评价系统协同运行的框架…………（109）
　　二、校园足球特色学校评价系统的形成机制………………（111）
　　三、校园足球特色学校评价系统协同运行的实现机制……（115）
　　四、校园足球特色学校评价系统协同运行的激励与约束机制
　　　　………………………………………………………………（118）
本章小结…………………………………………………………………（121）

第四章　基于CIPP的北京市校园足球特色学校评价指标体系的构建…………………………………………………………（122）

第一节　校园足球特色学校评价分析程序………………………（122）
　　一、明确评价对象系统………………………………………（122）
　　二、构建评价指标体系………………………………………（122）
　　三、确定评价指标体系权重…………………………………（123）
　　四、制定评价标准……………………………………………（123）
　　五、合成综合评价值…………………………………………（123）
第二节　校园足球特色学校评价指标体系构建的基础…………（124）
　　一、评价指标体系构建的基础………………………………（124）
　　二、评价指标体系构建的原则………………………………（127）
第三节　校园足球特色学校评价指标体系构建的方法…………（130）
　　一、评价指标体系的筛选方法………………………………（130）
　　二、评价指标体系的构权方法………………………………（131）
第四节　基于CIPP的北京市校园足球特色学校评价指标体系的确定
　　………………………………………………………………………（137）
　　一、初步构建的校园足球特色学校评价指标体系…………（137）

3

二、校园足球特色学校评价指标体系的检验与优化……（140）

　　三、基于CIPP的北京市校园足球特色学校评价指标体系
　　　　的确定……（157）

　　四、基于CIPP的北京市校园足球特色学校评价指标体系
　　　　的释义……（159）

第五节　基于CIPP的北京市校园足球特色学校评价指标权重的确定
　　　　……（171）

　　一、确定校园足球特色学校评价指标权重的整体思路……（171）

　　二、校园足球特色学校评价指标权重的获取……（172）

　　三、校园足球特色学校评价指标综合权重的合成……（175）

　　四、校园足球特色学校评价指标综合权重表……（181）

　　五、基于CIPP的北京市校园足球特色学校评价指标体系的
　　　　理论分析……（183）

　本章小结……（184）

第五章　基于CIPP的北京市校园足球特色学校评价的实证研究
……（185）

第一节　校园足球特色学校实施评价的步骤与方法……（186）

　　一、校园足球特色学校评价的实施步骤……（186）

　　二、校园足球特色学校评价的实施方法……（186）

　　三、校园足球特色学校综合评价的合成方法……（210）

第二节　校园足球特色学校评价的验证……（210）

　　一、A校评价内容、分值和依据汇总……（210）

　　二、A校的评价结果与分析……（233）

　　三、A校的发展建议……（239）

第三节　校园足球特色学校整体评价结果分析……（242）

　　一、试点学校评价结果汇总……（243）

二、新旧评价体系的保序性检验结果…………………………（243）
　　三、新旧评价体系产生差异性的对比分析……………………（246）
　第四节　校园足球特色学校存在的问题…………………………（249）
　　一、发展目标方面存在的问题…………………………………（250）
　　二、资源保障方面存在的问题…………………………………（250）
　　三、组织执行方面存在的问题…………………………………（251）
　　四、发展成果方面存在的问题…………………………………（251）
　本章小结……………………………………………………………（252）

第六章　研究结论与展望……………………………………………（253）
　　一、研究结论……………………………………………………（253）
　　二、发展建议……………………………………………………（254）
　　三、研究不足……………………………………………………（255）
　　四、研究展望……………………………………………………（255）

附录……………………………………………………………………（257）

致谢……………………………………………………………………（290）

第一章 绪论

第一节 研究背景与意义

一、研究背景

（一）校园足球——助力体育大国向体育强国迈进的有力抓手

体育是强国之举，强国是复兴之途。我国用了25年（1984—2008年）的时间实现了由奥运金牌零的突破到奥运金牌榜榜首的超越。2008年9月29日，胡锦涛同志出席北京奥运会和残奥会的表彰大会，发出"推动我国由体育大国向体育强国迈进"的号召。2014年10月国务院印发《关于加快发展体育产业促进体育消费的若干意见》明确 "将全民健身上升为国家战略"[1]。2015年11月《中共中央关于制定国民经济和社会发展第十三个五年规划的建议》将"健康中国"建设正式上升为国家战略[2]。2017年10月18日，习近平总书记在党的十九大报告中重申在全面建成小康社会的关键阶段，中国特色社会主义进入新时代的关键时期，发出了"广泛开展全民健身活动，加快推进体育强国建设"的号召，这是有史以来党代会报告中首次将体育作为发展目标的内容提出来，折射出体育在中国特色社会主义进入新时

---

[1] 国务院. 国务院关于加快发展体育产业促进体育消费的若干意见（国发〔2014〕46号）[Z]. 2014–10–20.

[2] 胡鞍钢，方旭东. 全民健身国家战略:内涵与发展思路[J]. 体育科学，2016，36（3）：3–9.

代后的新定位[1]。发挥体育在"健康中国"建设中的推进作用，人人参与、人人健康、人人幸福将成为"十三五"及其后若干年中国社会发展的主旋律。

我国已跻身世界"体育大国"行列而绝非"体育强国"[2]，体育大国与体育强国虽仅有一字之差但含义却相距甚远，"大"表现为"数量多、规模大"，而"强"则表现为"质量高，实力雄厚、总体实力超群"，大国是实现强国的基础，而强国是对大国发展质量与效益的肯定，"强国之强"不仅包括竞技体育，还包括大众体育、体育产业，以及和体育事业相关的方方面面，特别是世人公认的田径、游泳、"三大球"项目的综合成绩，对于判别体育强国与否具有标志性意义[3]。我国的足球事业曾经在亚洲范围内取得不错的成绩，职业化的尝试也曾为中国足球带来希望，但由于对足球价值和规律认识不足、急功近利思想严重、组织管理落后、人才匮乏、监管缺失[4]等，致使竞技足球水平低迷徘徊、足球联赛职业化、商业化发展滞后、群众足球开展不利、学校足球缺乏动力，这与党和人民的殷切期望严重不符。习近平总书记曾多次指示要把振兴足球作为发展体育运动、建设体育强国的实际行动，下决心把足球搞上去，国务院为此多次进行专题研究和工作部署，《中国足球改革发展方案》的颁布标志着我国足球事业迎来前所未有的发展机遇。

"少年强则中国强"为我们认识和发展足球提供了方法论指导。校园足球作为足球综合改革的重要组成部分，面向全国2.5亿（其中1.6亿中小学生）各级各类在校学生，是当前和未来我国足球人口的依托，是实现竞技足球为国争光的根基，是实现群众足球为民谋福的基础，是实现足球产业为国增利的保障，同时为足球的教育探索、文化积淀、人才培养以及足球的全面发展提供力量支持，是实现我国由体育大国向体育强国迈进的有力抓手。

---

[1] 韩会君，黄晓春.新时代中国体育的功能定位和与历史使命[J].广州体育学院学报，2017，37（6）：1–4.

[2] 体育大国向体育强国迈进的理论与实践研究课题组.体育强国战略研究[M].北京：人民体育出版社，2010：5.

[3] 田雨普.努力实现由体育大国向体育强国的迈进[J].体育科学，2009，29（3）：3–8.

[4] 国务院办公厅.中国足球改革发展总体方案[M].北京：人民出版社，2015：2–3.

（二）校园足球特色学校——探索学校体育改革的先行试点

近年来，我国青少年学生体质健康水平持续下滑，这与经济社会快速发展之间形成鲜明的反差，已成为困扰文化、教育和体育发展的重大问题之一[1]。2005年全国学生体质健康调研结果公布[2]，一石激起千层浪，学生体质健康问题开始引起上至中央领导下至学生家长的广泛关注。国家教育、体育等部门开始着手制订应对方案，以2006年首次"全国学校体育工作会议"的召开和2007年《中共中央国务院关于加强青少年体育增强青少年体质的意见》（中发〔2007〕7号）的出台为标志拉开了一系列改革的序幕，以提升青少年学生体质健康为根本目标，随后《国家中长期教育改革和发展纲要（2010—2020年）》和《中共中央关于全面深化改革若干重大问题的决定》都曾对青少年体质健康工作提出过明确的要求，但效果不尽人意。2010年学生体质测试结果公布，与2005年相比我国学生体质健康持续下滑的状况初步得到遏止，但总体状况没有得到根本扭转[3]，表现在反映中小学生身体素质的若干指标有较小升幅，但大学生身体素质下滑，各学段视力不良检出率居高不下且出现低龄化倾向，肥胖检出率继续升高[4]，随后的《2014年国民体质监测公报》显示，7～18岁中小学生身体素质的速度、柔韧、灵敏、耐力指标呈现稳中向好的趋势，但大学生身体素质、各学段视力不良检出率和肥胖问题依然突出。

造成学生体质健康下降的原因是多方面的，在课业负担过重、运动不足的表面原因之下也有更为深层的社会、学校、家庭和学生因素的综合作用[5]。

---

[1] 张继生，彭响，谭腾飞.近十年我国青少年体质健康研究述评[J].河北体育学院学报，2018，32（1）：35-41.

[2] 周济.在全国学校体育工作会议上的讲话[EB/OL].http：//www.pep.com.cn/tiyu/dtxx/tjxx/20070130_276905.htm.

[3] 刘海元，唐吉平.对贯彻落实"强化体育课和课外锻炼"有关精神的探讨[J].成都体育学院学报，2014，40（6）：1-7.

[4] 教育部关于2010年全国学生体质与健康调研结果公告[EB/OL].http：//old.moe.gov.cn//publicfiles/business/htmlfiles/moe/s5948/201109/124202.html.

[5] 刘海元.学生体质健康水平下降原因及解决对策[J].体育学刊，2008，15（1）：67-71.

但我们的学生上了14年体育课，大部分学生居然没有掌握一到两项能够伴随一生的运动技能，学校体育没有发挥应有的功能是不争的事实，所以要改革。学校体育应秉承在全员参与、全体受益的基础上，瞄准学生终身参与体育锻炼本领的掌握，注重德育渗透[1]的主张，以往的学校体育多沿袭传统的"全面体验、浅尝辄止"的教学模式，造成体育教学与学生运动技能"低级重复、全面平庸"的后果；[2]而"一校一品"是在借鉴以往经验的基础上，以促进学生掌握运动技能为先导，以形成学生、学校和区域的联动效应为手段，旨在全面促进学校体育改革发展的尝试。对学生个体而言，"一校一品"以促进学生掌握技能为核心，将"特色教学"与"特色活动"有机整合，围绕一个项目重点突破，促进学生对运动技能的掌握；对学校而言，"一校一品"以形成"学校特色"为核心、以"项目驱动"为实施路径[3]，以实现学校体育立德树人的目标为宗旨，围绕"重点突破"项目统筹调度课程教学、课外活动和校园文化建设等资源，对"重点突破"项目的组织活动实施优先保障，逐渐形成学校特色；对区域而言，在"一校一品"建设形成区域规模优势的基础上，以"特色项目"为媒介展开校际间高水平竞赛，从而形成竞赛与教学训练相互促进的良好态势，系统推进学校体育的全面发展。

在学生体质全面堪忧的背景下，考虑以往学校体育工作的不足和"一校一品"的有益尝试，为贯彻《中国足球改革发展总体方案》和《教育部等6部门关于加快发展青少年校园足球的实施意见》的精神，2015年教育部开始遴选全国青少年校园足球特色学校和特色县（区），计划到2025年达到5万所[4]，截至2017年7月，共有20218所学校和103个县（区）获批全国青少年校园足球特色学校和试点县（区）称号。从特色学校现有

---

[1] 王献英.学生体质健康增强的难题与协同促进策略[J].体育学刊，2016，23（3）：112-115.

[2] 彭小伟，刘召富.学校体育"一校一品"工程构想阐释[J].体育文化导刊，2016（9）：133-137.

[3] 张晓玲.体育特色学校建设的实践模式分析[J].西安体育学院学报，2015（5）：632-636.

[4] 国务院办公厅关于印发中国足球改革发展总体方案的通知.（国办发〔2015〕11号）[Z].2015-03-16.

的数量和发展目标的对比中不难发现，未来8年仍将是校园足球特色学校数量快速增长的阶段。

（三）校园足球特色学校评价——实现校园足球健康成长的先决条件

从逻辑学的角度看，校园足球与学校体育构成种属关系，即校园足球包含于学校体育，校园足球特色学校作为发展校园足球的最基本的结构和功能单位，它的发展质量会对校园足球目标的实现产生至关重要的影响，同时它的角色和使命又决定了对其进行评价是对开展工作的评价，再进一步说是对该校与校园足球相关工作的评价，全面性、系统性是它的特点，明确这一点是本研究顺利开展的前提。

学校体育目标的实现既取决于学校内部的自身潜力，又要依靠学校外部的推动力，两者缺一不可。近年来相关部门在加快补齐学校体育"结构性短板"的同时，也在加大对学校体育工作督查评价的外部推动力建设，双管齐下力促"结构性因素"进一步转化成"功能性因素"并发挥效益。2012年《关于进一步加强学校体育工作的若干意见》（国办发〔2012〕53号）提出"学校体育仍是教育工作中的薄弱环节，实施学校体育工作评估制度，强化学校体育工作督导、健全考核机制，注重实效"的要求；2014年《学生体质健康监测评价办法》《中小学校体育工作评估办法》和《学校体育工作年度报告办法》文件（下称"三个办法"）颁发；2016年《关于强化学校体育促进学生身心健康全面发展的意见》（国办发〔2016〕27号）提出"改革创新体制机制，加强学校体育督导检查，实行公示和行政问责制度"的要求。梳理以上对于学校体育工作督查文件不难发现，如果说53号文件为解决学校体育工作提供了思路的话，那么"三个办法"则为"怎么办"提供了实际行动的抓手，27号文件则道破了解决问题的关键。三个文件构成学校体育督查外部推动力的"三驾马车"，"三个办法"是实施督查的有力抓手。与此同时，对校园足球特色学校的督查评价工作也在有条不紊地展开，2016年《教育部办公厅关于组织开展加快发展青少年校园足球重点督查工作的通知》（教体艺厅函〔2016〕7号）明确将"工作机制情况、普及与竞赛开展情况、条件保障情况"列为重点督查对象，2017年全国青少年校园足球工作领导小组完成对13381所校园足球特色学校的摸底工作并建立退出机制[1]。

目前建设两万所校园足球特色学校的目标已提前两年完成，依托"特色学校+试点县（区）+改革试验区"的校园足球改革推进模式初步成形，"普及、育人"和"提升学生体质、探索学校体育改革"的宗旨和任务正逐渐成为特色学校的共识，但由于没有统一明确的评价指标体系作为依据，致使校园足球特色学校在发展过程中出现了与发展目标相偏离的一系列问题，表现在"重申报、轻建设，重结果、轻过程"，自身"目标不明、各自为战"[2]，角色定位不清、示范作用亟待彰显等，这反应出校园足球特色学校的工作亟待规范和引导。

二、研究目的与意义

（一）研究目的

研制校园足球特色学校评价指标体系，为北京市校园足球运动协会对全市校园足球特色学校（小学）实施评价提供工具支持。

（二）研究意义

1. 理论意义

构建了以发展性教育评价理论和CIPP模式为指导的校园足球特色学校评价体系，理论意义体现在：第一是落实《中国足球改革发展总体方案》校园足球任务和实现《中国足球中长期发展规划》近期发展目标的基础性措施；第二是兑现校园足球特色学校"角色定位"与"使命任务"的重要举措，是

---

[1] 全国青少年校园足球2016工作总结和2017工作计划［EB/OL］.（2017-02-21）［2017-05-03］. http://www.moe.edu.cn/jyb_xwfb/xw_fbh/moe_2069/xwfbh_2017n/xwfb_170221/170221_sfcl/201702/t20170221_296821.html.

[2] 吴键. 校园足球：回归"真义"严防"跑偏"［J］. 中国学校体育，2015（11）：4-7.

校园足球特色学校健康发展的前提和保障；第三是丰富了建构主义哲学观指导下的发展性教育评价理论的内涵，为校园足球特色学校评价提供了新的理论基础和工具视角，是应用母学科知识解决学校体育实践的有益尝试。

2. 实践意义

从微观上看，第一，校园足球特色学校评价不仅是深化足球课程改革的内在需求，还是检验改革成效的手段，课程改革不仅涉及目标定位、内容重组和方法选择，还必然涉及评价方式的创新；第二，新的评价方式是促进校园足球特色学校内涵式发展的动力源泉，指标体系从另一个角度为学校的发展指明了方向。从宏观上看，第一，北京市的基础教育走在了全国的前列，北京市校园足球特色学校的评价方式、评价内容与标准为其他区域同类评价的发展树立了标杆；第二，有助于全国校园足球办公室为不同区域校园足球特色学校的发展提供帮扶措施和资源分配提供依据，提高"全国一盘棋"的战略布局效力，助力足球强国梦的实现。

第二节 文献综述

一、校园足球研究进展

（一）校园足球研究概况

通过中国知网（CNKI）全文数据库进行检索，检索条件为"主题词=校园足球，时间=2009—2017年"，检索范围包括期刊论文和博硕论文，检索时间为2018年1月25日，共获得期刊论文1686篇（其中核心期刊论文178篇）、硕士论文555篇、博士论文9篇，借助中国知网全文数据库提供的计量可视化分析功能对关键词的分析结果，并结合同时期国家社会科学基金支持的足球相关项目总计22项（其中与校园足球、青少年足球和足球文化与强国建设共计8项），共计3项指标来说明校园足球的相关研究现状及其发展趋势。

1. 文献的数量变化特征

自2009年校园足球活动实施以来，校园足球领域的相关研究逐渐成为学术界追捧的焦点，随着2015年《中国足球改革发展总体方案》的出台，足球上升到国家战略层面，对校园足球的研究愈发持久深入。对发表文章的数量进行年度分析，可以从一个侧面反映校园足球研究的关注度（表1-1）。

表1-1　校园足球发文量年度统计表（2009—2017年）

名称	2009	2010	2011	2012	2013	2014	2015	2016	2017	总计
期刊论文	0	16	34	70	82	106	350	476	552	1686
学位论文	4	9	36	52	56	58	85	154	110	564
核心论文	0	1	9	17	9	12	39	35	56	178

期刊论文方面，期刊论文的数量在一定程度上反映该领域研究的理论水平和发展速度[1]。国内关于校园足球的研究始于2004年，廖军在《哈尔滨体育学院学报》发表了《高校足球文化的构建》一文，作者从高校足球文化的概念、功能入手，探讨了构建高校校园足球文化的策略和方法问题。校园足球论文数量的快速增长出现在2009年以后，特别是2015年、2016年，文献的年度增量（244篇、126篇）是2014年发文量（106篇）的2.30倍和1.19倍，随后增长趋势变缓。学位论文方面，最早关于校园足球的研究是在2008年，之后每年的学位论文的数量逐渐增加，2016年达到顶峰，其年度学位论文总量154篇，是2015年的1.81倍。体育类核心期刊与校园足球相关的论文数量是衡量该领域发文质量的重要依据，从图1-1不难看出，核心期刊论文数量随年度呈递增趋势，2017年达到顶峰，且2016年和2017年文献数量累计91篇，多于2009—2015年7年的发文总量87篇。由以上可见，2009—2017年"校园足球"相关研究的数量和质量均呈现上升趋势。

---

[1] 田娟.体育教育专业课程研究的可视化分析[D].上海：上海体育学院，2014.

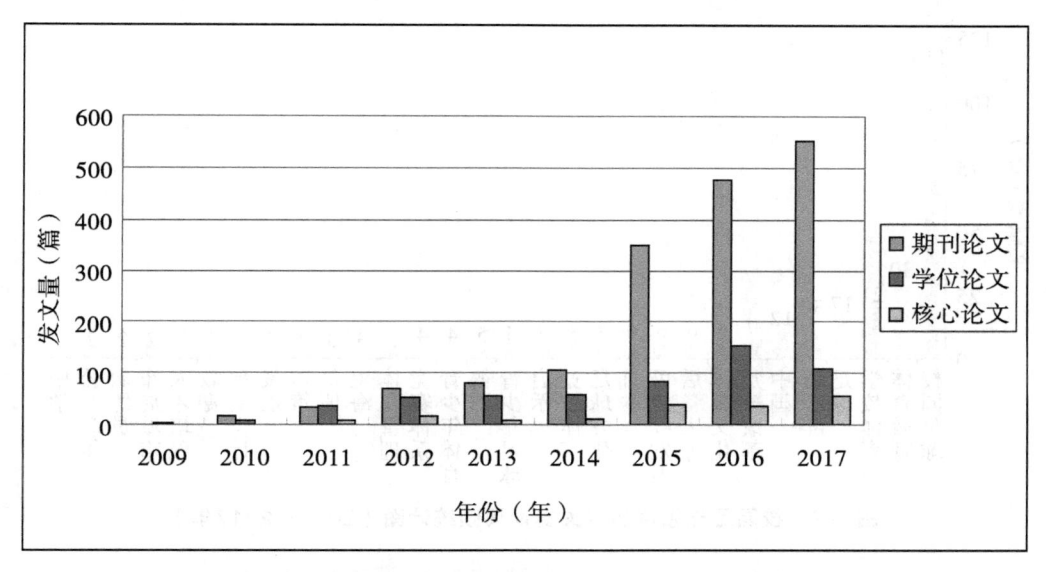

图1-1　不同类别校园足球发文量年度统计柱状图（2009—2017年）

2. 研究热点及演进特点

关键词是文章核心内容的浓缩和提炼，出现频次越高表明所研究主题的热度越高[1]，将高频次出现的关键词作为中心性节点，并将与其具有共性关系的关键词联系起来可以获知该时间段校园足球领域的热点话题。因此进一步对178篇核心期刊论文的关键词出现的频次进行统计，结果如图1-2所示，然后借助中国知网全文数据库所提供的应用关键词贡献网络功能获得较为直观的热点话题图示，如图1-3所示，此阶段校园足球领域的热点话题可以概括为：青少年校园足球与学校体育教育的开展研究、青少年足球竞赛训练模式与后备人才培养研究、校园足球的问题对策与可持续发展研究、足球改革与足球文化建设研究。

---

[1]李元，王莉，沈政.基于知识图谱的国际职业体育研究前沿与理论演进分析[J].北京体育大学学报，2013（7）：22-29.

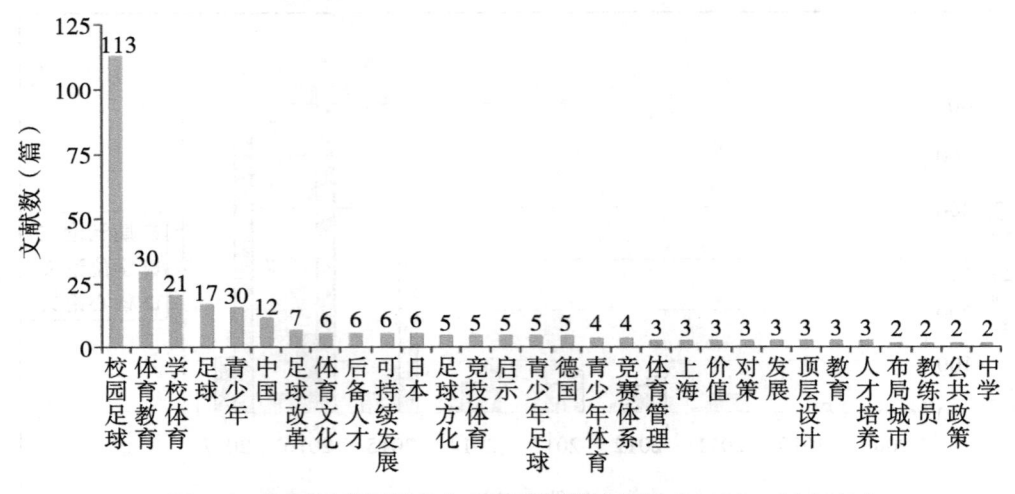

图1-2 校园足球领域热点关键词词频统计图（2009—2017年）

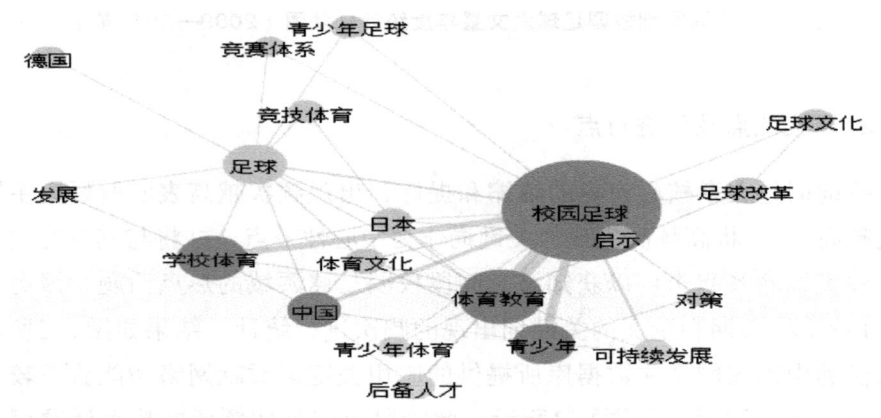

图1-3 校园足球领域热点话题成像图（2009—2017年）

校园足球自2010年起成为学术界研究的热点，随着校园足球的持续深入开展，研究热点也在发生变化，在时间上呈现出明显的阶段性特点。2010—2013年由于校园足球活动刚刚起步，学者们主要就校园足球的应然与实然状态展开了深入的讨论，集中探讨校园足球是什么以及如何解决校园足球开展中存在的资源、机制、观念等方面的突出问题，对此有学者指出校园足球是推进阳光体育运动开展的手段和形式，又是足球后备人才培养重心战略转移的制度创新，应注重青少年足球运动的普及与扩大，着眼于全面培养特长突出的新型足球后备人才，依托学校，普及与提高并重，构建以教育系统为主的足球后备人才培养体系[1]。而不是"没有足球课、一校一队、金牌崇拜、财力跑偏、遏制同类、竞赛泛滥、场地远离学生"[2]等，此类讨论在2011—2013年逐渐降温，相关成果趋于饱和。

青少年足球训练与后备人才培养是足球研究领域老生常谈的话题，随着2009年校园足球活动的发起，该话题一度成为研究热点，在2012—2013年曾出现过一个高潮，此类研究多由校园足球所肩负的使命谈起，演化出当下我国足球后备人才培养中存在的问题，结合足球强国特别是日本和德国的青训经验，得出对我国足球后备人才发展的启示。

足球文化的构建研究始于2010年，集中于校园足球的文化内涵与发展模式的构建，但对此类话题的关注度并不高。随着2014年《中国足球改革发展总体方案》的颁布，相关研究的深度、广度和高度呈现出前所未有的态势，2015—2017年足球文化的相关研究成果数量快速增加，主要集中在足球文化的营造对于体育强国建设、新的国民性的塑造、新的"举国体制"的重塑所具有的价值和意义方面。这一点在近几年的国家社会科学基金立项项目上有着更明确的体现，如表1-2所示，在总共18项关于足球的立项中，校园足球和青少年足球立项共计15项，占立项数的83.33%，其中对政策、机制、资源的创新性研究占8项，可见通过寻求理论创新解决校园足球发展中存在的问题是研究热点。

表1-2　国家社会科学基金项目关于足球的立项情况

时间	立项名称	主持人
2015	我国青少年足球运动人才发展环境研究	刘卫民
2015	我国足球发展与体育强国建设研究	刘兵
2015	欧洲校园足球发展历程、模式及启示研究	戴福祥
2015	校园足球协同发展的机制与路径研究	李静
2015	中国梦视域下校园足球促进政策研究	李卫东
2015	新疆足球"教体结合"发展模式研究	阿布拉　玉素

---

[1] 董众鸣，龚波，颜中杰.开展校园足球活动若干问题的探讨[J].上海体育学院学报，2011，35(2)：91-94.

[2] 吴键.校园足球：回归"真义"严防"跑偏"[J].中国学校体育，2015(11)：1-2.

(续表)

时间	立项名称	主持人
2016	校、体、社、家联动的我国校园足球发展模式	张建新
2016	体育强国目标下我国校园足球的发展机制与实施战略	周雷
2017	中国足球振兴的文化策略研究	孙科
2017	健康中国背景下我国校园足球生态系统研究	张春合
2017	中国青少年足球经营培训机构全面质量管理与综合绩效评估研究	赵刚
2017	我国校园足球布局城市竞赛体系研究	高慧林
2018	我国校园足球需求与供给发展瓶颈剖析及新时代深入推进保障机制研究	孙一
2018	中国足球协同发展机制创新研究	梁伟
2018	我国校园足球改革中的政策工具选择与优化研究	王大鹏
2018	我国西北地区校园足球可持续发展战略研究	陈仁伟
2018	我国青少年足球发展的资源配置优化研究	刘天彪
2018	我国校园足球政策基层执行困境及治理路径研究	邱林

以上信息来源：国家社科基金项目数据库http://fz.people.com.cn/skygb/sk/index.php/Index/seach

（二）校园足球研究进展

1. 校园足球政策研究

"人们自己创造自己的历史，但是他们并不是随心所欲地创造，并不是在他们自己选定的条件下创造，而是在直接碰到的、既定的、从过去承继下来的条件下创造"[1]，对青少年足球发展的历史作简要回顾，对今天校园足球工作可以起到"辩是非、知得失"的作用。由于校园足球的本质是政府提供的一项体育公共服务，这为我们回顾此段历史提供了线索依据，即以相关政策出台的时间节点为序进行阶段划分和梳理。

---

[1] 马克思恩格斯选集［M］.第8卷.北京：人民出版社，1961：121.

（1）校园足球发展（1949—1979年）

中华人民共和国成立之初，竞技体育作为"内聚人心、外示形象"的重要组成部分而受到注重，足球由于具有广泛的影响力而被列入首批重点发展项目[1]。青少年足球人才的培养作为足球发展的基础性力量受到重视，1956年《青少年业余体育学校章程》的颁布标志着我国实行青少年竞技体育后备人才培养的开始，这便是后来三级训练体系的雏形，与此同时，还建立了竞赛体系、运动员和裁判员等级制度，初步构建了我国足球后备人才的培养体系[2]。1964年《关于大力开展足球运动，迅速提高技术水平的决定》颁发，首次确定发展足球要依托重点城市和地区的做法，北京、上海、天津、广州、武汉、大连、沈阳、南京、延边、梅县10座城市榜上有名，与此同时在培养青少年足球人才方面强调以中小学作为发展重点；同年《关于在男少年中开展小足球活动的联合通知》颁布，这是我国首个关于青少年足球公共政策的文件，在政策要求和多方的共同努力下，重点城市和地区的中小学中有近半数的学校组建了男子足球队，并开展了区域性的教练员培训班和足球比赛，青少年足球水平得到明显提升。

1979年国务院批准了由国家体委提交的《关于提高我国足球技术水平若干措施》的请示，要求"在群众中，特别是在青少年中大力普及足球运动"，这意味着政府将青少年足球普及工作看作是推进群众体育的先导，将足球后备人才培养放在了突出位置，并同意在原有10个足球重点城市的基础上再增加长春、重庆、青岛、西安、昆明、石家庄6个城市，使得足球重点城市数量达到16个[3]，足球重点城市数量的增加与发展重点的明确为青少年足球人才的规模化成长奠定了基础。同年，我国重新回到国际足联大家庭，内外环境的优化为足球事业的腾飞提供了前所未有的有利条件。

---

[1] 李建华.建国以来我国足球运动发展的阶段特征[J].沈阳体育学院学报，2012，31（3）：47-50.

[2] 樊莲香，李有香，王朝晖，等.中国足球后备人才培养历史回顾与探讨[J].首都体育学院学报，2001，13（4）：72-75.

[3] 中共中央党校理论研究室，刘海藩.历史的丰碑：中华人民共和国国史全鉴：体育卷[M].北京：中共中央文献出版社，2004：273-277.

（2）校园足球发展（1980—2008年）

1980年国家体委、教育部等联合下发《关于在全国中小学生中积极开展足球运动的联合通知》，此项通知可以看作是关于校园足球的第二个公共政策，文件号召更多的中小学校开展足球活动，并提出六项建议，对足球的普及起到了重要的推动作用。该时期的"幼苗杯、萌芽杯、希望杯"与青年和成年足球比赛构成相互衔接的体系，成为推进足球发展的不竭动力，相对完善的竞赛体系为我国培养了庞大的后备人才梯队，同期与世界足球强国的频繁交流有力地推动了竞技足球水平的提升，使得我国竞技足球水平步入亚洲前列。1987年中国足球队获得第24届汉城奥运会出线权，尽管在决赛阶段未获小组出线，但是实现了中国人民对中国足球冲出亚洲的夙愿。

1979年国际奥委会恢复了中国的合法席位。1984年《关于进一步发展体育运动的通知》颁发，标志着"奥运金牌"战略开始实施，使得参与人数多、投入大、见效慢的足球成为举国体制的弃儿[1]。1986年《关于体育体制改革的决定》确定体育以"社会化为突破口""以训练竞赛改革为重点"的思路，将"体育超越经济、竞技体育超越群众体育"作为指导方针。1995年第一个《奥运争光计划纲要》颁布并实施。这一时期及随后的十多年竞技体育是整个体育工作的重心，特别是2001年中国申奥成功至2008年北京奥运会圆满结束的这段时间，奥运竞技始终是体育工作的重中之重。在此段时间尽管1985年全国学校业余体育训练工作提出了"体教结合"培养竞技体育人才新模式的主张，以及2002年《中共中央国务院关于进一步加强和改进新时期体育工作的意见》（中发〔2002〕8号）提出"以满足广大人民群众日益增长的体育文化需求为出发点，把增强人民体质，提高全民族整体素质为根本目标，开创体育工作新局面"的主张，但都未能撼动"金牌战略"的地位和削弱其影响，随后青少年足球人才培养开始受到影响，有资料显示，1979—1992年优秀足球运动员数量下降近十个百分点。

此时"体教结合"培养后备人才模式被广泛提及，正如钟秉枢教授所言，体教结合旨在解决高水平运动员培养中的学训矛盾，它不是指体育与教

---

[1] 杨成伟，唐炎，张德春，等. 对我国青少年足球运动发展的政策执行审视[J]. 沈阳体育学院学报，2015, 34（1）: 21-27.

育的结合,而是指体育管理部门与教育管理部门的结合、运动训练与文化学习的结合[1]。此阶段"体教结合"人才培养模式的尝试以1986年国家教委联合国家体委下发《关于开展课余体育训练、提高学校体育运动技术水平的规划》(以下简称《规则》)为标志,《规划》明确了课余体育训练的任务和目的,并提出了至2000年要实现的发展目标[2]。文件从宏观上指明了学校应该如何培养体育后备人才的问题,即通过完善训练条件、提升科学化训练水平,在实现学生全面发展的基础上,使之达到省队水平,能胜任参加世界级大学生和中学生运动会的任务[3]。为贯彻这一精神,国家教委分别于1987年和1995发布《关于部分普通高等学校试行招收高水平运动员工作的通知》和《国家教委办公厅关于部分普通高校试办高水平运动队的通知》,为具有高水平运动技能的学子进入高校深造打开了政策通道,国内53所院校率先获得招收学生运动员的资格,其中有中国人民大学等6所高校具有试办足球运动队的资格[4],这是创建以"大学为龙头,中小学相衔接"的后备人才培养机制的尝试。

1992年"红山口会议"的召开拉开了我国足球职业化改革的序幕,之后足球后备人才的培养开始由传统的计划经济体制下的三级业余训练培养体制向以市场经济为主导的足球学校、俱乐部后备梯队和学校足球过渡。1994年针对青少年足球后备人才的摸底工作展开,在中国足协完成对北京、延边等11个城市的调查工作后,提出建立由教育部相关部门领导任主任,足球、社会名流和企业家任副主任的学校足球委员会,负责制定中小学足球发展规划和年度计划,建立大中小学足球竞赛制度,鼓励各地成立业余俱乐部,形成多渠道、多形式、多层次开展青少年足球的局面。2001年在深圳召开了首次由国家体育和教育部门组织的有关学校足球的工作会议,会上批准了由大学生体协、中学生体协和中国足协磋商成立的"全国青少年学校足球工作委员

---

[1] 钟秉枢. 我国高水平运动员培养之路的探索[J]. 武汉体育学院学报,2009,43(12):5-10.
[2] 杨铁黎,陈钧. 我国学校课余体育训练经验及改革对策[J]. 体育学刊,2002,9(4):104-107.
[3] 何振梁. 积极开展学校业余体育训练 努力提高学校运动技术水平[J]. 中国学校体育,1986(2):7-10.
[4] 国家教委办公厅. 国家教委办公厅关于部分普通高校试办高水平运动队的通知[EB/OL]. (1995-5-29)[2017-7-30]. http://blog.chinalawedu.com/falvfagui/fg22598/32851.shtml.

会",会后下发《关于进一步普及学校足球运动的通知》,决定建立完善四级足球联赛体系,建立全国大学生足球联赛。

(3)校园足球发展(2009年至今)

青少年身体素质的持续下滑和国家足球队成绩的全线崩溃,迫使我们不断反思问题的根源和应对的策略,在第10届中国足协会议上与会专家就此问题达成共识,认为"以俱乐部为主的培养模式过早地使青少年远离家庭教育和社会教育,学校教育得不到很好的落实,阻碍了青少年的全面发展,最终导致培养成本高、淘汰率高、成材率低"[1]是足球后备人才培养乏力的主要原因。校园足球作为阳光体育运动的有力抓手,以提升青少年体质和构建依托教育系统的足球后备人才培养体系作为核心价值,2009年4月《关于开展全国青少年校园足球活动的通知》(体群字〔2009〕54号)决定在全国大中小学校内广泛开展校园足球活动,普及足球知识和技能,形成以学校为依托、体教结合的青少年足球人才培养体系。

在"全国青少年校园足球工作领导小组"的带领下校园足球活动取得了一定的成绩,截至2014年底,校园足球覆盖大陆境内所有省、自治区和直辖市,其中131个布局城市、3个试点县,开展校园足球联赛的学校达6326所,注册人数191766人,初步形成了小学、初中、高中、大学四级联赛体制,每年完成比赛10万余场;此外举办了5期国际足联讲师培训班,开展校长、业务培训班125期,累计培训4500人次,指导员培训班134期,累计培训教师7500余人次,还专门为校园足球教师设置C/D级培训班30期。

随着我国全面深化改革的持续推进,"健康中国"上升为国家战略,体育正在实现由"为国争光"向"为民谋福"的重心转移,校园足球升级为提高我国足球普及和竞技水平的基础工程、实现立德树人根本任务的育人工程和推进学校体育改革的探路工程[2],角色与任务的转变必然要求有与之相适应的领导体制和运行机制。2015年7月教育部等6部门《关于加快发展青少年

---

[1] 梁伟.校园足球可持续发展研究[D].上海:上海体育学院,2015:62.
[2] 从有到强:校园足球工作的发展与展望——2018重点完善体系[EB/OL].(2018-02-01)[2018-02-03].http://www.moe.gov.cn/jyb_xwfb/xw_fbh/moe_2069/xwfbh_2018n/xwfb_20180201/sfcl/201802/t20180201_326161.html.

校园足球实施意见》（教体艺〔2015〕6号）的出台标志着升级版校园足球活动的实施，至今形成了由教育部、财政部、发改委、新闻出版广电总局、体育总局、共青团中央和中国足协7部门组成的校园足球领导小组。

自2015年1月教育部主导校园足球工作三年来，针对校园足球存在的"普及面窄，竞赛体系锦标化严重，师资、经费、场地短缺和扶持政策滞后导致校园足球工作举步维艰"的突出问题，校园足球领导小组采取了一系列针对性措施，经过三年的发展，无论是校园足球的覆盖范围、影响的广度和深度，还是改革的成效上都取得成果，表现在以下几方面：

第一，角色意识明确、目标定位恰当。角色是"一定社会关系所决定的个体的地位、社会对个体的期待以及个体所扮演的行为模式的综合表现"[1]，角色定位是个体依据自身条件和社会需要而选择自身扮演的角色，是对角色"是什么""做什么"和"怎么做"的回答[2]。角色定位与目标的把握准确与否是校园足球能否健康成长的前提和基础，自2009年以来，关于校园足球角色和目标、责任和使命的争议一直是学术界讨论的热点，各执己见、莫衷一是，争论的背后折射出对校园足球与学校体育、竞技足球之间应然与实然之间复杂关系认识的偏颇。自教育部主导校园足球以来，将校园足球作为提高中国足球普及程度和竞技水平的基础工程、实现教育立德树人根本任务的育人工程和推进学校体育综合改革的探路工程（以下简称"三个工程"）作为自身角色定位，将提高亿万青少年体质健康水平、教会学生足球运动技能、培养青少年爱国主义、集体主义顽强拼搏精神和磨练意志品质，打牢中国足球腾飞的人才基础的四位一体的发展目标（以下简称"四个目标"），确定教学是基础、竞赛是关键、体制机制是保障、育人是根本的发展思路。以上"三个工程""四个目标"和"发展思路"明确了校园足球的"三观问题"，此问题的解决为校园足球的发展奠定了坚实的理论基础。

第二，文件制度完善，政策执行有力。任何事物的发展都离不开制度建设与执行力的保障，校园足球发展的基础阶段"建章立制"的迫切性极为突出。三年来校园足球的多部相关文件相继出台，如表1-3所示，除此之外，《全国青少年校园足球教学训练竞赛体系建设方案（试行）》《中国青少年

---

[1] 彭庆文.新时期中国大学体育角色定位研究[D].北京：清华大学，2008：31-33.
[2] 奚从清.角色论个人与社会的互动[D].杭州：浙江大学出版社，2011：22.

足球训练体系"165"行动计划》和《学校体育美育兼职教师管理办法》等印发并执行，一系列立体化全方位政策的制定和执行为校园足球发展提供了政策依据和制度保障。如在教学资源方面，聘请相关专家编写了涵盖小学一年级至高中三年级的《校园足球教学指南》，在此基础上将义务教育阶段的教学指南编制成教学大纲，并拍摄成教学视频供广大师生学习参考。《学生足球运动技能等级评定标准（试行）》为中小学校园足球工作的开展提供了基础性指导，并为衡量各学校足球教育教学开展质量提供了方法依据；《校园足球运动员运动等级评定标准》正在探索将从校园足球区域性选拔性竞赛中选拔出的优秀足球运动员和从全国性的初中、高中选拔性竞赛中（夏令营和冬令营）选拔出的优秀足球运动员由国家体育总局分别认定为二级运动员和一级运动员，进一步畅通足球运动员成长通道，逐渐实现校园足球与足球青训的无缝对接。政策得到严格执行，如依据《全国青少年校园足球特色学校复核标准体系》的相关要求完成了对2015、2016年认定的校园足球特色学校的督查工作，并依据督查结果做出撤销河北省保定市唐县黄石口乡花塔初级中学等8所学校全国青少年校园足球特色学校资格的决定，同时责令河北省保定市唐县启明中学等29所学校限期整改。

表1-3 校园足球相关政策文件一览表

时间	文件编号	文件名称
2014-3-25	教体艺厅函〔2014〕5号	教育部办公厅关于组织开展中小学校园足球工作专项调研的通知
2014-10-20	国发〔2014〕46号	国务院关于加快发展体育产业促进体育消费的若干意见
2014-12-31	教体艺厅函〔2014〕46号	教育部办公厅关于做好全国青少年校园足球特色学校及试点县区遴选工作的通知
2015-1-12	教体艺函〔2015〕1号	教育部关于成立全国青少年校园足球工作领导小组的通知
2015-8-25	教体艺函〔2015〕5号	教育部关于公布2015年全国青少年校园足球特色学校及试点县（区）名单的通知

（续表）

时间	文件编号	文件名称
2015-3-18	国办发〔2015〕11号	国务院办公厅关于印发中国足球改革发展总体方案的通知
2015-6-12	教体艺厅函〔2015〕27号	教育部办公厅关于开展2015年全国青少年校园足球骨干师资国家级专项培训班的通知
2015-7-27	教体艺函〔2015〕6号	教育部等6部门关于加快发展青少年校园足球的实施意见
2016-4-6	发改社会〔2016〕789号	关于印发中国足球中长期发展规划（2016—2050年）的通知
2016-5-10	发改社会〔2016〕987号	全国足球场地设施建设规划（2016—2020年）
2016-4-28	教体艺函〔2016〕7号	教育部办公厅关于组织开展加快发展青少年校园足球重点督查工作的通知
2016-6-30	教体艺函〔2016〕4号	教育部办公厅关于印发《全国青少年校园足球教学指南（试行）》和《学生足球技能评定标准（试行）》的通知
2016-7-18	教体艺函〔2016〕23号	教育部办公厅关于开展2016年全国青少年校园足球骨干师资国家级专项培训班的通知
2017-2-17	教体艺函〔2017〕1号	教育部办公厅关于加强全国青少年校园足球改革试验区、试点县（区）工作的指导意见
2017-3-28	教体艺函〔2017〕14号	教育部办公厅国家外国专家局办公室关于组织申报聘请校园足球外籍教师支持项目的通知
2017-5-16	教体艺函〔2017〕27号	教育部办公厅关于做好全国青少年校园足球特色学校复核的通知
2017-9-29	教体艺函〔2017〕43号	关于同意设立全国青少年校园足球改革试验区的函
2018-3-22	教体艺函〔2018〕17号	教育部办公厅关于做好全国青少年校园足球特色学校、试点县（区）创建（2018—2025）和2018年"满天星"训练营遴选工作的通知
2018-3-22	教体艺函〔2018〕18号	教育部办公厅关于加强全国青少年校园足球特色学校建设质量与考核的通知

第三，补短板成效显著。首先，师资培训方面，自2015年始校园足球骨干教师培训纳入国培计划，专项培训列入国家财政支持在校园足球发展史上具有里程碑式的意义，设立5个高校作为校园足球教练员专项培训基地，三年来国家层面对校园足球特色校的教师累计培训超过2万人、提高性培训1000多人、出国培训1100人、引进国外一线教师360人，对特色校的校长累计培训超过2万人，地市级、省级教师培训累计超过20万人[1]，有力地提升了基层学校的校长和一线足球教师的认识水平和业务能力；此外，近三年全国新增体育教师73298名，其中15594名具有足球背景[2]；其次，经费支持方面，三年来中央财政对校园足球的资金扶持为6.48亿元，此外，据不完全统计，在各个省、区、市层级上累计投入196.03亿元用于校园足球发展；最后，足球场地建设方面，足球场地建设纳入城镇化和新农村建设整体规划[3]，在2013年底全国拥有"较好条件的足球场地1万余块"的绝对量、平均13万人拥有一块足球场地的相对量的基础上，坚持利用多种社会力量因地制宜地建设小型化和多样化的足球场地的原则，时至今日校园足球场地建设取得显著进展。目前全国校园内拥有足球场地51054块（包括5人制、7人制、8人制和11人制），十三五期间将落实新建和改造38944块场地的任务，计划到2020年校园足球场地总数量达到83726块，助力实现发改委计划到2020年每万人拥有0.5块，条件好的地方要达到0.7块以上[4]的相对量的目标。

第四，规模出现、端倪初露。通过打造"特色学校+高校高水平足球队+试点区县+改革试验区"的立体化推进模式，三年来共认定北京市崇文小学等20218所学校为全国青少年校园足球特色学校、北京市延庆区等102个县（区）为校园足球试点县（区）和内蒙古自治区等12个区（其中省级试验

---

[1] 教育部介绍2015—2017年全国青少年校园足球发展情况和2018年发展重点（文字实录）[EB/OL].（2018-02-01）[2018-02-03] http://www.moe.gov.cn/jyb_xwfb/xw_fbh/moe_2069/xwfbh_2018n/xwfb_20180201/201802/t20180201_326169.html.

[2] 教育部深入学习贯彻党的十九大精神启动校园足球新征程[EB/OL].（2018-02-01）[2018-02-03] http://www.moe.gov.cn/jyb_xwfb/gzdt_gzdt/s5987/201802/t20180201_326164.html.

[3] 国务院.关于印发全民健身计划（2016—2020年）的通知[EB/OL].（2016-06-23）[2018-02-03] http://www.gov.cn/zhengce/content/2016-06/23/content_5084564.html.

[4] 国家发展改革委.关于印发全国足球场地设施建设规划（2016—2020年）的通知[EB/OL].（2016-05-10）[2018-02-03] http://www.moe.edu.cn/srcsite/A17/s7059/201605/t20160510_242680.html.

区3个，省会、地市级城市9个）为校园足球改革发展试验区，近期教育部公布了2018年具有招收高水平足球队资质的高校达到152所[1]，使得立体化推进模式逐渐完善。普及层面，依据《校园足球特色学校复核标准》的要求并结合督查工作落实的整体情况来看（平均得分87.79分，优秀率74.12%），绝大多数特色学校能够保证每周有一节足球课并在校内开展班级联赛，若按照每所学校有1000名学生计算，则全国约有2000万学生在学习足球，其中1200万人以上每年至少参加一次足球比赛，从事足球学习和训练的学生数量达到前所未有的高度；竞赛层面，持续深化建设"校内竞赛+校际联赛+选拔性竞赛+出国交流比赛"为一体的竞赛体系，在各特色学校组织班级联赛的基础上，构建覆盖小学、初中、高中和大学的四级联赛体系。经过三年的不懈努力，"班班参与、校校组织、地方推动、层层选拔、全国联赛"的竞赛格局业已形成。三年来全国参加校园足球四级联赛的小学、初中、高中和大学的人次分别为534.70万、276.13万、165.35万和27.90万，总人次累计达到1004.08万。

2. 校园足球概念研究

概念是反映客体本质属性的思维形式，是理性认识与演绎推理的起点，具有"逻辑性和经验性的双重特点，但归根到底是经验性的"，概念的明确可以更有效地指导理论与实践的开展，这也为我们进一步思考、辩论提供了工具，通过对概念的梳理可以了解研究者对事物认知的过程和规律。在中国知网（CNKI）以"校园足球"为主题词、以1978—2008年为检索时间进行检索发现，最早关于"校园足球"的研究是廖军的《高校足球文化的构建》，作者从足球与学校体育、学校体育与校园文化的关系出发阐述了校园足球文化的定义，并进一步从校园足球文化应该具有的功能入手，指出其在实际开展中存在的不足，并提出构建的策略和方法[2]。显然作者是依据足球与学校体育、与校园文化的隶属关系来谈校园足球，尚未将其上升到概念的高度来认识。校园足球作为概念出现并引起广泛关注是在2009年校园足球发起前的学校足球筹划会上，时任中国足协副主席的薛立同志提出将原有的

---

[1] 李小伟. 未来，踢足球或可踢出美丽人生［N］. 中国教育报，2018-02-03.
[2] 廖军. 高校足球文化的构建［J］. 哈尔滨体育学院学报，2004，25（7）：118-120.

"较为严肃的"学校足球改为"听起来相对悦耳且具有游戏性质"的校园足球，此后"校园足球"成为社会关注的焦点。

校园足球实施以来，对其概念的研究呈现出逐步深入、渐趋分化的特点，大致可以分为三个阶段，分别是政策主导阶段、内涵明晰阶段和内涵强调阶段。

（1）政策主导阶段（2009—2012年）

此阶段由于校园足球活动刚刚发起，对于大多数研究者而言，面对学校足球中的一项新内容、政府与社会的厚望以及新闻媒体的强势报道，一时间不知所措，此时对于校园足球的概念研究者更多地从文件解读的角度出发进行阐述和定义，姜身飞[1]、李钊[2]、李雪伟[3]强调校园足球是为贯彻《中共中央国务院关于加强青少年体育增强青少年体质的意见》的精神，由体育和教育部门主办的，旨在增强学生体质，培养足球后备人才活动的总称，在此基础上李纪霞强调校园足球是一项发展计划[4]，张辉强调校园足球是人才培养模式[5]，李卫东强调校园足球是联赛体系[6]。以上定义尽管从不同程度上强调了校园足球发起背景、实现目的和所要依靠的形式，但未能摆脱政策文本的束缚，更多是对校园足球表象的描述，对其本质性表述不足，内在规定性关注不够，当然对于概念的界定不能简单地判定对错，它反映的是对事物认识的角度、深度和广度，随着时间的推移这种认识也在逐渐地发生改变。

（2）内涵明晰阶段（2012—2014年）

自2009年校园足球活动实施以来，校园足球发展中存在不同程度的"轻普及、重提高"的现象，对此有研究者指出这有悖校园足球活动发起的初

---

[1] 姜身飞.上海市杨浦区校园足球开展现状与发展研究[D].上海：上海体育学院，2011.

[2] 李钊.上海市青少年校园足球管理体制研究[D].上海：上海体育学院，2011.

[3] 李雪伟.上海市青少年校园足球活动竞赛研究[D].上海：上海体育学院，2011.

[4] 李纪霞.全国青少年校园足球活动发展战略研究[D].上海：上海体育学院，2012.

[5] 张辉.我国布局城市校园足球人才培养体系研究[D].北京：北京体育大学，2011.

[6] 李卫东.我国青少年校园足球竞赛体系研究[D].上海：上海体育学院，2012.

衷，此时关于校园足球概念的研究开始突破政策的束缚，逐渐关注校园足球的内涵。对此侯学华认为校园足球是"在广大学生中全面开展的以增进学生身心健康，培养德智体全面发展的人才为目标的足球相关活动的总称"，又进一步从场所、范围、目标和形式四个维度做出说明，突出强调面向全体学生做好普及工作的重要性[1]；贺新奇认为校园足球专指学习和训练都在学校内的"学校模式"和学习在校内、训练在培养机构的"中间模式"，不包括学、训、住三集中的"体校模式"，对于此两者应在有所区分的基础上，有选择、有重心、分阶段、差异化地开展[2]；鉴于此种认识起点，作者进一步指出在义务教育阶段应坚持和发扬校园足球，彻底摒弃非校园足球，高中和大学阶段可使二者协同竞争发展。从表面上看，作者是在对以教育属性为主导和以竞技属性为主导的足球进行区分，但实际上是在着眼于足球发展规律和足球人才成长规律的前提下，澄清校园足球和非校园足球的角色与任务。张长城通过将校园足球与其"前身"进行对比研究，指出校园足球等同于学校足球，然后运用逻辑学中"属性+种差"的方式对校园足球进行分析后强调校园足球是一项教育活动，并进一步明确了校园足球的4点内涵[3]，即培养学生全面发展是其价值导向，培养后备人才是其指导思想，依托学校、体教结合是其组织保障，采用教学、训练、多种形式的教育活动是其实践形式。

此阶段关于校园足球的概念的讨论虽然还局限于公共政策涉及的参与主体、开展场所、体教结合形式等领域内，但对客体上位概念的研究和归位，内涵的形式和发展有了更多理性的认识，能够客观公允地指出前期理论研究中存在的误区。

（3）内涵强调阶段（2015年至今）

校园足球经过前期6年的发展，研究者开始通过校园足球发展现实中存在的"金牌崇拜、遏制同类"等问题表象思考背后所隐藏的管理体制错位、认识定位不清等深层次问题，归根结底还是如何认识校园足球的终极价值的问

---

[1] 侯学华, 薛立, 陈亚中, 等.校园足球文化内涵研究［J］.体育文化导刊, 2013（6）：111-114.
[2] 贺新奇, 刘玉东.我国"校园足球"若干问题再探讨［J］.北京体育大学学报, 2013（11）：108-113.
[3] 张长城, 刘裕."校园足球"内涵的逻辑学分析［J］.嘉应学院学报, 2013, 31（2）：73-80.

题，此问题在认识上"差之毫厘"便会造成实践中"谬以千里"的后果，这是首先要弄清的认知问题。对此毛振明教授强调校园足球要坚定"不只是体育，更是教育，不单是为足球，更是为校园"[1]的立场，将校园足球定位于提升中国足球成绩是角色和功能的错位[2]，校园足球要坚持教育属性，育人功能，注重氛围营造，强调学生的足球体验，切莫成为竞技足球的傀儡[3]、职业足球的附属品[4]。邱林认为校园足球是以促进学生全面发展、保证足球人才培养和足球事业可持续发展的教育活动[5]，傅鸿浩指出广义的校园足球是一项足球教育活动过程，而狭义的校园足球专指我国政府部门推动的一项公共事业发展计划[6]。

此阶段对于校园足球概念的界定首先明晰了研究对象，强调了校园足球的教育属性，其次强调了它的价值，包括对学生的价值和对足球事业的价值，这是感性认识丰富后，理性认识升华的结果，概念的明晰无论是对遵循教育发展规律、足球人才成长规律施政，还是对学校体育中足球活动开展的主次、先后都具有重要的指导意义。

3. 问题与对策研究

鉴于科研工作的角色、任务的特殊性和校园足球工作系统性、全面性的特点，自校园足球启动以来，有关问题对策类的研究成为学者关注的焦点，发文量约占校园足球文献总量的近七成，学者对校园足球发展中存在的多种问题站在不同角度立足于不同领域展开过论述，整体而言可以归为以下几类：资源类问题、管理类问题、认识类问题、操作类问题等，不同性质的问题间相互连结，形成错综复杂的整体。

---

[1] 毛振明，刘天彪，臧留红. 论"新校园足球"的顶层设计[J]. 武汉体育学院学报，2015，49（3）：58-62.

[2] 何强. 校园足球热的冷思考[J]. 体育学刊，2015（2）：5-10.

[3] 胡庆山，曾丽娟，朱珈萱，等. 校园足球热的审思—兼论中国青少年足球后备人才的培养[J]. 北京体育大学学报，2016，39（1）：126-131.

[4] 苏莉，邓星华，姜令颂. 我国校园足球回归教育本真的理性思考[J]. 体育文化导刊，2017（8）：155-159.

[5] 邱林. 利益博弈视域下我国校园足球政策执行研究[D]. 北京：北京体育大学，2015.

[6] 傅鸿浩. 我国校园足球内涵式发展研究[D]. 北京：北京体育大学，2016.

（1）资源与管理类问题

在校园足球活动发展的前期（2009—2014年），专项经费不足、场地受限、足球专项教师数量缺乏且执教能力不高等问题首先进入研究者的视野，对此在加大资金扶持、场地建设和师资培训力度[1]的同时，王格建议设立场地专项建设资金[2]，李纪霞提出对校园足球进行"特区建设"予以扶持帮助的建议[3]。随着校园足球主导权移交教育部，师资培训纳入国培计划和专项培训计划、场地建设列入城乡建设用地规划、扶持资金的持续追加等政策的出台和实施（国家针对此问题的投入详情前文已做总结，在此不做赘述），资源短缺的问题在一定程度上得到缓解，但随着校园足球活动的升级、特色学校数量的增加，更多学生的参与，资金、师资、场地等资源稀缺的"三大难题"仍是制约校园足球发展的主要问题，可以预见未来较长时间在资源方面"需求过大、供给不足"仍将是校园足球发展面临的一对主要矛盾。对此郑娟从多重制度逻辑的视角分析后指出，当下政府主导的单一逻辑形式的资源配置方式与校园足球所处的多重逻辑不协调是造成资源短缺的主要原因，建议采用公私合作模式（PPP模式），充分考虑政府、市场和家庭的各方利益，形成与之相适应的治理结构、配置主体和形式进行资源配置[4]，袁田建议走"双轨制"的道路，即政府在增加经费且向校园足球倾斜的同时积极探索市场参与的资金支持机制，努力消除"双轨制"中存在的矛盾，加强监管做到精准帮扶，共同致力于校园足球的发展[5]。除了以上"遗留性"问题之外，还出现了一些"新生性"问题，对如何实现足球人才的规模化成长的问题和竞技足球人才出路的问题，刘波建议尽快建立多种类型同时培养的综合

---

[1] 李卫东, 张廷安, 陆煜. 全国青少年校园足球活动开展情况调查与分析[J]. 上海体育学院学报, 2011, 35（5）: 22-25.

[2] 王格. 我国校园足球活动开展的现状、问题及对策研究[J]. 沈阳体育学院学报, 2011, 30（2）: 99-102.

[3] 李纪霞, 何志林, 董众鸣, 等. 全国青少年校园足球活动发展瓶颈及突破策略[J]. 上海体育学院学报, 2012, 36（3）: 83-86.

[4] 郑娟, 陈华敏, 郑志强. 我国校园足球资源困境与公私合作——基于多重制度逻辑视角[J]. 沈阳体育学院学报, 2016, 35（4）: 17-21.

[5] 袁田. 新周期下我国校园足球发展若干问题的理性思考[J]. 武汉体育学院学报, 2017, 51（10）: 82-87.

体系，针对三类不同的足球人才实行差别化培养[1]，彭召方建议通过建立大学生足球联盟的方式解决竞技足球人才的出路问题，防止出现新的"梗阻现象"，应尽快建立校园足球实施效果的动态评价系统[2]和论证完善质量评估与制度保障等具体细节[3]。

　　管理问题包括机构设置、权限划分和运行机制三个方面。2009年校园足球活动启动以来，依照《关于开展全国青少年校园足球活动的通知》（体群字〔2009〕54号，下称《通知》）要求，成立由国家体育总局和教育部负责的领导机构，全国校园足球办公室作为校园足球活动的最高权力机构设在中国足协，这样实际上就成为由国家体育总局直接领导并负责运行的机构，自上而下的行政管理方式又使得各地方省市也效仿此种权力设置模式成立了由相应的体育和教育部门组成的地方校园足球办公室，其中有89%设在了当地的体育局。校足办的目标和任务是推动校园足球活动的开展，包含普及和提高两部分内容，但长期以来"系统分离与条块分割"的管理模式使学校体育形成了"体育部门抓比赛、抓训练、抓高水平"与教育部门"抓课程、抓群体、抓后备"的工作局面，这样对于校园足球实际上就形成了权利主体在体育总局，责任主体在教育部的利益格局，形成了体育部门无法调动教育部门的资源，教育部门的核心利益不在此处，自身参与积极性不高的现象，致使政令不畅、成效不理想。对此董众鸣建议成立由上级领导牵头，教育部为主体，体育部门辅助的国家、省、市三级管理体制和运行机制[4]。李纪霞从组织管理学的角度入手进行分析后建议成立由国务院主管教育体育工作的领导任主管，教育部和总局参与的校园足球领导小组，权力机构"全国校足办"设在教育部，并由教育部统筹部署校园足球的各项工作[5]。伴随着2015年

---

［1］刘波.如何打通校园足球人才培养通道［EB/OL］.（2017-07-02）［2018-02-06］.http：//www.sohu.com/a/153839895_249333.

［2］彭召方，袁玲，国伟，等.我国校园足球可持续发展的新问题解读［J］.体育文化导刊，2017（7）：19-23.

［3］沈建敏，应玢，高鹏飞.校园足球发展的顶层设计与底层回应［J］.北京体育大学学报，2017，40（4）：83-88.

［4］董众鸣，龚波，颜中杰.开展校园足球活动若干问题的探讨［J］.上海体育学院学报，2011，35（2）：91-94.

［5］李纪霞，董众鸣，徐仰才，等.我国青少年校园足球活动管理体制创新研究［J］.山东体育学院学报，2012，28（3）：99-104.

初教育部为主导的6部委合作成立权力机构，各部门领导分别从己方部门的权责出发明确了对校园足球的支持范围与力度，为校园足球的发展构建了全方位、立体化的保障体系。面对新的权力机构和一系列向好政策，刘世宏指出面对这种权力格局不能盲目乐观，应进一步明确和细化体育与教育等部门的权责关系，在涉及校园足球发展核心的师资、资金、场地和人才成长通路上，必须进一步明确权责、实现通力合作的发展格局[1]。舒川建议教育、体育、财政、改革等部门跨界合作，避免传统的碎片化管理，采取多元合作促进校园足球发展[2]。邱林认为要打破教体部门各自封闭运行的体系，实现多部门融合，通过建立政府、社会、市场和特色学校联动的四级服务体系，逐渐实现管理模式由"行政干预"为本位向"社会治理"为本位的过渡[3]。龚波指出从实现领导体制的实体化、协调部门与专业利益、畅通国家与地方管理体制入手进一步完善管理体制和机制问题[4]。吴丽芳等从社会治理的角度出发分析指出，应将目前"以政府为主导、学校为主体"的主要模式向"政、企、社相结合"的发展模式转变，通过坚持政府主导、构建多元治理主体、更新制度、完善理念和坚持综合治理相结合等一系列措施，提高校园足球的社会治理水平[5]。李军岩提出多中心治理的策略，即形成政府、市场、社会、学校、学生和家长的多方参与主体，形成信息共享、管理协同、监督评价三者相互衔接的体系机制，坚持政府主导地位、凸显社会的调剂补充作用，充分调动学生及家长的支持参与[6]。姜南从提高校园足球政策执行效率的角度指出，要突破发展瓶颈，需要从明确政策目标和顶层设计入手，扩

---

[1] 刘世宏，陈海. 发展校园足球现存主要问题及改进策略[J]. 山东体育学院学报，2015（4）：113-118.

[2] 舒川，吴燕丹. 本土化视角下我国校园足球发展路径研究[J]. 中国体育科技，2015（6）：38-43.

[3] 邱林，戴福祥. 我国校园足球发展中政府职能定位研究[J]. 武汉体育学院学报，2016，50（6）：95-100.

[4] 龚波，陶然成，董众鸣. 当前我国校园足球若干重大问题探讨[J]. 上海体育学院学报，2017，41（1）：61-67.

[5] 吴丽芳，于振峰，杨献南，等. 基于社会治理的青少年校园足球发展模式[J]. 体育学刊，2017，24（4）：72-77.

[6] 李军岩，程文广. 我国校园足球多中心治理研究[J]. 体育文化导刊，2017（2）：20-24.

大目标群体的交叉利益范围，建立协同政策体系，构建体教结合的新路径[1]。

从以上关于解决资源短缺问题的梳理不难看出，前期研究者多从管理体制分析入手，强调通过理顺管理体制和增加政府投入的方式解决相关问题，停留在"就体育论体育"的水平，较难有层次性或体制性的突破和创新，随着校园足球上升为国家战略，研究者从社会治理、政策执行效率的角度探讨综合治理的必要性及其策略和方法，可见解决问题的策略与活动的升级具有同步性，在这方面研究者进行了宏观研究，但中观、微观的相关研究及对实践效果的研究尚没有研究者涉足。

（2）目标与定位类问题

属性是指事物所固有的性质、特点和关系的总和，价值是客体属性满足主体需求的那部分属性，评价是指评价主体依据一定的目的和标准采用适当方法对价值的判断[2]，此处的目的可以理解为价值目标，由以上可见，明晰价值目标是评价的前提。价值目标指事物的重要性或值得获得性，它使主体活动具有目的性和创造性[3]。明晰价值目标是校园足球发展的核心问题，角色与定位是校园足球实现健康发展的逻辑起点，目标是指导发展实践与实践发展的最终落脚点，同时又是检验发展成果的重要依据，两者的重要性不言而喻。

从2009年国家体育总局和教育部下发的文件中关于校园足球的指导思想和发展目标表述的梳理可以归纳出发展目标的主旨，普及足球知识和技能、完善四级联赛体系、构建体教结合的培养体系，以上三点既是手段又是目的，增强和培养广大学生的身体素质和意志品质是直接目标、培养足球后备人才是最终目标，也是其核心目标。从以上的表述可见此时的校园足球充当了教育手段，定位于培养足球后备人才，未能摆脱"工具视角"和以体育看体育及以体育解决体育问题"部门视角"的局限，目标表述也比较模糊。

[1] 姜南. 我国校园足球政策执行的制约因素与路径选择——基于史密斯政策执行过程模型的视角[J]. 中国体育科技，2017，53（1）：3-8.
[2] 王景波. 我国体育发展评价指标体系与评价方法研究[J]. 武汉体育学院学报，2008，42（8）：17-21.
[3] 梁伟，刘新民. 校园足球可持续发展系统的构建与解析[J]. 西安体育学院学报，2015（3）：380-384.

对"足球后备人才"的理解可谓仁者见仁智者见智,广义的足球后备人才泛指具有一定的足球知识、技能或兴趣,未来能在足球领域进行创造性劳动的青少年人才,他或她未来可能成为拥有足球爱好的银行家、企业家、管理人才,以及经常进行足球运动的各行各业的足球爱好者,当然也包括未来能征战绿茵场的足球运动员,而狭义的足球后备人才特指为未来的竞技足球或职业足球培养的具有发展潜力的青少年运动员,即我们通俗说法中的"足球苗子"。狭义的足球后备人才长期以来占据人们头脑中的主体位置成为所谓"货真价实的足球人才",这种人才观加上管理体制的错位、功利主义的影响,使得校园足球成为实现体育部门利益的工具,使得校园足球的竞技功能成为主流,教育功能沦为末位,现实中将体校、足校等专业运动学校纳入校园足球且做重点部署的极端做法可谓有力的例证。对此有关学者从不同的角度指出了目标设置中存在的偏差,以及操作层面存在的"竞技至上"与"功利主义"的错误。何强明确指出将校园足球定位于提升中国足球成绩是角色和功能的错位[1]。郑萌阐述了足球具有的教育价值和特殊的公益价值[2]。侯学华将校园足球的价值归结为6点[3],并进一步将其划分为以学生为核心的价值体系和以足球为核心的价值体系,其中前者是首要的,强身健体与素质教育是"以学生为本"的价值体系的核心,普及足球知识和技能是"以足球为本"价值体系的核心[4]。李纪霞认为校园足球的发展目标有二,一是以足球为手段提升学生体质,二是通过新的培养模式培养全面发展的足球后备人才[5]。要实现增强学生体质的目标,涵盖面要广,必须要面向学生群体中的大多数;全面发展的足球后备人才要兼顾"德智体",防止重蹈过去教育界"能文不能武"与体育界培养"体育技术人"的覆辙,目标中的一与二构成递进关系。王景波认为应尽快使足球发展的总体目标由"以成

---

[1] 何强.校园足球热的冷思考[J].体育学刊,2015(2):5-10.

[2] 郑萌.从教育目的与社会责任角度析学校足球的推广意义[J].首都体育学院学报,2012,24(6):520-523.

[3] 侯学华.全国青少年校园足球活动价值研究[J].北京体育大学学报,2012(12):77-83.

[4] 侯学华,王彬,薛立,等.校园足球核心价值体系构建[J].山东体育科技,2013,35(3):86-91.

[5] 李纪霞,何志林,董众鸣,等.全国青少年校园足球活动发展瓶颈及突破策略[J].上海体育学院学报,2012,36(3):83-86.

绩为本"向"以人为本"转变，当前校园足球除受到遗留性问题困扰外，足球没有真正进入学校体育的课堂，制约了青少年足球的普及[1]。从以上对几位学者观点的梳理可见，尽管审视角度和表达方式不尽相同，但都强调要以扩大覆盖人口、增加活动形式和提高活动质量为手段来实现教育的目的，当前广泛而深入地开展普及工作是校园足球发展的第一要务。

中国共产党第十八次全国代表大会召开以来，国家对体育事业高度重视，并出台了若干重磅政策。足球要实现一系列预期的价值目标，包括政治的、经济的、文化的和教育的目标，竞技足球、社会足球、校园足球等担当了不同的角色和使命，使得各自的发展目标与定位有了新的变化，厘清这些变化对于把握校园足球的真义，指导实践工作的开展具有重要的理论和现实意义。

2014年10月《国务院关于加快发展体育产业促进体育消费的若干意见》发布，文件明确提出进一步解决体育事业和产业在体制机制方面存在的问题，目的是促进体育由以"为国争光"为主导向"为国争光、为民谋福、为国增利"三者兼顾转变，促进体育在政治、社会、经济、教育等多方面价值的彰显。2015年3月《中国足球改革发展总体方案》（以下简称《足改方案》）公布，开篇即明确把振兴足球作为发展体育运动、建设体育强国的重要任务，这是党中央全面深化改革，推进国家综合治理能力建设的尝试。笔者认为《足改方案》有三个最大的亮点，首先，是视角与理念的转变以及引发的角色与定位的改变，在共建、共治、共享理念的指引下将足球纳入政治、经济和文化的视角审视，摆脱单纯体育视角的局限，把足球作为实现体育强国梦的有力抓手，借助足球广泛的社会影响力促进足球革新社会、塑造新的国民性功能的实现；其次，是阶段目标及实施步骤明确，提出"三步走"的战略，从时间上看近期、中期和远期目标环环相扣、层层递进，为行动设立了标杆和抓手，从空间上看明确了足球是社会文化的系统工程，牵涉到多个方面的不同层次，要明确任务的艰巨性、全面性和长期性，坚持用积小胜为大胜、步步为赢的思想自信和行动自信来实现目标；最后，是成立足球发展部际联席会议制度，成立由6部委组成的领导机构，明确职责、各

---

[1] 王景波，马逢伯.新形势下我国足球发展方式转变的目标、原则及战略[J].沈阳体育学院学报，2012，31（2）：94-96.

尽其能、通力协作，实现宏观目标以制度保障为枢纽向微观操作的落地。此外，《足改方案》对发展校园足球的目的、达成思路和操作方法做了重要部署，预示着实现足球人才培养路径由"精英路线"向"大众路线"转移的开始，特别注重校园足球的发展，确立了真正实现"足球从娃娃抓起"的政策依据和体制保障。

《实施意见》是落实教育领域综合改革要求和《足改方案》中关于推进校园足球发展内容的指导性文件。立德树人是新时代确立的教育的总目标，是学校教育的根本任务，有力地回答了培养什么样的人以及如何培养人的问题。立德树人有着丰富的内涵，其中"立德"是基础和前提，"树人"是手段和目的，促进人的全面发展是"树人"的要义。"全面教育的关键在于选择完美的教育内容和尽可能使学生之'思'不误入歧途"，体育是教育不可或缺的组成部分。校园足球作为体育教育的一种方式和实现教育目的的一种载体，通过学生广泛参与以使自身掌握技能、增强体质和健全人格，为我国足球事业的腾飞奠定人才基础。校园足球的核心目标是扩大青少年足球人口和提升青少年身心健康水平，面对此目标，校园足球将自身定位为：提高足球普及程度和竞技水平的基础工程、实现教育立德树人根本任务的育人工程和推进学校体育改革的探路工程。"三个工程"的定位明确了校园足球的角色和任务，凸显校园足球作为教育方式的基础性、过程性和无功利性，从理论源头上否定了重结果轻过程的功利做法。《实施意见》不仅对工作目标（所涉及的普及状况、教改体系、竞赛体系和保障体系）的预期效果有详实的要求，重点任务的明确还为实现这一目标指明了达成性思路。面对《实施意见》周全详实的意见，有学者毫不讳言地指出"实施政策沦为金牌至上的锦标主义，绝非价值导向的问题，而是行动者价值跑偏的结果"[1]，从另一个角度肯定了《实施意见》全盘统筹、不偏不倚、切中肯綮的指导意义。在学校体育中面对多种形式的以校园足球为主题的教育活动，需要首先明确不同形式活动的功能定位与开展主次，这是决定校园足球实施过程和判断成效的关键。学者们对"育人是根本、教学是基础、竞赛是关键"已达成广泛共识。董众鸣指出开展形式多样内容丰富的足球活动是核心，并进一步明确校

---

[1] 黄璐.青少年校园足球《实施意见》研究[J].体育研究与教育，2015（6）：53-60.

本课程是基础、课余训练是示范、足球联赛是推手[1]，这为进一步指导各个学校的足球实践指明了方向。面对《实施意见》对校园足球理论层面的科学指导、一系列保障性措施的到位和各种形式的足球活动在学校体育工作实践中角色主次关系的明确，未来决定校园足球改革成败的关键在于特色学校和实施主体的操作性层面[2]。

二、CIPP模式的应用研究

教育评价是为教育改革发展服务的，教育评价模式的选择要依据不同的教学目标、种类、对象以及该评价模式的内容、特点与功能优势来综合考虑。目前国际上比较流行的评价模型有柯氏模型、考夫曼五级评价模型、CIPP模式等。CIPP模式由背景评价（Context Evaluation）、输入评价（Input Evaluation）、过程评价（Process Evaluation）和结果评价（Product Evaluation）四个要素组成，它的功能优势在于对目标、要素、过程和结果的综合评定，目的是为管理者的决策服务。目前CIPP模式广泛地应用于各类教育评价之中，教育部出台的本科教学评估方案即采用CIPP模式，前人也做过CIPP模式应用于学校评价的相关研究，基于对以上原因的综合考虑，本文选择CIPP模式作为评价模式，CIPP模式与校园足球特色学校评价的契合性详见第一章第三节，在此对CIPP模式的应用研究做主要论述。

从对相关文献的分类梳理来看，国内的相关研究可以分为两大类，其一是对CIPP模式产生背景、发展历程和内容特点的介绍和分析，内容以介绍性文献为主，包括发展历史、模式特点、功能的长处与不足等；其二是对CIPP的应用研究，而应用研究可进一步细分为六个方面，包括教学评价、学校评价、课程评价、教师自我评价、学生学业评价和评价指标体系的构建。鉴于本文的研究目的和应用的研究方法，主要对学校评价和指标体系构建的相关文献做详细论述。

---

[1] 董众鸣，柳志刚.上海市校园足球活动开展现状、存在的问题及建议[J].上海体育学院学报，2015，39（4）：90-94.

[2] 黄璐.青少年校园足球《实施意见》研究[J].体育研究与教育，2015（6）：53-60.

（一）CIPP模式应用于指标构建的研究

构建评价指标体系的目的是为实施教育评价提供工具，目前我国的教育系统主要采用CIPP模式构建指标体系，此外比较典型的构建模式还有以下三种：

1. 经合组织（OECD）的"背景—资源—过程—结果"模式

经济合作与发展组织成员国组织（Organization for Economic Co-operation and Development）简称经合组织（OECD），其国际教育指标方案即采用该模式，与CIPP模式四个阶段相对应的指标内容为：背景评价—人口和经济指标；输入评价和过程评价—财政状况、入学与人力指标、教育研究与发展指标、政策决定指标；结果评价—学生成就指标、教育系统结果指标和劳动力市场结果指标。

2. Oakes的"情景—过程—输出"模式

Oakes的学校评价指标采用"情景—过程—输出"模式，通过采用"专业的学习环境""接近与使用知识""对成就的压力"三个维度来考察学校的运行状况，与此模式相对应的内容指标分别是：专业学习环境包括教师工资、学生平均教室空间、备课时间等9项指标，接近与使用知识包括教师资格、教学实践、课程等10项指标，而对成就的压力包括毕业条件、重视课业、毕业率等10项指标。

3. 荷兰Scheerens等教授的"学校效能评价"模式

Scheerens教授认为学生学习与学校组织之间的关系分为四个层次，依次是学校背景、学校组织结构、学校组织气氛和学生学习，对应的内容指标是：学校背景包括学校内外部环境特征，学校组织结构属于输入量，包括学校复杂性与影响力，学校组织气氛包括信任感、开放性和士气等，学生学习是输出部分，包括师生关系、动机满足、焦虑与失调及自尊等。

教育评价本身是一个复杂开放的系统，构建有效的指标的确存在困难。尽管各种评价模式之间存在差异，但CIPP模式获得了普遍认同，该模式为厘清、分析各系统提供了依据[1]。

（二）CIPP模式应用于学校评价（评估）的研究

史晓燕在《发展性学校评价模式探索》一文中指出，长期以来我国的学校评价采用行为目标模式，而这一模式不能适应发展性学校的评价理念，为克服这一问题，作者构思了以发展性学校评价理念为指导、以CIPP模式为模板的评价方式。作者构建发展性学校评价方式基于两点理论基础，一是发展性学校评价的理念，二是CIPP模式所具有的结构特点与功能优势，将二者有机结合构建出一种新的评价方法，即将CIPP模式的四个要素——背景评价、输入评价、过程评价和成果评价分别与学校发展目标、学校发展规划方案、发展方案实施过程、学校发展成果相结合。该作者对CIPP模式用于发展性学校评价的具体操作做了详细的理论阐述，但遗憾的是未进行进一步的实践探索[2]。

李汉邦、徐枞巍《普通高等学校本科教学工作水平评估方案的分析与评价》一文，从普通高校本科教学评估产生的背景、评估模式演进的意义和作用剖析了本科教学工作的内容和程度，针对当下评估存在的问题提出了改进建议。值得注意的是，作者指出本科教学评估与CIPP模式的契合性，表现在：背景评价与办学指导思想、特色项目相对应；输入评价与师资队伍、教学条件与利用相对应；过程评价与教学建设与改革、教学管理相对应；成果评价与学风、教学效果相对应，最后作者认为现行的评估指标体系体现了CIPP模式对实用、有效、全面、平衡等方面的考虑，是较为理想的模式[3]。该文的应用举例与理论阐述是对CIPP模式与研究内容相结合内在逻辑的明确，为本研究理论探讨部分框架的构建提供了重要参考。

（三）CIPP模式应用于评价指标体系的构建研究

杨江水在分析了大学发展规划存在的问题并结合教育评价发展趋势

---

[1] 孙继红.我国区域教育发展状况评价的实证研究[D].南京：南京航空航天大学，2010：35-37.
[2] 史晓燕.发展性学校评价模式探索[J].教育探索，2004（10）：21-23.
[3] 李汉邦，徐枞巍.普通高等学校本科教学工作水平评估方案的分析与评价[J].江苏高教，2004（5）：62-65.

的前提下，采用CIPP模式构建了大学发展规划模型，并以重庆师范大学"十二五"发展规划为例进行了实证研究。作者所构建的模型结构与CIPP模式的背景评价、输入评价、过程评价、结果评价相对应的依次是决策分析模型、方案选择模型、效能检验模型、达成满意模型，依次考核大学发展规划目标决策的科学性、方案决策的可行性、实施决策的执行性和考核决策的有效性，随后给出每一部分的构成要素与评价细则[1]。沈军在完成对职业院校专业建设评价存在问题的阐述以及确定职业院校专业建设评价应秉承的原则后，构建了以"两效四核"为主旨，覆盖背景评价、输入评价、过程评价和结果评价四个阶段，具有多元化评价主体、全程性评价原则、系统性评价内容、多样化评价方式、严密性评价程序五大特点的评价指标体系。作者构建的指标体系的四核（核心目标、核心资源、核心任务、核心发展）与CIPP模式的四个评价要素相对应，指标体系由指标、权重、观测点和指标说明四部分构成，最后应用此指标进行了个案研究[2]。

侯建军基于高职课程建设和教学改革的实际需求，运用CIPP模式，构建了由课程背景、课程方案、课程实施、课程结果构成的完整的评价机制。值得注意的是作者构建的评价指标，根据CIPP模式的四个要素分成四个指标部分，既可以单独使用其中的某一部分指标，也可以使用全部指标，另外，前三个指标部分由评价指标、评价标准要求和评价等级构成，第四个指标部分由评价指标、评价内容、分类打分组成，最终的综合得分即由分类得分与相应权重的乘积累加获得[3]。

葛莉、刘则渊从CIPP模式具有的决策导向、过程导向、改进功能入手分析了其与高校创业教育能力的适配性，创立了以背景评价与创业环境基础、输入评价与创业资源配置、过程评价与创业过程行动能力、结果评价与创业成果绩效能力相匹配的三级指标体系[4]。葛莉的博士论文《基于CIPP的高校创业教育能力评价与提升策略研究》选取9所试点高校开展了实证研究，

---

[1] 杨江水.基于CIPP模式的大学发展规划决策模型研究[D].重庆：西南大学，2016.
[2] 沈军.职业院校专业建设CIPP评价模式实践研究[D].重庆：西南大学，2016.
[3] 侯建军.基于CIPP评价模式的高职课程评价机制建设[J].中国职业技术教育，2015（11）：92-96.
[4] 葛莉，刘则渊.基于CIPP的高校创业教育能力评价指标体系研究[J].东北大学学报，2014，16（4）：377-382.

根据实证结果将9所高校进行分类，并提出具有针对性的提升策略[1]。

王春燕从职业教育的质量观入手分析了国外职业教育质量保障体系，构建了专业与课程设置、资源条件、运行管理、质量绩效四个维度与CIPP模式评价的四个要素相对应的评价模型，最后应用德尔菲法完成具体指标体系的构建[2]。

骆徽在借鉴CIPP模式的基础上分析了CIPP模式与高等教育公平评价的契合情况，将背景评价、输入评价、过程评价、结果评价分别与高等教育公平相关的教育背景、教育入学机会、教育资源配置、教育质量与成就方面相结合，构建了高等教育公平指标体系[3]。

江光荣、任志洪基于CIPP理论结合对学校心理健康的认识，经过专家两轮增删复选后，最终确定了基于CIPP模式的学校心理健康教育评价指标，指标内容显示，与CIPP模式的背景、输入、过程、结果四个评价要素相对应的依次是教育目标、计划制订；机构设置、制度保障、人员编制、场地设施、经费预算；心理课程、心理咨询、全面合作、家校合作；师生心理健康、教师专业成长、满意度。作者在文章的最后提出在实际应用时的建议，即要采用自评与他评相结合的方式、科学地确定权重以及要发挥评价的导向性作用[4]。

从以上关于CIPP的应用研究可见，第一，CIPP模式是认可度较高的评价模式，目前已广泛地应用于教育评价多领域的实践中，集中应用于职业院校的专业建设与学生技能评价，而在学校评价领域的研究相对薄弱；第二，CIPP模式应用于学校评价实践是对发展性教育评价理念的重要体现，尽管实践探索的数量不多，但高校本科教学评估的案例具有较高的权威性和说服力；第三，CIPP模式的背景评价、输入评价、过程评价和结果评价是对"评价什么"的回答，即要求从这"四个维度结构"对所要研究的内容展开评

---

[1] 葛莉. 基于CIPP的高校创业教育能力评价与提升策略研究 [D]. 大连：大连理工大学，2014.

[2] 王春燕. 以决策为导向的职业教育质量评价指标体系研究 [J]. 中国职业技术教育，2015（27）：72-75.

[3] 骆徽. 我国高等教育公平指标体系研究——基于CIPP评价模式的视角 [J]. 教育发展研究，2012（21）：59-64.

[4] 江光荣，任志洪. 基于CIPP模式的学校心理健康教育评价指标构建 [J]. 教育心理研究，2011（4）：82-84.

价,是围绕评价内容划分评价指标的首要客观依据;第四,在此依据之上进一步对相关的内容进行分解直至使其细化为可测量或可观察的指标,用外在的行为或具体的项目来反映内在的精神属性或抽象内容;第五,指标通常采用德尔菲法经两轮专家筛选确定,层次分析法是确定指标权重的主要方法,而评价标准的确定必须具有区分性,同时兼顾绝对性与相对性。

三、校园足球特色学校评价研究

(一)学校体育评价研究

1. 教育评价

通俗地说教育评价就是对教育本身特征的测定并做出判断,它最早源于美国教育家桑代克应用测量学的原理与方法来研究教育现象,而教育评价被首次正式提出是在美国教育家泰勒的"八年研究"报告中,他认为教育评价是"以教育目标为依据,评价学习结果达到目标的程度"[1]。随着社会对教育的要求不断提高,"学习结果"的界限不断扩大,这种定义已不能满足理论与实践需求。克隆巴赫打破了这一行为目标模式下的定义,指出"教育评价是一种有系统地去寻找并搜集信息资料,以便协助决策者在诸种可行的途径中择一而行的历程"[2],同时代的教育家斯塔弗尔比姆主张"教育评价是一项系统工具,通过搜集教育工作过程的信息资料,为教育管理者的决策提供服务和依据"[3],这与比贝的观点相一致,即都"强调质量评判是手段,评价结果的决策和应用才是评价的目的"[4]。在这种认识观的基础上,随后的发展实践中逐渐形成了改良导向评价模式,即CIPP模式。

---

[1] Tyler, r.w.Changing Concepts of Eductional evaluation [J].International Journal of Education Reserch, 1986, 10 (1): 1.

[2] Cronbach, L.J.Course Improvement through Evaluation [M]. Boston: Kluwer-Nijhoff, 1983.

[3] Stufflebeam, D.L.A Depth Study of The Evaluation Requirement [J]. Theory Into Practice, 1966 (3): 86.

[4] Beeby, C.E.The Quality of Evaluation in Developing Countries [M]. Cambridge: Harvard University Press, 1966.

我国的教育评价兴起于20世纪80年代，发展至今已形成了具有我国特色的评价理论与实践体系。从对我国教育评价的研究者吴钢[1]、陈玉琨[2]、胡中锋[3]关于教育评价的权威定义可见，教育评价是围绕教育目标的实现，以事实为依据，采用科学的评价理论与方法对评价对象进行信息搜集，进而对评价对象做出价值判断的过程。教育评价是实现教育目标、落实教育政策、推动教育管理、提升教育质量的有效手段，它是整个教育活动的有机组成部分。根据不同的分类标准，教育评价可以划分成不同的类型。根据评价时间和作用的不同，可以分为诊断性评价、形成性评价和总结性评价；根据评价的主客体不同，可分为自我评价和他人评价。[4]

2. 学校体育评价

学校体育是学校教育的组成部分，它是根据国家制定的德、智、体全面发展的教育方针，依据学生身心发展的特点，以适当的身体练习和卫生保健措施为手段，通过体育课、课外体育锻炼、体育训练、体育竞赛等多种组织形式，进行的一种有计划、有组织的教育活动[5]。学校体育有狭义和广义之分，狭义的学校体育是指由学校组织开展的、以全体学生为参与对象的校园体育活动，其形式包括体育教学、课外活动与锻炼、课余训练与竞赛等。广义的学校体育指学校组织实施的一切体育行为与活动，它不仅包括体育课程设置与实施、课余体育训练组织、体育竞赛开展等内容，还包括学校体育工作规划、管理与执行、学生体质监测与评价，以及学校体育基础设施建设与保障等。由以上不难看出，狭义的学校体育概念侧重于学校体育实践中专门组织实施的载体部分，而广义的学校体育更全面更系统，能更好地反映学校体育的内涵组成和作用机制，因此本研究应用的学校体育概念专指广义的学校体育概念。

胡中锋认为学校体育评价是"根据一定的标准对学生体育学习表现与体育教学质量等方面进行测试和评估的动态过程，它包括学生体育学习情况的

---

［1］吴钢.浅谈教育评价方案［J］.上海教育，2000（7）：2.
［2］陈玉琨.教育评价学［M］.北京：人民教育出版社，1999：7.
［3］胡中锋.教育评价学［M］.北京：中国人民大学出版社，2008：5.
［4］胡中锋.教育测量与评价［M］.广州：广东高等教育出版社，2006：16-18.
［5］陈安槐，陈萌生，主编.体育大辞典［M］.上海：上海辞书出版社，2000.

评价、教师教学情况的评价、学校体育课程与教材评价和体育设施场馆等情况的评价"[1]。杨军认为学校体育评估是"评估者按照一定的评估标准和程序，在系统而科学地收集和运用相关有效信息的基础上，对学校体育活动满足社会和个体需要的程度进行价值判断的过程，目的在于促进学校体育工作改革，提高学校体育教育质量"[2]。从以上定义可见，前者强调了学校体育评价的客体对象和范围，评价的客体是学校体育活动，此处的学校体育活动是指广义的学校体育所包含的内容，后者突出了评价的程序和目的，评价的主体可以是教育行政部门、学校自己成立的体育管理机构或者第三方的评估团体，采用自评或他评的方式来完成，评价的最终目的是提高学校体育的教育质量。

3. 学校体育评价的研究进展

中华人民共和国成立以来我国的体育事业被划分为竞技体育、社会体育和学校体育，评价工作也相应地围绕这三部分内容展开。随着20世纪90年代体育产业在国计民生中地位和作用的增强，体育产业领域的评价研究也逐渐成为新的研究热点。

学校体育评价是教育评价的重要组成部分，又是学校体育工作提质增效的重要手段，所以长期以来成为体育评价领域研究的主体。我国的学校体育评价的发展脉络伴随着教育目标和学校体育指导思想的发展而不断深入[3]，时至今日学校体育评价研究已形成与我国国情相适应的评价理论与实践体系。我国的学校体育评价发端于体育测量与评价，较早关于体育测量与评价的研究是由广州体育学院的陈骏良教授于1982年受教育部委托开始的，在其研究成果中指出了开设"体育测量与评价"课程的意义、课程的设想并组织编写了较为完整的课程内容，随后在1987年出版了我国第一本《体育测量学基础》教材。邢文华教授分别在1983年和1985年编著出版《中小学生体质测定与评价》《体育测量与评价》，赵秋蓉教授于1987年编写出版《体育测

---

[1] 胡中锋.教育测量与评价[M].广州：广东高等教育出版社，2008：458-459.
[2] 杨军.学校体育评价理论与实践[M].北京：人民体育出版社，2010.
[3] 杨军，闫建华.新中国成立以来我国学校体育评价研究的回顾与展望[J].武汉体育学院学报，2012，46（9）：64-67.

量评价》。以上几部著作成为我国学校体育评价发展史上的早期成果，此时的研究内容主要集中在测量学的原理与方法，对身体形态、素质、机能和运动成绩的评价等，这些著作为随后学校体育评价领域理论与实践的发展奠定了坚实的基础。此后学校体育评价领域逐渐涉及学生学习成绩评价、教师教学评价和学校体育（管理）工作评价等方面。进入21世纪，在国外教育评价发展趋势的影响和我国基础教育阶段体育课程改革的大背景下，建立促进课程、教师和学生不断提高的评价体系成为新课程评价体系的核心任务。在体育课程评价领域，季浏教授分别于2001年和2003年编著出版的《体育教育展望》和《体育与健康课程与教学论》、毛振明2001年编著出版的《体育与课程与教材新论》等著作开创了21世纪学校体育课程评价研究的先河。此后研究者在总结以往评价研究不足的基础上，积极借鉴吸收国外教育评价的新思想和新成果，应用到我国的学校体育评价实践中，涌现出了一系列富有开创性和实效性的成果。周登嵩于2004年编著的体育院校通用教材《学校体育学》，首次将体育课程实施的问题作为一个独立的章节提出来，凸显出对课程实施的高度重视，但是借鉴母学科的痕迹明显，论述较简单。潘绍伟、于可红2005年编著的《学校体育学》，在前人研究的基础上，较深刻全面地对课程实施的问题进行了论述。李建军2003年编写的《新课程的学校体育评价》，明确提出了"发展性评价"和"主体取向"的评价理念，并将发展性评价理念应用于学校体育各领域的实践工作[1]，为我国的学校体育评价研究的开展指明了新的发展方向，随后在此基础上进行了更为深入细致的研究。张超慧2005年主编的《学校体育评价》，对评价的理论分析和具体实践操作的方法进行了系统详细的阐释。姜树超2013年编写的《学校体育评价研究》着重对发展性学校体育评价的理念、功能、内容等进行了阐释[2]，为实践工作的有效开展提供了有益的指导。除此之外，博士论文在此领域的选题与成果更具有代表性。

面对新一轮体育课程改革所倡导的理念，如何对学生体育学习进行评价成为亟待解决的问题。它不仅是检验新课改效果的重要指标，还是助推新课

---

[1] 李建军.新课程的学校体育评价[M].广州：广州高等教育出版社，2003.
[2] 姜树超.学校体育评价研究[M].北京：中国戏剧出版社，2013.

改实现预期目标的有效手段。在学生学习成绩方面的评价,汪晓赞[1]在梳理和总结相关教育评价理论基础与国外发展经验的前提下,开展了大量实验研究,在此基础上构建了"中小学体育学习评价系统"来解决这一问题,吹响了新一轮学校体育评价号角。笔者认为,国外教育评价的新趋势与我国学校体育评价实践的结合、应用计算机软件技术来解决这一问题的思路为后续此类问题的研究提供了重要参考,此项技术实施效果怎样、如何改进在文中未做论述,这也为下一步的研究指明了方向;万宇[2]在分析《国家学生体质健康标准》未达到预期效果的原因基础上,依据教育评价相关原理,在对体育素质的相近概念进行辨析后,建立了以体育知识、运动技能、体质、运动经历为核心的体育素质评价体系,以上海市初中生为例对评价指标体系进行了验证,并进一步指出建立区域性体育素质评价标准的必要性和重要性;在教师评价方面,刘志红[3]应用行为目标理论和目标分类理论,结合我国新课程倡导的评价理念与方法,构建了针对学生体育学习和教师教学的具有可操作性的评价指标体系,为中小学体育教学实施评价提供了具体可操作的抓手;曾庆涛[4]在对我国的体育教师评价进行广泛深入的调查后指出了目前体育教师评价存在的突出问题,并进一步分析产生问题的原因,结合新的评价理论基础,依据条件、过程、绩效、发展的模式结构构建了旨在促进教师发展的评价指标体系;课程实施方面,张细谦[5]最早对体育课程实施进行了系统的理论研究,为随后课程实施状况的评价研究奠定了基础;胡永红[6]详细论述有效体育教学的概念后,建立了针对有效体育教学的评价指标体系;常德胜[7]对体育教师新课程的实施程度进行了评价研究,并提出了提高有效性的策略;王书彦[8]在阐述学校体育政策执行力的理论基础、内涵与外延之后,

---

[1] 汪晓赞.我国中小学体育学习评价改革的研究[D].上海:华东师范大学,2005.
[2] 万宇.上海市初中生体育素质评价指标体系研究[D].上海:上海师范大学,2015.
[3] 刘志红.学校体育教学评价体系与可操作性研究[D].石家庄:河北师范大学,2007.
[4] 曾庆涛.我国体育教师评价体系研究[D].开封:河南大学,2007.
[5] 张细谦.体育课程实施研究[D].广州:华南师范大学,2007.
[6] 胡永红.有效体育教学的理论与实证研究[D].福州:福建师范大学,2009.
[7] 常德胜.中学体育教师课程实施程度评价研究[D].福州:福建师范大学,2014.
[8] 王书彦.学校体育政策执行力及其评价指标体系实证研究——以黑龙江省中学为例[D].福州:福建师范大学,2009.

构建了由五个子系统组成的学校体育政策执行力评价系统，并以此评价系统为工具，选取黑龙江省的中学为例进行实证检验，分析原因并指出了改进的策略；吴畏[1]从绩效管理的视角对高等学校的体育工作进行了研究；程亚飞[2]建立了针对高校体育实践工作的评价指标体系，并选取两所高校进行了验证，进一步对评价指标的信度和效度做出说明。

通过对近十年的学校体育评价的研究成果分析可知，从研究内容看，研究呈现出逐渐深入、日益细化的特点，从课程评价到现在评价内容涉及学生学习、教师教学、课程实施程度、学校体育管理等多个层面，几乎涵盖学校体育的各个方面，并且每个专题研究形成了具有较高学术价值和实践意义的成果；从研究范式和方法看，研究者较多遵循在理论探讨之后运用德尔菲法、层次分析法等构建以相关理论为指导并与实践工作相结合的评价指标体系，再进行验证分析，指出受评对象的发展策略和建议的思路，形成了具有较高逻辑性、系统性和针对性的研究范式，该研究范式已相对成熟。

（二）校园足球特色学校评价研究

欧美足球强国的青少年足球普及工作主要依托业余俱乐部，而提高工作则依托职业俱乐部的后备梯队，并非我们所理解的校园足球。英国、德国于20世纪90年代起开始对职业俱乐部采用关键指标（Key Performance Index）绩效评价的方法衡量其效益，但仅对后备人才培养机构的基本条件做了规定。近年来随着各国对足球后备人才培养的重视，关于后备人才培养机构的入门条件和晋级要求有逐渐升高的趋势。日本和韩国是探索通过学校足球提高足球普及和竞技水平的开拓者，目前日本足球后备人才的培养已形成"学校足球+俱乐部梯队两条腿走路"的模式，而韩国仍以学校足球为主，尽管学校足球在两国足球后备人才培养中发挥了重要作用，但都未发现有关于此类学校评价的相关文献。

我国从2009年由国家体育总局和教育部联合发起校园足球活动以来，校园足球成为研究的热点。在中国知网利用高级检索，以校园足球为主题词并

---

[1]吴畏.普通高校学校绩效管理研究[D].石家庄：河北师范大学，2013.
[2]程亚飞.普通高校体育工作综合评价研究[D].开封：河南大学，2016.

含评价，检索时间起止点设置为2009—2017年，共检索到期刊论文11篇，博硕论文18篇，可见相关研究数量较少；在有限的关于校园足球评价的研究中，研究焦点集中在两大类，第一类是关于校园足球可持续发展的研究，第二类是关于校园足球特色学校的评价研究，此外还有少量关于校园足球隐性课程、足球教师或教练员执教能力的评价等。鉴于本研究的目的，着重对第二类研究进行阐述。

1. 校园足球可持续发展的评价研究

梁伟将校园足球纳入社会可持续发展的大背景中，构建了由基础支持、发展支持、保障支持和智力支持四个子系统构成的以校园足球布点城市为单位的用于衡量校园足球可持续发展水平的评价指标体系，并应用模糊数学法以青岛市为例对评价体系进行了验证，指出了青岛市推进校园足球可持续发展的策略与建议[1]。蒲鸿春同样以可持续发展理论为指导构建了由社会系统、人口系统、经济系统、资源系统和协调发展五个子系统组成的评价体系，以获取的四川省2009—2014年的相关信息数据为依据进行了核算，指出四川省校园足球可持续发展能力在不断提高，但同时应注意"软实力"指标是目前制约四川省校园足球可持续发展能力的瓶颈，未来在兼顾"硬实力"指标发展的同时，应注重软实力建设，使两者协调发展[2]。为降低校园足球在发展过程中的"风险性"，提高管理部门资源配置与管理效力的能力，周兴生、谭嘉辉构建了由管理、人事、效益、比赛、安全和观念六个子系统构成的旨在提高校园足球发展的绩效评价体系，并建议分阶段有所侧重地进行动态评价和完善，以提高校园足球"抵御风险"的能力[3]。

以上研究者从促进校园足球可持续发展的角度出发，通过构建系统、明确指标，进而完成从理论到实践、从宏观到微观的操作化过程，再进一步选取受试对象进行评价，并依据评价结果指出存在的问题和改进建议，此类研究属于宏观研究，为管理部门引导、监测和调控布点城市或省份校园足球发

---

[1] 梁伟. 校园足球可持续发展的系统分析与评价研究[D]. 上海：上海体育学院，2015.
[2] 蒲鸿春. 基于熵值法的校园足球可持续发展评价体系构建研究——以四川省校园足球为例[J]. 成都体育学院学报，2017，43（3）：115-120.
[3] 周兴生，谭嘉辉. 我国校园足球绩效评价指标体系及构建[J]. 西安体育学院学报，2017（3）：300-308.

展提供了有力的抓手，具有较高的学术价值和实践意义，此外该研究范式也为后续此类研究提供了可参考借鉴的模版。

2. 校园足球特色学校评价研究

（1）特色学校

我国的特色学校的建设始于20世纪90年代。1993年《中国教育改革和发展纲要》提出，"实现由应试教育向素质教育的转轨，鼓励中小学要办出自己的特色"，防止"千校一面"局面的出现，随后特色学校成为政府推动教育改革的主要模式和重要力量。特色学校创建的初期，对概念的研究成为首当其冲的问题，但发展至今仍没有一个权威的定义，柳斌[1]、原祖舍[2]、赵福庆[3]认为特色学校就是具有办学特色的学校，此处的特色指学校具有鲜明的个性特点，这种个性可以是独特的教风、学风，也可以是独特的教育思想或手段；谢学政[4]、孔孙懿[5]认为特色学校不单指学校的某一个方面，而是具有独特办学风格并取得整体成功的学校。

关于学校特色的观点大致可分为两种。一种观点从指向对象上来理解学校特色，认为其包含的范围非常宽泛，如学校的学科特色、教学特色、管理特色、体育特色或科技特色等；另一种观点从抽象内涵的角度理解学校特色，认为"办学主体刻意追求逐步实现的学校某一方面的工作特别优于其他方面或优于其他学校的独特的稳定的品质称学校特色"。

从以上关于学校特色和特色学校概念的辨析中，可以认为二者是同质不同层次的概念，学校特色是单一的某个方面的、不断变化的、初级形态的较低层次的概念，而特色学校是全面的、恒定的、高级形态的、较高层次的概念，两者呈现递进关系。

（2）特色学校建设

对于以学校特色为基础，怎样把学校打造成为特色学校，专家纷纷发表

---

[1] 柳斌.教育改革案列全书[M].北京：长城出版社，1999，365.
[2] 原祖舍.学校管理操作丛书[M].北京：中国物资出版社，1999，1013.
[3] 赵福庆.特色学校建设研究[J].教育研究，1998（4）：60-62.
[4] 谢学政.校长素质培养手册[M].北京：九州图书出版社，1998：371.
[5] 孔孙懿.学校特色的内涵与本源[J].教育导刊，1997（2）：46-49.

了自己的看法。关于此问题的观点可以大致分为三类，分别是系统优化模式、内容优化模式和目标优化模式，其中系统优化模式认可度最高，其次是内容优化模式。在系统优化模式的倡导者中，高洪源[1]指出创办特色学校要遵循"一种意识、两类分析、三个阶段"的观点，一种意识指创建特色学校要有创新意识，"有创新才有特色"，两类分析指要做好环境分析和学校需求与能力分析，"三个阶段"指每个特色学校的发展都会经过选择孕育、组织发展和完善巩固三个阶段。漆新贵[2]从特色学校内在生成的角度出发，认为创建特色学校首先找到发展方向，进而确定阶段目标和实施方案，渐次推进、逐步深化、螺旋上升，用舍恩的反思性实践理论来指导实践，最终达到建设特色学校的目的。秦玉友[3]指出在我国的发达地区和大中城市进入教育质量提升的时期，推进特色学校建设是满足教育需求的有力手段，由于建设特色学校是一套系统工程，据此提出务必要规划好特色学校建设各阶段的"关键词"，若是一所新建的特色学校，要从学校思想和建设实践的多方面进行综合全面考虑。马颖英[4]指出特色学校建设要处理好三个基本关系，即"继承传统与创新之间、学生发展与学校发展之间、学校个性化发展与区域统筹之间的关系"。内容优化模式的倡导者李清季认为要从形成正确的办学理念、营造先进的学校文化、发挥校长的主导作用、强化师资建设、打造特色课程与教学体系、扎实开展教研活动六个方面发力[5]。

在以体育项目为学校特色建设的研究中，张晓玲指出学校应从打造特色课程与教学、培育学校体育文化、关注学生体育权力与需求和促进教师专业成长方面入手[6]。目前体育类特色学校的驱动模式可以分为项目驱动、文化驱动、特色课程驱动和特色活动驱动四种类型，每个学校要深度思考所选择体育项目承载的精神和理念，以四种类型的驱动模式有机结合为操作手段，着手打造富有自身特色的"一校一品"，使精神理念和操作手段凝炼升华为

---

[1] 高洪源. 如何创办特色学校[J]. 中小学管理，2000（5）：27-28.
[2] 漆新贵，蔡宗模. 特色学校建设内在生成的理念[J]. 中国教育学刊，2010（2）：22-25.
[3] 秦玉友. 特色学校内涵定位与基线[J]. 教育理论与实践，2014，34（19）：29-33.
[4] 马颖英. 特色学校建设中要处理好的三个基本关系[J]. 教育科学，2015，31（6）：19-22.
[5] 李清季. 论特色学校的创建[J]. 当代教育科学，2010（12）：13-15.
[6] 张晓玲. 体育特色学校发展思考[J]. 体育文化导刊，2012（4）：96-99.

学校体育文化[1]，广大学生通过参与多种形式的活动领会相应精神和理念，并进一步将其内化为自己的精神追求和价值信仰，才能实现素质教育的要求。

（3）特色学校评价

鉴于学校特色与特色学校的关系，对特色学校评价的本质就是对学校特色创建过程及成熟度进行的价值判断，两者的关联程度是判断一所特色学校的主要尺度，据此可以将对特色学校评价的目标和功能定位在"以特色的建设过程状态和发展水平作为评价主线，以主客体评价互动为评价手段，在动态的生成过程中促进特色学校发展"[2]。在评价的内容方面，龚春燕认为对处于不同发展阶段的学校要区别对待，对于处于发展中的学校评价内容包括办学理念、特色项目建设促进教育行为方式的转变、学校文化的形成和自觉三个方面，而对于成熟度较高的特色学校应从"特色"的核心"文化"层面进行衡量，把特色学校的物质文化、制度文化、精神文化和行为文化列为重点内容，并构建了以360°评估模型为模版，与特色学校评价内容结合的基于文化导向的评价指标[3]。赵茜认为好的特色学校必然满足三条标准，即自身生发、品味高远和三维成熟（自身生发强调学校的基础背景，学校特色要与自身具有的条件有扎根度和契合性，学校条件包括硬件、师资、生源三个方面；品味高远指学校特色要有高尚的品味和深远的立意；三维成熟指学校特色在时间、空间、活动三个维度上具有整体性、持久性和广泛的影响力），好的标准与学校的三要素（固定场所、教育者和被教育者、教育教学活动）联系起来，形成以标准为行、学校要素为列的矩阵（6行、9列）来评价一所特色学校[4]。胡永新认为对特色学校评价的实质，是对学校创建特色活动及其相关因素进行描述并做出价值判断的教育管理过程，评价内容应涵盖办学理念、学校背景、管理机制、特色内容、形成过程、科研活动、发展成果七部分[5]。

综上，通过对特色学校评价的文献梳理不难发现，首先，特色学校评价

---

[1] 张晓玲.体育特色学校建设的实践模式分析[J].西安体育学院学报，2015，32（5）：632-636.
[2] 龚春燕，熊德雅，胡方.中小学特色学校评价的思考[J].人民教育，2009（Z1）：32-36.
[3] 龚春燕，程艳霞.基于文化导向的特色学校评估思考[J].人民教育，2010（Z1）：14-16.
[4] 赵茜，冯晋婧.如何认识和和评估学校特色[J].中小学校长，2011（7）：15-19.
[5] 胡永新.学校特色评价的基本属性、功能与评价内容[J].教育评论，2003（1）：20-23.

的本质是对学校特色的成熟度进行价值判断，重点看学校特色的建设过程状态和发展水平状态；其次，特色学校的评价要分阶段有步骤地实施，根据不同阶段制订评价方案和实施评价；最后，评价内容、评价标准围绕评价对象并依据评价的目的来进行甄别选择。

（4）校园足球特色学校评价

校园足球工作启动以来，先后经历了国家体育总局主导（2009—2014年）和教育部主导（2015年至今）两个阶段。国家体育总局主导阶段对于当时的校园足球布点学校的评价沿用了针对体育项目传统学校的评定标准，将工作成效放在首位，着重于对人才输送和运动成绩的考察，这就为各学校"重竞赛、轻普及"埋下了伏笔。随着教育部主导校园足球工作，校园足球"三个工程"和"四个目标"角色与任务的明确，传统的以人才输送和运动成绩为主导的评价方式显然已不能适应校园足球特色学校发展理念与实践的需求，专家学者也在逐渐探索校内新的评价方式，见表1-4。

表1-4 体育传统项目学校、校园足球特色（布点）学校评价指标体系一览表

姓名	指标体系
国家级体育项目传统校评分标准（2008）	基本条件（20%）：领导重视、师资配备、场地器材设备、经费保障、招生政策；工作要求（30%）：普及型体育活动、课余训练、竞赛、学生运动员管理；工作绩效（50%）：示范引领作用、学生知识技能、培养与输送、运动成绩、表彰与奖励、科研成果
李云广、张稼旭（2010）	活动开展（29.7%）：足球传统年限、代表队建设、课时比重、俱乐部建设、球员输送、参加足球活动学生比例、场地开放、班主任支持程度；竞赛状况（19.7%）：传统性比赛规模、形式、参赛次数、时间、成绩；领导重视（19.5%）：工作规划、机构建设、会议次数、奖惩机制；场地设施（10.9%）：场地材质、规格、质量、足球训练器材种类与数量；资金投入（10.4%）：投入资金总额、补贴教师资金、竞赛资金、场地器材维护资金、资金来源渠道；师资（9.8%）：教师数量与学历结构、裁判等级、敬业精神

（续表）

姓名	指标体系
张雷（2011）	校内活动（42%）：校本课程、足球教学比例、课外活动时间、学生参加足球活动人数的比例、每学期年级、班级联赛；工作保障（26%）：组织机构、规章制度、经费、设施及装备；校外竞赛（16%）：足球队建设、参赛纪律、联赛成绩、球员输送；师资队伍（10%）：职后培训、梯队建设、学历情况、激励措施、科研状况；足球文化（6%）：足球QQ空间建设、假期训练、媒体宣传
白志强（2013）	管理情况（20%）：校领导重视程度、经费保障、管理制度与办法；硬件设施状况（20%）：场地、器材、装备；师资队伍（20%）：体育教师情况、专职教练员情况；教学训练情况（10%）：教学训练时间安排、教学训练内容与质量；竞赛情况（10%）：组织情况、竞赛成绩；队伍建设与足球氛围（10%）：运动队建设、校内足球气氛、校外影响因素；输送情况（10%）：升学、就业
郭斌（2014）	校内活动（31%）：开设校本课程、班级年级联赛、每周活动时间、参与人数；校园足球出口（30%）足球特长生升学、招生、向专业队输送球员；足球文化（14%）足球夏冬令营、足球文化周节、足球兴趣社团、足球交流活动、足球知识讲座、校园足球网页；师资队伍（11%）：专业性、学历情况、年龄结构、待遇保障、奖励措施；活动保障（8%）：组织领导、经费保障、场地设施、安全管理制度、工作计划；校外联赛（6%）：球队建设、足球队训练情况、本校竞赛计划、争取社会支持和赞助、人参保险
刘维栋（2015）	条件保障（27%）：足球师资、教师待遇、场地设施、体育经费；教育教学（26%）：课程体系、课程评价、校园足球文化；训练与竞赛（25%）：足球组织、足球训练、竞赛、后备人才培养；组织领导（22%）：领导重视、组织机构、管理制度

（续表）

姓名	指标体系
王晓涵（2016）	校内活动（42%）：校本课程、足球课时、参与人数比例与时间、班级联赛；工作保障（26%）：组织机构、规章制度、经费、设施与装备；校外竞赛（16%）：足球队建设、比赛成绩、参赛行为、人才出路；师资队伍（10%）：年龄与学历结构、继续教育、激励措施、科研情况；足球文化（6%）：文化节建设、宣传情况
侯朝辉（2017）	工作推进（44.12%）：教育教学、课余训练、课外竞赛；工作绩效（29.41%）文化建设、人才输出、运动成绩、科研成果、运动技能水平与参与人数比例；工作保障（26.47%）：经费保障、规章制度、组织机构
方程、李玲、张朋（2017）	足球育人：学习成绩、身体素质、足球技能；足球普及：参与人数、场地器材、活动经费、文化建设；人才培养：足球队、足球竞赛、足球社团、人才输送；师资建设：专业能力、继续教育、待遇；制度与保障：运动技能标准实施情况、工作机制、风险防控
张鲲、王鹏慧、张嘉旭（2017）	组织管理评价：重视程度、管理情况、宣传状况；足球开展评价：教学评价、训练评价；条件保障评价：场地设施、师资力量
全国校园足球特色学校复核标准（2017）	组织领导（10%）：落实政策、健全机制、完善制度；条件保障（27%）：师资队伍、教师待遇、场地设施、经费；教育教学（30%）：理念、课时、足球课程资源、足球文化；训练与竞赛（30%）：足球社团、训练、竞赛、文化学习；后备人才培养（3%）

在足球重点小学发展的初期，为发挥评价的甄别与激励作用，李云广、张稼旭[1]针对足球重点小学建立了以场地器材、足球师资、课程开展、竞赛开展、领导重视和资金投入六个方面组成的评价指标体系，开创了通过评价来促进足球重点小学足球实践工作发展的先河，为该类学校的学校体育实践

---

[1] 李云广，张稼旭. 辽宁省足球重点小学校评估指标体系的研究[J]. 哈尔滨体育学院学报，2010，28（2）：90–92.

工作指明了方向；为检验校园足球开展六年多来的成果，方程、李玲、张朋[1]确认了以学校为单位评价校园足球成果的指标，这是评价校园足球工作的较为系统完整的指标体系，但遗憾的是作者未进行相关的实证检验，效果尚不得而知。

张雷[2]构建了针对上海市校园足球布点学校的评价体系，分别选取了小学和初中进行验证，指出从评价结果上看小学普遍优于中学，并且学校在校外竞赛得分高于校内活动部分，说明各学校对组队参赛"重视有余"，校内教学普及与活动"开展不足"。白志强[3]为发挥足球传统项目学校在足球后备人才培养方面的积极作用，构建针对足球传统学校的评价指标体系，在进行实证后作者指出，当地经济发展水平和足球文化传统对足球传统项目学校发展水平有至关重要的影响，评价指标为学校实践工作的开展提供了导向性作用，同时指出要加强监管、采用定期评定与随机检查相结合，给予落后地区相应的优惠政策等予以扶持，共同提高足球传统校人才培养的效益与质量。郭斌[4]针对初中校园足球活动的评价系统，对指标的验证结果说明石家庄市试点初中"轻普及、重竞技"现象突出，校园足球人才的出路问题是当前制约各学校的主要因素，是亟待解决的问题。王校涵[5]为促进校园足球布点城市新乡市的发展构建了评价指标体系，实证研究结果表明，校内足球普及工作开展不足、校外竞赛重视有余，经费不足、教师缺乏干劲、宣传不到位是当前主要的制约因素，在此基础上提出针对性的建议。侯朝辉[6]构建了由工作保障、工作推进、工作绩效三部分组成的评价指标体系，选取南京市的部分学校进行验证，结果表明学校足球活动开展的数量与种类有限，影响了校园足球的普及工作，过度重视比赛成绩，本末倒置现象严重，在校园足球规章制度建设和教师激励措施上有待完善。黄平[7]应用文献资料法、主成分分析法等构建了由训练比赛、教育教学、条件保障等八部分构成的旨在

[1] 方程,李玲,张朋.校园足球工作评价指标体系构建[J].体育文化导刊,2017(11)：130-135.
[2] 张雷.构建上海市校园足球布点学校评估方案的研究[D].上海：上海体育学院,2011.
[3] 白志强.河南省省级足球传统项目学校现状调查及评定标准研究[D].开封：河南大学,2013.
[4] 郭斌.初级中学校园足球实施效果评价体系构建研究[D].石家庄：河北师范大学,2014.
[5] 王校涵.新乡市校园足球布点学校评价指标体系的构建研究[D].新乡：河南师范大学,2016.
[6] 侯朝辉.南京市校园足球特色学校评估体系的构建研究[D].南京：南京师范大学,2017.
[7] 黄平.构建广州市校园足球特色学校绩效评估指标体系的研究[D].广州：广州体育学院,2017.

衡量特色校绩效的评估指标体系，实证研究结果显示小学优于中学，各学校最后得分存在较大差距的原因集中在条件保障、训练比赛和教育教学三个方面。刘俊娴[1]构建了由校园足球组织保障、过程控制和结果反馈三部分组成的旨在提高校园足球活动质量的评价体系，采用模糊综合评价法对江苏省的三个区域进行了验证，实证结果表明三个地区开展质量由高到低的顺序是苏南、苏中、苏北，建议指出以相关文件要求与区域发展实际为依据建立相对性与绝对性结合、灵活性与原则性结合的评价指标是开展区域评价的前提条件。

（5）对已有评价体系的元评估

元评估是对原有评价体系进行的分析，分析内容包括评估方案的科学性、评估活动实施的正确性、评估体系的合理性、评估结果的客观性等[2]。纵观现有的关于校园足球特色学校评价研究已形成的经验：第一，从评价的价值导向看，研究者尝试以学校为单位，通过评价的方式来实现学校提质增效的目的，但体育项目传统学校以竞赛成绩和人才输送为导向，校园足球特色学校则以教育教学和训练竞赛为导向；第二，从选取的指导思想和评价模式来看，各体系与"投入—过程—产出"模式相契合，仍以目标行为模式为指导思想，评价的结果以鉴定性评价为主，即侧重于评价学校的投入性元素（场地、师资）和产出性元素（比赛成绩、人才输送）等显性指标，对发展性和过程性指标关注不够；第三，在操作中受我国地域差异、各地办学水平和学段划分的影响，研究者以区域为单位设计针对某一学段的评价指标体系为主；第四，从研究成果上看，部分学者仅局限于构建指标体系，并未对其可操作性、经济性，结果的科学性和有效性做出判断，另一部分学者在指标体系创建完成后即应用在某区域的学校实施了评价从而得出相关结论。

与此同时存在的问题有：第一，评价的指导思想陈旧，已有评价仍沿用目标行为模式作指导，采用预定式的、面向过去的评价，造成"重鉴定、轻改进"的结果，这与目前我国提倡的"素质教育"理念指导下"鼓励学校办出特色"的实践探索相违背，致使学校发展的理性需求和现有研究成果供给

---

[1] 刘俊娴.江苏省小学足球特色学校足球活动质量评价研究[D].南京：南京师范大学，2017.
[2] 冯晖.教育评估计算学[M].北京：高等教育出版社，2012：4.

不足之间产生矛盾；第二，缺乏理论基础，由于没有具体的理论方法作指导或者依托相关成熟的评价模型，指标体系的构建较多依赖专家经验，缺少对指标属性的宏观分类，使得评价的规范化和精细化程度受到影响；第三，评价主体单一，学校评价的行政性色彩浓厚，即以官方评价为主，即使是学者的独立研究也难免存在管理主义的倾向，致使被评价学校的主体地位得不到尊重，学校参与的积极性不高，第三方评价与学校自评的作用未受到应有的重视；第四，评价过程有待完善，学校的发展是长期的渐进的过程，试图通过一次性评价就一劳永逸地解决问题是不可能的，要实现办学质量的持续改善应对特色学校形成"1+N"周期循环评价模式，现有研究仅完成一次性评价设计，而后续研究亟待完善，使学校评价成为激励学校成长的动力；第五，评价内容不完整，各评价指标体系间的趋同性较高，内容集中于结构性元素和结果性元素，未有反映学校已有的软硬件基础起点与发展愿望的"基础性指标"，以及反映学校在此"基础"上采取的努力措施、取得的成绩及进步的"增幅性指标"，指标涵盖面狭窄、内容不完整，难以对特色学校的总体发展状况做出全面有效的衡量；第六，实施评价的步骤欠妥，评价指标体系在大样本使用前应对其进行小样本的实证检验，如果缺少此步骤就贸然使用并得出对于某区域特色学校的评价未免草率，评价结果的可信度不高。

综上所述，尽管对校园足球特色学校评价的研究处于起步阶段，且在已有研究中存在诸多不足，但前人的努力和已有的成果仍为后面的研究者带来许多有益的启示，这为进一步完善该项研究提供了基础。

第三节 研究目标与思路

一、研究目标

①构建具有发展性、指导性和可操作性的校园足球特色学校评价指标体系，为第三方评价机构对北京市校园足球特色学校实施评价提供工具支持。

②应用构建的基于CIPP的北京市校园足球特色学校评价指标体系对试点学校展开实证分析，通过对试点学校实施评价，对指标体系的全面性、甄别

性和经济性，评价结果的科学性和有效性做出判断。

二、研究思路

本研究整体分为理论研究和实证检验两部分。理论研究部分，在充分了解校园足球发起的背景、目的，校园足球特色学校的目标、使命，以及目前发展中存在问题的基础上，以发展性教育评价理论为指导、以系统构建与分析为操作方法，构建以政策依据和现实依据为背景的旨在以评价促发展的校园足球特色学校评价指标体系。实证研究部分，以构建的基于CIPP的北京市校园足球特色学校评价指标体系为工具，选取若干所特色学校为调查对象进行实证研究，通过实地走访、问卷调查等方式获取相关评价信息，获得学校的评价值，并对所建立评价指标体系的效能做出判断。

第四节 研究对象与方法

一、研究对象

以北京市校园足球特色学校评价指标体系为研究对象。

二、研究方法

（一）文献资料法

依据本研究的目的，主要从以下几个方面展开文献搜集和整理工作：①在中国知网全文数据库分别以"校园足球""CIPP模式"和"校园足球特色学校评价"为主题词，以2017年为检索时间终点，共检索到期刊论文1715篇（其中核心期刊207篇）、博硕论文578篇，围绕"校园足球研究进展""CIPP模式的应用研究"和"校园足球特色学校评价研究"三个核心进行文献梳理，明确本研究的立论基础。②查阅教育评价、学校体育管理和学校体育评价方面的书籍，充分了解教育发达国家学校评价发展的前沿动态和我国学校评价工作中存在的不足，为确立研究模型提供依据。③查阅体育统计学、社会学研究方法等资料，为解决本研究中遇到的技术性问题提供方法支持。

（二）德尔菲法

德尔菲法是本研究用来完成指标优化的重要方法，选取校园足球及评价领域的相关专家20人，其中有校园足球行政管理背景的7人（占35%）、校园足球研究背景的5人（25%），学校体育研究或管理背景的8人（占40%）；连续三年参加全国青少年校园足球特色学校评审工作的专家10人（占50%），先后共向专家发放问卷三轮次（其中第1、2轮是优化指标，第3轮是确定权重），三轮次问卷回收率和有效率均高于80%和90%。指标保留必须同时满足以下三个条件，即①变异系数$CV<0.25$；②专家评价结果取得一致性检验$P<0.01$或$P<0.05$；③所选指标平均得分≥ 3.5，从而完成评价指标体系的确定工作。

（三）环比构权法

环比构权法是确立评价指标权重的基本方法，利用层次分析法的层次分析思想和环比构权法简洁的操作方法获得各级评价指标的权重值。操作步骤如下：首先依据各位专家的意见获得对评价指标的"个人权重值"；其次依据各位专家的"个人权重值"对于群组意见的贡献程度获得该专家的"贡献系数"；最后依据专家的"个人权重值"和"贡献系数"获得各评价指标的"综合权重值"，并按照以下合成公式计算获得各指标的综合权重值。

$$\begin{Bmatrix} a_1^1 & a_2^1 & \Lambda & \Lambda & a_{m-1}^1 & a_m^1 \\ a_1^2 & a_2^2 & & & a_{m-1}^2 & a_m^2 \\ a_1^3 & a_2^3 & & 0 & a_{m-1}^3 & a_m^3 \\ M & M & & & M & M \\ a_1^n & a_2^n & \Lambda & \Lambda & a_{m-1}^n & a_m^n \end{Bmatrix} \times \begin{Bmatrix} \lambda_1 \\ \lambda_2 \\ \lambda_3 \\ M \\ \lambda_m \end{Bmatrix} = \begin{Bmatrix} w^1 \\ w^2 \\ w^3 \\ M \\ w^n \end{Bmatrix}$$

（四）调查法

在指标构建的初期，利用参加北京市校园足球骨干教师培训班的机会和市教委校园足球督查小组到全市校园足球特色学校调研的机会，实地走访32所校园足球特色学校，充分了解各学校校园足球的开展情况，并就相关问题与50余位教师交换意见；在实证研究阶段，深入5所特色小学展开调查获取三级指标的信息，原始信息采集主要通过以下方式：①通过听取学校汇报和查看材料获取该校关于校园足球发展目标、规划方案、教学管理文件、教学与竞赛的开展情况的信息；②随堂听课，每所学校听取足球课的次数不少于5节、覆盖学校一半以上的年级，兴趣小组或校队训练不少于6节，获取课堂教学和训练的相关信息；③利用经过信度和效度检验的问卷进行调查，向校长、教师和学生发放，学生问卷在全校每个年级随机抽两个班，每班两人，学生总数不少于20人，同时辅以现场访谈的方式获取关于成果与特色指标的可靠信息。

（五）数理统计法

本研究的数据处理主要用SPSS软件、R语言编程和EXCEL软件来完成，SPSS软件主要完成评价指标体系确定环节的多样本的非参数检验，即肯德尔和谐系数的检验工作；在获取群组专家关于评价指标"个人权重值"的基础上，利用R语言程序计算获得各专家关于评价指标权重值的"贡献系数"，再进一步合成评价指标的"综合权重值"；利用EXCEL软件完成平均数、变异系数、频数统计以及相关图表的制作，为本文构建基于CIPP的校园足球特色学校评价指标体系、设计评价方案、统计评价结果提供技术支持。

第五节 研究重点、难点与创新点

一、研究重点

重点一：构建具有发展性和指导性的校园足球特色学校评价指标体系。

重点二：对评价结果的科学性、合理性和有效性做出判断。

二、研究难点及解决办法

难点一：德尔菲法是评价指标体系构建的主要方法，咨询专家团队人数的数量与构成合理与否是应用德尔菲法成败的关键。首先，需要约20人的咨询专家团队；其次，专家团队成员应包括长期从事校园足球研究的专家和学者、校园足球特色学校评价领域的相关专家、校园足球主管部门的领导以及校园足球特色学校的校长和教师代表等。

解决方法：积极利用北京市校园足球运动协会的资源性优势，在导师的推荐下笔者成功地参与了2017年北京市校园足球特色学校的评审工作，以及教育部组织的2017年全国青少年校园足球特色学校的评审工作，利用工作的间隙对近三年参与全国青少年校园足球特色学校评审工作的相关专家进行访谈和问卷调查，获取与指标构建有关的有效信息。

难点二：在本研究的实证研究阶段，拟选择若干所学校作为试点学校对所构建的评价指标体系的可操作性、区分性和实效性进行检验，由于评价指标体系涉及校园足球特色学校建设的多个方面，不仅要查看与该校校园足球发展相关的书面材料，还要听课、观摩、与部分师生座谈，以及对部分师生进行问卷调查等，大量的原始信息的采集工作都需要试点学校的积极配合，学校能否配合以及在多大程度上配合是实证研究成功与否的关键。

解决方法：在导师的推荐下，笔者成功地参加了2017年6月和12月由北京市教委组织的面向全市校园足球特色学校的复核工作，前后两次与校园足球特色学校评审组专家一起深入30余所学校展开工作，利用工作的机会全面系统地搜集与本研究构建的评价指标体系相关的学校信息，为实证分析阶段具体工作的开展积累经验。在完成试点学校的抽样以后，利用北京市教委与校园足球特色学校的工作关系获取试点学校的支持，确保采集信息详实可靠。

三、研究的创新点

本研究的创新点主要体现在以下两点：第一，视角新，受我国教育发展现实的影响，目前我国校园足球特色学校的评价难以摆脱泰勒评价思想的束缚，为克服这一不足，本研究采用建构主义哲学观指导下的发展性教育评价理论为指导，将学校视作一个发展的个体，构建起"立足学校实际、着眼未来、以阶段目标为依托"的评价体系，它能够将学校发展的长期性与阶段性、指导性与现实性指标有机地融合起来，是谓视角新；第二，模式新，以往的校园足球特色学校评价多采用预定式的面向过去的鉴定性评价模式，而本研究采用了面向未来注重改进的CIPP模式，将该模式的四个方面与特色学校一个发展周期内的具体实践相结合，最终形成"1+N"周期循环评价模式，是谓模式新。（图1-4）

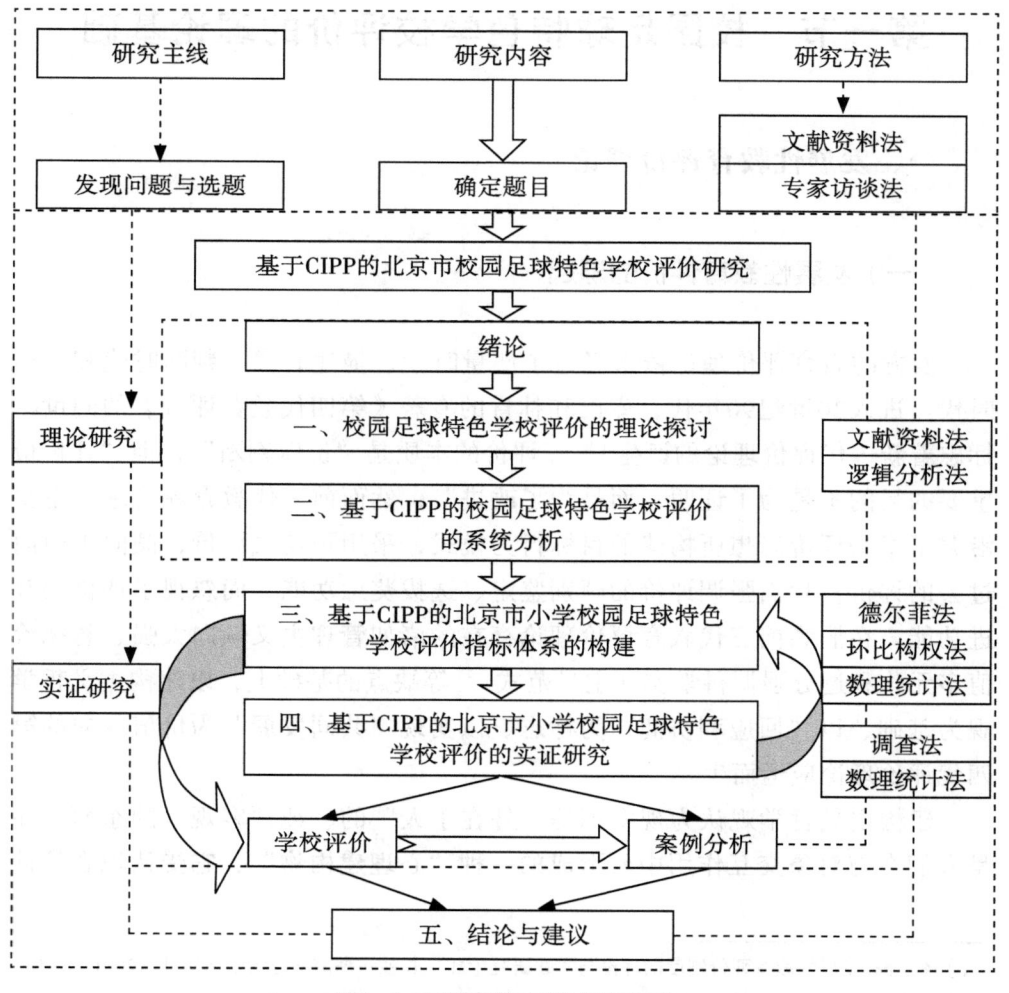

图1-4 研究框架与技术路线图

第二章 校园足球特色学校评价的理论探讨

第一节 校园足球特色学校评价的理论基础

一、发展性教育评价理论

（一）发展性教育评价的源起

西方的教育评价理论依次经过了测量时代、描述时代、判断时代和建构时代。进入20世纪90年代，库巴和林肯的专著《第四代教育评价》的问世，标志着新一代评价理论的诞生[1]。评价的本质是"价值判断"，但"评价最重要的目的不是为了证明，而是为了改进"，然而前三代教育评价理论主要沿袭了泰勒评价思想所构建的目标行为模式，采用预定式评价，倾向于面向过去的评价，片面强调评价的甄别鉴定、选拔奖惩功能，而忽视了评价的改进功能。在洞悉前三代教育评价理论存在的诸如管理主义倾向太强、忽视价值多元化和过分强调科学实证主义范式[2]等缺点的基础上，以建构主义哲学观为基础、以"回应和协商"为标志、以实现"共同发展"为价值取向的第四代评价理论应运而生。

建构主义哲学观认为现实不是"外在于人"的、纯"客观"的东西，而是人们在与对象交互作用中所形成的一种"心理建构物"，它受认识者的社

---

[1] 蒋建洲.发展性教育评价制度的理论与实践研究[M].长沙：湖南师范大学出版社，2001：1-13.
[2] 刘淑兰.教育评估和督导[M].上海：华东师范大学出版社，2000：21.

会、心理、文化等因素的影响和制约，是参与评价的利益相关者对于评价对象的一种主观认识，因此说建构主义评价理论本质上是一种心理建构的过程，而评价的结果就是评价对象在评价者头脑中的反映，是评价者的"心理建构物"。此外，建构主义评价理论认为评价的出发点是对各利益相关者要求的回应，因此需着重解决好两个关键问题：一是要明确与评价有利害关系的人有几类，二是需要回应他们的哪些要求。要使评价利益相关各方对评价对象达成共识，就必须听取多方的不同意见，这样评价就成了一个由评价者不断协调各种价值标准之间的分歧、缩短不同意见之间的距离，最后形成公认的、一致的看法的过程[1]。由此可见，回应协商是这一过程的基本特点，也是共同建构的途径。

发展性教育评价思想是以建构主义哲学观为基础构建的评价理论，它不仅以教育的发展为评价对象，同时还以教育的发展作为目标进行评价，在参与者相互协商的基础上，通过评价对象与评价者之间的心理建构为操作过程，从而实现"为发展而评价，以评价促发展"的目的。

发展性评价思想自问世以来，在评价的方向、目的、方法等方面所秉承的观点与传统的鉴定性评价相比发生了巨大的转变（表2-1），这对我国的教育评价领域产生了重大而深远的影响。发展性教育评价思想在我国最早应用于教师评价，随后逐渐应用到学生评价、课程评价、学校评价等领域[2]。

表2-1 发展性评价与鉴定性评价秉承评价观的对比

名称	发展性评价	鉴定性评价
评价方向	面向未来、注重长远	面向过去、强调结果
评价目的	促进发展	鉴定与选拔
评价类型	强调过程评价与自评相结合	强调总结评价与他评相结合
评价主体	多元化	单一化
评价内容	整体性、全面性	单一性、片面性
评价方法	质性评价为主	量化评价为主
评价关系	平等协商	自上而下

[1] 卢立涛.发展性学校评价在我国实施的个案研究[M].重庆：重庆大学出版社，2012：61.
[2] 蒋建洲.发展性教育评价制度的理论与实践研究[M].长沙：湖南师范大学出版社，2001：6-8.

(续表)

名称	发展性评价	鉴定性评价
评价标准	弹性化、个性化	绝对化、标准化
评价结果	多方认同、重发展轻奖惩	被动接受、重奖惩

（二）发展性教育评价的特点

发展性：发展性评价以促进被评价对象的发展为目的，是"以发展为本"的评价制度。其评价的目标、内容、方法和结果都是为了促进评价对象发展，使其不断认识自我、完善自我、实现自我。

层级性：发展性评价又是层级性评价，主要体现在评价目标的设置上具有层级性。通常被评价对象依据自身的实际情况和发展愿景制定出系统有机的目标体系，例如发展目标由远期目标、中期目标和近期目标组成，近期目标通常又包括量度目标、程度目标等，评价双方努力帮助评价对象实现其所制定的发展目标，当低层次的目标实现后，再向更高的目标努力，不断评价、不断发展。

合作性：发展性评价要求评价者与评价对象双方在相互信任、平等协商的基础上制定双方共同认可、共同承担的发展目标、评价计划和评价的责任与义务，它能充分调动评价对象的主动性和积极性，自觉自愿地实现目标。

非奖惩性：评价结果不与晋级、加薪等奖励挂钩，这样就可以消除被评价者的畏惧心理，防止出现弄虚作假等不良现象。当然发展性教育评价对奖惩并不完全排斥，对于严重失职渎职者要给予相应的惩戒。

个体差异性：由于发展性教育评价是多元性的评价制度，注重评价对象的多样化和差异化，根据评价对象的具体情况制定发展目标、规划方案和评价标准等，评价主要看基础、看进步，而不片面追求标准化和统一化。

（三）发展性学校评价的内涵

发展是一个内涵丰富的词汇，尽管对于学校发展众多学者发表过不同的观点，如劳凯声从学校功能的角度指出学校发展就是寻求个体期望与社会需求之间的平衡[1]，吴增强从文化学的角度指出学校发展的动力是要实现积极的组织文化，而文化的形成是由表入里、长期培养、动态发展的过程，因此学校的发展是与组织文化同步形成的过程[2]。此外外延式发展和内涵式发展则从另一个角度对学校发展做了阐释，通常情况下，外延式发展认为学校的发展就是在充分利用社会提供条件的基础上实现学校发展，表现为外形的扩张、数量的增加和规模的扩大；而内涵式发展认为在量增加的基础上，强调发展是发自内心需求的，表现在愿望激发、结构优化、机制转换、质量提高这些方面，从而实现实质性发展。

尽管关于学校的发展尚没有形成权威一致的定义，但发展性学校评价要明确以下几点：第一，学校已有的基础是学校评价的起点，发展性评价就是要使拥有不同基础的学校都能取得向好的发展，以"起点"为参照，衡量某段时间所取得的增幅，由于"起点"处于不断提高当中，故发展性评价是由服务于学校发展的阶段性评价组成的过程性评价；第二，发展性学校评价与学校发展是相伴相生的过程，学校评价内生于学校发展的动态过程之中，两者是相辅相成、相互促进的关系，要把评价看作发展的有机组成部分，服务于工作的改进、目标的实现，因此其又是主体性评价；第三，发展性学校评价着重衡量在某段时间内学校所取得的"增幅"，强调学校自身发展的纵向比较，让学校处于连续的成功体验当中获得发展和认可，所以说它又是激励性评价，当然评价内容是与学校发展相关的内容，通常包括发展目标、行政管理、课程建设、办学条件等，主要表现为学校物质资源的增量、学校文化的形成、特色品牌的创建与传播和学校创新能力的提升[3]。

（四）发展性学校评价的原则

导向性原则：发展是面向未来、面向多数、以发展为目的的评价，因此发展目标的制定、评价类型的选择、评价结果的处理都要充分考虑评价对象的未来需求，注重社会需求与个体需求的紧密结合，使个性发展目标满足社会需求。

---

[1] 劳凯声.重新界定学校的功能[J].教育研究，2000（8）：3-5.
[2] 吴增强.积极的组织文化：学校发展的深层动力[J].上海教育科研，2003（9）：19-23.
[3] 贾汇亮.发展性学校教育评价的建构与实施[M].天津：天津教育出版社，2012：3-21.

可持续性原则：既然发展性教育评价以未来发展为目的，因此在确定发展目标和制定发展规划时要以学校的基础为评价的起点，以学校未来的发展为落脚点，用可持续的原则指导和评价教育工作，这是最本质的原则。

整体性原则：部分与整体是一对相对的概念，发展性评价把评价对象视作一个整体，但要在部分与部分、部分与整体、整体与环境之间的考察中做出全面正确评价，防止片面评价。由于教育本身具有多因素、多层次和复杂性的特点，任何评价对象都是教育系统的一部分，但同时又可以作为独立的系统，因此要注意部分与整体之间是否协同合理，整体效应是否得以形成。

激励性原则：在整个评价过程中以制定的发展目标为动力，激励评价对象不断进取，逐层实现发展目标。正确看待评价对象取得的成绩与不足，对于取得的成绩积极肯定，对于不足要给予改正的机会，使评价对象始终处于被激励的状态。

主体性原则：要做到全员参与评价，每个人既是评价者又是被评价者，评价过程中强调以自评为主，通过评价者自我意识的觉醒，优化自我、发展自我，最终实现自我。

多样化原则：关注评价客体的多样性和差异性，根据评价对象的历史状况、发展根基，制定相应的发展目标，评价主要看基础、看进步、看增幅。

量性结合原则：对于可以量化的指标，要用数据的形式予以反映，这有助于认识的深化和精确化，便于比较，而对于难以量化的指标则采用定性的方式，采用"评价等级+评价分数+简洁评语"的方式。

反馈性原则：评价的结论要向评价对象反馈，如果不反馈也就失去了评价的意义。要在合适的时机、以恰当的方式向评价对象做出客观公允的反馈，并提出发展建议。

二、系统科学理论

（一）系统科学理论的形成与发展

系统科学是研究系统的结构与功能关系、演化和调控规律的科学。它以不同领域的系统为研究对象，从系统和整体的角度探讨复杂系统的性质和演化规律，目的在于揭示各系统的共性以及演化过程中所遵循的规律、发展优化和调控系统的方法，并进而为系统科学在实践领域的应用提供理论依据。时至今日，美籍奥地利生物学家贝塔朗菲在其1947年出版的《生命问题》一书中首次提出了"一般系统理论"的概念，这被公认为是奠定系统科学理论的基石之一，它与同时代的美国数学家维纳和申农提出的信息论和控制论共同组成了一组综合性的横断科学——系统科学，我国的学者习惯性地将其称为"老三论"。20世纪70年代后，比利时物理化学家普利高津和德国物理学家哈肯分别提出了耗散结构理论和协同理论，两者分别从宏观、微观以及两者相互联系的角度回答了系统是如何从无序走向有序的规律性问题。进入80年代，随着非线性科学的迅速发展，法国数学家雷内托姆于1972年发表的《结构稳定性和形态发生学》一书对突变理论作了详细阐述，这也标志着突变理论的诞生。至此，被国内研究者称为"新三论"的耗散结构理论、协同论和突变论进一步丰富了系统科学理论，而这三种理论被统称为关于非平衡系统的自组织理论，它在阐释系统的无序与有序的转化机制上把系统的形成、结构和发展联系起来，成为推动系统科学发展的核心力量。此外，现代系统科学在研究方法上不断地与时俱进，积极吸纳系统动力学、模糊数学、灰色理论等诸多学科的前沿知识；进入21世纪，系统科学的理论和方法正逐渐从自然科学领域向社会科学领域转移。

1. 系统的概念与结构

系统是由多个组成部分，按特定的方式结合起来、不断演化发展的整体，它在与其他事物和环境的相互作用中体现自己的属性、功能和价值[1]。钱学森将系统定义为由相互制约的各部分组成的具有一定功能的整体，强调系统是具备一定功能的多元素的综合体[2]。系统具有三个基本特点：第一，系统是由若干元素组成的，它是元素的多样性和差异性的统一；第二，各元素间相互作用、相互依赖；第三，系统作为一个整体是超越各部分之和的，它具有特定的功能。

如果用 A 表示系统 S 中全部元素构成的集合，用 r 表示 S 中各元素之间的关

---

[1] 陈忠，盛毅华. 现代系统科学学 [M]. 上海：上海科学技术文献出版社，2005：5.
[2] 苗东升. 系统科学精要 [M]. 北京：中国人民大学出版社，2010.

系，R表示所有元素之间关系的集合，则系统S可以用$S=(A, R)$来表示，即系统是由元素集和关系集共同组成的，再进一步说它是由多元素通过不同的关系共同组合出的一个具有特定功能的整体。

系统的结构是指各组成部分及各组成部分之间关联方式的总和，即系统把所有元素关联起来形成统一整体的特有方式。由此可见，结构不仅是元素间的特殊关联，还是系统的整体框架。

2. 系统的分类与特征

20世纪70年代以来，为解决建立系统科学体系的问题，钱学森致力于思考如何建立系统分类的问题，对此他以矛盾学说主张的"科学研究的区分，就是根据科学对象所具有的特殊的矛盾性"为哲学依据，"每门具体科学关于研究对象的分类，应以对象本身的客观性质为依据，而不应以人的认识层次为准则"，在原有的小系统和大系统的基础上提出了"巨系统"的概念，开放复杂"巨系统"广泛地存在于现实生活中，不胜枚举，一个开放复杂的"巨系统"应具备以下特征。

开放性：系统要跟环境进行物质、能量、信息的交换，环境为系统提供生存发展条件的同时也会把自身的复杂性转化成系统的复杂性，对环境开放是系统产生复杂性的必要条件。

规模的巨型性：系统的复杂性与其规模的大小成正相关，即具有一定的规模是产生复杂性的必要条件。

组分的异质性：异质性是导致组分之间互动互应方式多样性的直接原因，而由此组成的系统在整体的涌现性上也必定是多样而复杂的，组分的异质性是巨系统产生复杂性的根源之一。

结构的层次性：巨系统必定是多层次的，各组分之间以信息传递为媒介形成环状的复杂的互动互应关系图，上下层组分之间形成树状的结构关系图，环状与树状的关系图交织在一起，形成牵一发动全身的网状结构。

关系的非线性：在复杂"巨系统"中，不同系统、组分、层次之间，再加上系统与环境之间、信息反馈与发挥作用通路之间的关系都是非线性的，非线性关系的广泛存在加剧了系统的复杂性。

行为的动态性：开放复杂"巨系统"的状态和行为都是随着时间的变化而变化的，而每一种变化又都是非线性的变化，综合作用就产生了动态的复杂性。

内外的不确定性：开放复杂"巨系统"存在多种不确定性，主要指系统外环境的不确定性和系统自身的不确定性，这种不确定性包括随机性、模糊性和灰色性等，不确定性给系统的性质、行为和状态等带来了复杂性，这也给认识和驾驭系统增添了困难。

（二）系统的环境、行为与功能

1. 系统的环境

系统之外一切同系统有关联的事物的总和，称为系统的外部环境，简称为系统的环境[1]。如果将全系统用U表示，我们考察的系统用S表示，环境用S'表示，则有：$S'=U-S$。

如果将系统S的环境记作E，E是全系统U中一切与S有不可忽略的联系的事物总和，即$E_S=\{X \mid X \in U$且与S有不可忽略的联系$\}$。

如果将组分与结构视为系统的内部规定性，那么系统与环境的关联互动方式可以被认为是系统的外部规定性，两者的合力决定了系统的整体涌现性。系统与环境之间存在互动的双向关系，首先，任何系统的形成、保持和演化发展都需要从环境中获取资源和条件，这是系统得以存在的前提条件，即系统对环境具有依赖性；其次，环境对系统还能施加约束和限制，因为环境的复杂性是造成系统复杂性的重要原因，同时环境是决定系统整体突现性的重要因素，所以当任何系统从环境中分离出来成为一个确定的对象时，必要的限制和约束是不可或缺的，约束对系统的塑造作用是提供资源和条件所不可替代的，即环境对系统具有塑造性。用系统的观点认识环境并把环境当作系统来分析是系统思想的基本观点，这是其指导校园足球特色学校评价的又一重要理论基础。

系统具有与其所处的环境之间进行物质、能量、信息进行交换的能力和属性，这被称作系统的开放性，它是系统必备的基本属性之一；与此同时，系统又有阻止自身与其环境之间进行物质、能量、信息进行交换的能力和属

---

[1] 苗东升.系统科学大学讲稿[M].北京：中国人民大学出版社，2007.

性，这被称作系统的封闭性。任何系统都具有开放与封闭的双重属性，事物的系统性就是其开放性和封闭性的统一。现实中任何系统都或多或少与环境之间有物质、能量、信息的交换，从这个角度来说任何系统都是开放的，只不过开放的程度不同而已。系统是否开放是由系统的边界来决定的，将系统与其外部环境划分开来的东西称为系统的边界，环境是系统边界以外的存在，而组分及其结构是系统边界以内的存在，边界既把内部与外部分隔开来，又把二者联系起来。

2. 系统的行为与功能

系统的行为是指系统相对于它的环境所表现出来的所有变化。行为是系统自身特性的表现，属于系统自身的变化，但它反映环境对系统的作用和影响，行为对环境具有依赖性。系统的功能是系统作为整体的一种属性，即系统的整体功能。它是刻画系统行为特别是表述系统与环境关系的重要概念，我们将那些由系统的行为所引发的、有利于环境中某些事物乃至整个环境的存续与发展的作用称为系统的功能。

系统的功能作为一种整体性，是"非加和式"的，即一种特殊的涌现式整体性，不能单纯地理解为"整体大于部分之和"，而应理解为"整体具有部分及其总和所没有的属性"。

3. 系统的状态

状态是对系统进行定量刻画的基本概念，系统的状态是指那些可以观察或识别到的态势或特征，我们常用一组变量数值组合的形式来界定它。例如，将行驶中的汽车看作一个系统，可以用速度v、距离s、载重量g作为状态量，原则上说，任何现实存在的系统都有可以观察和测量的状态量，同一系统也可以用不同的状态变量来进行描述，但是状态变量的选择需穷尽被研究系统的基本特性和所有行为。状态变量的选择需满足以下条件。

①客观性：具有现实意义，能反映系统的真实属性；
②完备性：变量足够多，能全面刻画系统的特性；
③独立性：任一状态量都不是其他状态量的函数。

总之，状态变量是决定系统行为特性的一组完备而数量最少的系统量。按照状态与时间的关系，可以把系统划分成两类，一类是状态变量随时间变化而变化的系统，称为动态系统；另一类是状态变量不随时间变化而变化的系统，称为静态系统。

4. 系统的演化

系统的演化指系统的结构、状态、特性、行为和功能会随着时间的推移而发生变化。演化式的变化是指系统的状态和特性发生不可逆转的变化，即变化后的系统再也无法恢复原样。任何系统都不可能永远保持其结构、特性、行为不变，演化性是系统的基本属性之一。系统演化的终极动因源于相互作用，这种作用首先来自系统内部各元素、子系统及层次之间，包括吸引与排斥、合作与竞争等，这会导致系统规模特别是组分方式的改变，进而引起系统功能及特性的改变，这是系统演化的内部动因；其次是系统与环境之间的相互作用，它是系统演化的外部动因，当环境的变化引起系统的不适应时，环境对系统施加的"压力"会转变成系统内部的相互作用，推动系统改变组分特性和结构关系，从而获得新的整体特征和行为，达到与环境的再次适应。

系统演化的方向是指从演化的始点指向终点的向量。从总体来看，系统的演化有向上向前的演化，也有向下向后的演化。一般认为系统从无序无组织到有序有组织、从低序低组织水平到高序高组织水平的演化是向上向前的演化，否则是向下退化的演化，两种演化互为补充。

（三）系统科学的方法论

系统方法是指用系统的观点来认识和处理问题的方法，即把对象当作系统来认识和处理的方法，不管是理论的或经验的、定性的或定量的、数学的或非数学的、精确的或近似的，都叫作系统方法[1]。应用系统方法来解决实际问题一般遵循以下步骤：首先定义系统，即明确考察对象，确立系统的范围；其次，把系统中的要素分解出来，找出要素之间、要素与环境之间的关联性，确定系统的结构与功能之间的关系，研究系统中物质、能量和信息三者间的相互关系，然后综合分析他们如何组成一个具有特定功能的有机体；

---

[1] 许国志. 系统科学[M]. 上海：上海科技教育出版社，2000，9：31.

最后，建立能反映系统与结构之间相互关系的评价模型[1]。这些具体的步骤为本研究的顺利开展提供了具体可操作的方法参考。

1. 整体论与还原论相结合

在科学方法论发展史上，依次经过了整体论主导、还原论主导及整体论与还原论相结合为主导的时代。古代科学的方法论本质上是整体论，正是在"只要把研究对象还原到'宇宙之砖'的层级，一切较高层级的问题便会迎刃而解"的还原理念的指导下，科学技术在过去四百年才取得了伟大的成就，但当还原论被应用到解决社会学等问题时，出现了对局部认识越精细反而对整体认识越模糊的现象，科学的方法论最终选择了两者相互融合的路径来解决这一问题。

系统科学就是通过揭露和克服还原论的弊端而发展起来的，我们对此应该有明确的认识：首先，系统思维不能完全等同于整体思维，系统思维主张把对整体的把握建立在对构成系统部分的精细了解之上，排除还原思维的整体思维是古代人无法避免的局限性，但不是现代科学所讲的系统思维，系统思维是在还原思维基础上对整体思维的回归，即系统论强调的整体论与还原论的结合；其次，整体论和还原论都是相对的，要视具体问题而定，没有一成不变的规律，纵观整个科学发展的历史，无论是古代科学朴素的整体观还是现代科学的还原论，都不同程度地存在"你中有我、我中有你"的现象；再次，至于还原论要分析到哪个层次，整体论要综合到哪个层次，并不是向下求索到越深或向上求索到越高越好，应坚持层次分析的适度还原法则，即还原到适可而止，扩展到适可而止。

2. 定性描述与定量描述相结合

定性描述是指对事物的性质或属性进行描述，而定量描述是对事物的量形关系进行的精确刻画，定性特性能够决定定量特性，而定量特性是对定性特性的表述，如果只有定性描述而没有定量描述，则很难对系统的特性有深入精准的把握，反之，对定性认识不正确，不管定量描述多么精准对把握整个系统都无济于事。

---

[1] 魏宏森. 系统科学与社会系统[M]. 吉林：吉林出版社，1990.

总之，要建立精确的定量描述体系需要处理好一个前提和一个关键。一个前提是指定量描述之前要对系统的特性有个基本的认识，即先定性然后再用定量的方法把它表示出来；一个关键是指在定性认识的基础上如何选择基本变量或者说选择哪些基本变量来对定性进行描述。

3. 系统分析与系统综合相结合

系统分析是了解和认识系统的有效方法，常遵循以下步骤对系统展开分析，首先要明晰系统由哪些部分构成，其次要明确系统中的元素或各组分别以什么样的关联方式形成整体，最后对环境进行分析，明确系统所处的环境和功能对象、系统和环境如何相互影响、环境的特点和变化趋势等。系统综合是由局部认识获得整体认识的必由之路，常采用分析重构的方法来完成。重构就是综合，重点是信息的综合，即综合对部分的认识来求得对整体的认识，综合的任务就是把握系统的整体涌现性。

总之，系统科学的方法论主张在部分与整体、系统分析与系统综合之间保持必要的张力，将原本对立的思维方式融汇统一起来，突出强调在整体的关照下分析，在分析的基础上综合，遵循两者相互融合的路径，最终达到相辅相成的效果。

三、综合评价理论

（一）综合评价的概念

评价就是人们参照一定标准对客体（包括特定的事物、行为、态度、认识等）的价值或优劣进行评判比较的一种认知过程，是人们认识事物的重要手段之一[1]。一般来说，根据评价标准或评价要素复杂性的不同，可以将评价分为单项评价和综合评价，单项评价顾名思义就是对某一个指标或要素进行的评价，而综合评价就是对客观事物以不同侧面所得的数据为依据做出

---

[1] 苏为华. 综合评价学 [M]. 北京：中国市场出版社，2005：1.

的总的评价[1]，又称"多指标综合评价"。显而易见，综合评价是以单项评价为基础的。

（二）构成综合评价的要素

要对研究事物进行综合评价必须明确构成综合评价问题的五个要素：评价主体、评价客体、评价指标、权重系数和综合评价模型。

评价主体：是指主导评价活动的个人或团体，在整个评价过程中起主导作用，因为当评价的目的确定以后，评价指标的筛选、权重系数的确定和评价模型的选择都与评价者的知识基础、评价理念和个人偏好等有关；在实际的操作过程中评价主体还可以具体化为评价的指导思想、评价目标和评价标准等。

评价客体：是指被评价价值的对象，在一个综合评价问题中评价客体具备系统性的特征，如功能的整体性、组分的多样性和联系的相关性等，评价对象可能由多个评价子项组成，但评价对象必须是由同一属性的且具有可比性的子项构成的集合。

评价指标：每一个评价对象都是由若干项反映其属性、程度的指标构成，每项指标都是从不同的侧面反映评价对象的某种特征，综合评价就是以全面视角和层次架构表现来评价客体的本质要素和突出特征，这些指标共同组成评价的指标系统，构建评价指标系统是实施综合评价的核心环节和重要步骤。

权重系数：在综合评价中，由于评价指标的表现形式和表现意义不同，也就造成各项指标在整个指标系统中的重要程度的不同，我们常用权重系数来表示评价指标不同的重要程度。当评价对象和评价指标确定以后，综合评价的结果就与权重系数紧密相关，因此说权重系数的合理性是关系到整个评价结果科学性和可靠性的关键。

综合评价模型：将评价客体实际价值水平显化为可直接理解或解释的"评价结论"的这个机制，即用特定的数学方法将所有指标与相应权重系数

---

[1] 胡永宏，贺思辉.综合评价方法[M].北京：科学出版社，2000：1

的度量信息进行合成计算得出的针对评价对象的评价结果，即通常我们在实际运用中所见到的"数学表达式"，它通常由变量和参数构成。

（三）实施综合评价的步骤

针对现实中应用综合评价解决的实际问题，其解决问题的步骤如下：

1. 明确评价问题、确定评价目的

评价必须是针对决策者所关心的某一具体的问题而进行的，没有问题或问题不清，评价则无从谈起，只有发现了问题才能解决问题，评价是解决问题的手段和方法，评价的目的是开展综合评价的依据，它是筛选指标、确定权重、选择评价模型的出发点和落脚点，不同的评价目的会有与之相适应的不同的指标体系和评价模型。

2. 确立评价对象、建立评价体系

评价对象通常是同一类事物或同一事物在不同时期的表现，明确评价对象是下一步建立评价体系的前提条件。一个完整的评价体系包括评价指标系统、权重系统和评价标准系统。首先根据综合评价的目的和任务，依照评价目标自身的属性特点将其逐层分化，最终形成具有结构化的且能够操作的具体评价指标；其次根据各指标在整个指标系统中的重要程度，通过直接赋予或数学运算的方式来获得相应的权重系数；最后制定判断评价客体价值高低或水平优劣的"参照系"，即评价标准。

3. 选择评价方法、建立评价模型

根据评价对象的特点、所获得资料的属性和条件来选择评价方法，各级评价指标权重系数的确定是建立评价模型的关键。

4. 实施综合评价

根据末级评价指标的要求依次搜集相关的统计数据资料，要保证各项数据的有效性和准确性，然后将各指标的基本数据带入评价模型进行统计运算。

5. 检验评价结果

其目的在于对所选择的评价模型、评价标准、权重系数和评价指标的合理性进行甄别判断，如果达不到评价目的，则要对相关环节进行修改。

6. 评价结果的分析

对综合评价的结果进行客观公正的分析是未来决策的前提条件，因此首先要保证结果的真实性和有效性，避免人为主观因素的干扰；其次由于综合评价方法自身的局限性，常出现针对同一问题，采用不同方法得到不同结果的现象，因此要客观公正地看待，评价结果也仅是决策参考的一个方面而已；最后撰写评价报告、进行资料的归档与储存等。

第二节 校园足球特色学校评价的依据

一、校园足球特色学校评价的理论依据

（一）学校功能理论

学校是通过传递知识、提供学习服务以教育人、培养人的专门机构，这是学校得以存在并区别于其他社会组织的本质特征。随着社会发展对教育诉求的增加以及由此产生的"学校角色"的多样化，关于学校功能的论述日渐丰富，不同的学者从多个角度进行了分析，尽管阐述的重点有所不同，但归根结底学校作为个人发展和社会发展的"孵化器"，必须通过"教人育人"这一基本功能首先实现人的发展，再进而通过人的发展促进社会的发展（此处人既是个体形态的人又是社会形态的人）[1]，人的发展既依赖于教育，又创造着教育，人是教育与社会相互作用的中介，这是个人发展与社会发展

---

[1]李兴洲.重构学校精神——学校功能偏离与现代学校制度建设[D].南京：南京师范大学，2005：30.

的内在逻辑与作用机制。

培养德、智、体、美、劳全面发展的社会主义建设者和接班人是我国各级各类学校的共同使命，是我国教育的最高目标，但长期以来受应试教育的影响，中小学以追求升学率为最高目标，造成学校对智育的"过分强化式偏离"和对德育、体育的"过分弱化式偏离"，使得德育实质功效性的弱化与体育效益影响性的矮化。这一学校精神不扭转势必会造成学校工作与教育本质的渐行渐远。

（二）系统协调理论

社会巨系统是由政治制度、经济制度和表意整合制度三个子系统按照功能耦合原则组成的、充满着不可控变量的复杂巨系统[1]。社会功能独特的教育系统也正是这一表意整合制度中的一个重要子系统，为了促进社会巨系统的稳定发展要求各子系统之间必须协调发展。

学校作为教育系统的重要元素和社会巨系统的一份子，所肩负的社会功能要求其将空间分配给各项社会功能使用以维持社会功能的同一性。因此必须达到某种牺牲性平衡，以便学校的各项功能需求都在相当程度上得到满足[2]。校园足球特色学校作为以足球为载体进行育人，并将这种理念提升至学校整体发展的高度，全方位付诸于育人实践的学校[3]，要实现预设的目标必然涉及该校的发展规划、资金、师资、场地的保障、课程的建设与实施、发展成果的鉴定与反馈等多个要素。只有各个子系统及要素之间达到协调一致、相互促进，才能实现校园足球特色学校的稳步健康发展，最终实现扩大足球人口、促进学生身心健康发展的要求。

系统是事物的存在形式，同样学校管理也是以系统的形式存在着，学校评价作为学校管理的有效形式同样以系统的形式发挥作用。从更深层次来看，一所校园足球特色学校的管理系统又由管理决策系统、管理执行系统、

---

[1] 颜泽贤，张铁明.教育系统论［M］.河南教育出版社，1991：1-17.
[2] 陈玉坤.教育评价学［M］.北京：人民教育出版社，1999：125-127.
[3] 赵治治，高峰，孙亮，等.我国青少年校园足球特色学校的建设:概念、特征与反思［J］.首都体育学院学报，2018，30（3）：214-218.

学校管理监督系统和学校管理反馈系统构成，发挥评价的管理效能就必须搞好各系统之间的关系。

（三）区位发展理论

区位优势是指某一区域客观存在的产业发展与布局的区域有利因素。该理论源于英国经济学家亚当·斯密的地域分工学说和大卫·李嘉图的国际分工理论。如果一个国家或地区具有生产某一特定产品的区位优势，则可以获得更为丰厚的经济利益。对区位优势的理解不能仅局限于自然地理因素，还应综合考虑经济、政治、文化等多个因素的综合作用。随着该理论的发展完善，它已超越经济学范畴被运用到教育学领域[1]。

北京作为我国的政治、文化中心，是首批足球发展重点城市，受社会环境、学生价值观、学校生活方式的影响，该区域的学校体育活动有其现实特点和发展趋势，它会对校园足球的发展的主体产生差异化的需求，解决问题的思路与对策有其特殊性。学校体育的区域性发展特点启示我们，要对校园足球特色学校实施评价，首先要从区域的整体发展实际入手，考虑评价指标的全面性；其次考虑不同学校个体之间的差异性和区分性。

北京市校园足球特色学校作为北京校园足球发展的增长极，会依据所处的不同发展阶段，针对现存的突出矛盾和主要问题制定突破策略，分阶段、有步骤地实施，优先并充分利用校园足球特色学校的骨干示范作用，以点带面，引领带动北京市其他学校校园足球的建设，最终实现北京市校园足球的整体发展。

（四）足球人才发展理论

发展是个体随着年龄增长及与环境的互动而产生的身心变化的过程，构成了人类生命的精髓。人的成长必须建立在对其身心发展规律正确认识的基

---

[1] 于可红，钱宏颖，刘杰. 北仑策略：区域推进体艺特色学校建设研究[M]. 杭州：浙江大学出版社，2013：25-27.

础上，在不同的年龄阶段施加合理的刺激，才能收到理想的效果，否则可能事与愿违。当代在形成发展理论方面具有重要影响的人物及观点分别是：皮亚杰的"认知发展理论"、杰瑞克森的"心理社会发展学说"和维果茨基的"最近发展区理论"。

皮亚杰的认知发展学说认为，儿童的思维发展不是由教师或父母传授的，而是通过儿童与环境相互作用，逐步将简单的概念集合成复杂概念来完成的，它是通过同化、顺应和平衡的机制来实现的；杰瑞克森的人格发展阶段学说认为发展是内在本能与外部文化和社会要求相互作用的结果，并最终形成了儿童至老年心理发展的基本理论；维果茨基强调的"最近发展区"是介于儿童自己实力所能达到的水平，与经别人给予协助后所可能达到的水平之间的差距，基于此认识他认为"教学不应指望儿童的昨天而是他的明天"[1]。此外，还有儿童的生理心理发展特点等。以上理论为不同学段的特色学校明确阶段任务与实施策略提供了依据。

足球人才的培养要以人的身心发展规律为依据，在此基础上探讨实施策略，但不能将年龄段分得太细，仅能以学段为单位对发展重点进行论述。小学阶段（6~12岁）以培养青少年儿童的体育意识、了解足球基本知识与技能、具备足球比赛的基本能力为主。特色学校在理念上应倡导"快乐足球"，在内容的选择与操作上要注重足球活动形式的多样性和内容的趣味性，力争做到激发兴趣、培养动机和淡化成绩[2]。初中阶段（13~15岁）以掌握足球比赛的基本要素和竞赛规则，提高站位与跑位意识，提高学员的集体性和整体意识为主，而高中阶段（16~18岁）主要是进一步发展对抗条件下的足球技战术能力，培养特长技术和位置意识[3]。因此初中阶段要重点发展普及层面的竞赛活动，以开展面向不同水平多群体参与的足球竞赛活动为主；高中阶段应重点发展实战背景下的竞赛活动，提高对比赛的理解能力

---

[1] 于可红，钱宏颖，刘杰. 北仑策略：区域推进体艺特色学校建设研究[M]. 杭州：浙江大学出版社，2013：33-44.

[2] 梁伟，刘新民. 校园足球可持续发展的推进策略[J]. 体育文化导刊，2014（1）：151-153.

[3] 教育部办公厅关于印发《全国青少年校园足球教学指南（试行）》和《学生足球运动技能等级评定标准（试行）》的通知[EB/OL].（2016-06-30）[2018-02-03]. http://www.moe.edu.cn/srcsite/A17/s7059/201607/t20160718_272137.html.

和制胜能力的培养,因此特色学校在保证足球选修课的基础上,校队以增加校际间比赛场次及参与较高层次与质量的比赛为主。

二、校园足球特色学校评价的政策依据

校园足球作为中国足球改革发展总体方案的重要一环,以发挥足球育人功能、推进校园足球普及、促进文化学习与足球技能共同发展、促进青少年足球人才规模化成长和扩充师资队伍为宗旨,在中小学贯彻以特色带动普及的实施策略,坚持稳步推进校园足球特色学校建设的实施办法,"到2020年达到2万所,2025年达到5万所,其中开展女子足球的学校占一定比例"[1],为实现这一目标,2015年7月教育部专门印发了《教育部等6部门关于加快发展青少年校园足球的实施意见》(教体艺〔2015〕6号),以下简称《实施意见》,明确将提高足球普及水平、深化足球教学改革、加强足球课外锻炼训练、完善校园足球竞赛体系和畅通优秀足球苗子的成长通道[2]五条内容作为各省、区(市)校园足球建设的重点任务。为检验《实施意见》的落实成效,2016年4月《教育部办公厅关于组织开展加快发展青少年校园足球重点督察工作的通知》(教体艺厅函〔2016〕7号)明确将建立校园足球工作机制情况、校园足球普及情况、校园足球竞赛开展情况、足球专业师资队伍建设情况和条件保障情况[3]列为重点督查对象。由于校园足球特色学校是各区域校园足球开展的基本结构和功能单位,尽管以上权威文件是从宏观层面指导、检验各省、区(市)校园足球建设与成效的文件,但透过文本不难发现,文件中所列举的建设重点与督查重点又何尝不是各校园足球特色学校建设与评价的重点呢。

《学校体育工作条例》是指导我国各级各类学校开展学校体育工作的最高指导文件,该文件对体育课教学,课外体育活动,课余体育训练与竞赛,

---

[1] 国务院办公厅关于印发中国足球改革发展总体方案的通知[EB/OL].(2015-03-16)[2018-02-03]. http://www.gov.cn/zhengce/content/2015-03/16/content_9537.html.

[2] 教育部等6部门关于加快发展青少年校园足球的实施意见[EB/OL].(2015-07-27)[2018-02-03]. http://www.moe.gov.cn/srcsite/A17/moe_938/s3273/201508/t20150811_199309.html.

[3] 教育部办公厅关于组织开展加快发展青少年校园足球重点督察工作的通知[EB/OL].(2016-04-26)[2018-02-03]. http://m.moe.gov.cn/wj/zywj/201605/t20160518_245152.html.

体育教师，场地、器材、设备和经费，组织机构和管理，奖励与处罚[1]七项内容作了重点阐述；北京市中小学贯彻《学校体育工作条例》评估方案（京教函〔2008〕90号）将领导组织机构与管理，基础建设，课程教学，课外体育活动与课余训练，教学与科研成果五项内容作为评估重点[2]。

综上所述，校园足球特色学校作为以足球为载体进行育人探索的实践学校，其身份首先是普通中小学，其次才是足球特色学校，这种"主要任务"和"双重身份"决定了校园足球特色学校的操作方法要在尊重足球发展的内在规律的前提下，以足球作为学生成长与发展的主要手段，因此校园足球特色学校评价的重点应在建设重点和督查重点的范围内，以《学校体育工作条例》为参照蓝本，结合各学段的要求以及不同地域的发展现实来确定评价内容。

三、北京市校园足球特色学校评价的现实依据

全面了解北京市校园足球特色学校的开展现状，是有目的有针对性地进一步构建评价体系的重要依据，据此笔者以"校园足球"为主题词，并含北京市为检索条件在中国知网进行检索，获取与北京市校园足球特色学校开展状况相关的文献，将2017年6月、12月参与北京市教委组织的对全市校园足球特色学校的复核情况的总结报告作为北京市校园足球特色学校评价的现实依据。

（一）分类状况

自2015年3月《足改方案》将校园足球列为重点发展内容起，北京市教委迅速启动校园足球特色学校遴选工作，遴选程序如下，首先以学校为单

---

[1] 百度百科. 学校体育工作条例［EB/OL］.（2017-03-01）［2018-02-03］. https://baike.baidu.com/item/%E5%AD%A6%E6%A0%A1%E4%BD%93%E8%82%B2%E5%B7%A5%E4%BD%9C%E6%9D%A1%E4%BE%8B/8373514?fr=aladdin.

[2] 北京市教育委员会关于开展2008年北京市中小学贯彻《学校体育工作条例》评估工作的通知［EB/OL］.（2008-05-13）［2018-02-03］. http://zfxxgk.beijing.gov.cn/110003/jydd52/2008-05/13/content_154085.shtml.

位，经市教委审核公示后成为市级校园足球特色学校，其次再进一步申报国家级校园足球特色学校，市级校园足球特色学校每年保持在200所上下的浮动额度，截至2017年下半年全市共有210所中小学校获得"全国青少年校园足球特色学校"称号。

目前北京市校园足球特色学校大致可以划分为三类。

第一类为学校体育资源丰富、学校体育传统浓厚、学校体育工作开展成效突出的学校，以清华大学附属小学为代表。如该校有5位专业足球教师（其中2人获亚足联C级证书，3人获D级证书，3人为国家级裁判，1人为国际级裁判），生均体育场地活动面积15平米，远高于教育部规定的小学生均2.7平米活动面积的标准。自申报特色学校始就确立了"小足球、大健康"的发展理念，将足球列为核心课程，统筹调度学校体育资源；在普及层面，全校实施"1+X"课程体系，此处的1是指每天一节体育课、每天一个健身大课间和晨练微课堂、每人一个体育自主选修项目，由此可见每班每周有5节体育课，高于国家规定的每周2节的体育课时数，其中1节为足球课、1节为体育兴趣课；提高层面，清华附小于2014年8月派出三支队伍参加"北京市第31届百队杯中小学生足球联赛"，分获冠、亚、季军，该校足球提高层面的水平可见一斑。由以上可见，此类学校在校园足球特色学校中属于凤毛麟角。

第二类为2015年前为北京市校园足球传统校的学校，在教育部主导校园足球工作以来积极转变工作重点并成功申报为校园足球特色学校，这类学校以回民小学为代表。该类学校在师资和场地方面虽受到一定的限制，但普遍具有浓厚的足球传统，在提高层面统一采用与俱乐部合作的模式，也已取得了骄人的运动成绩，人才输送以向更高一级的体育学校或俱乐部输送为主，而在普及层面的课程开设上则按照每班每周一节足球课实施，但在课程开设内容、练习形式以及足球课余活动开展的形式、频次和覆盖率方面存在较大差异，此类学校在校园足球特色学校中占有一定比重。

第三类为自2015年教育部主导校园足球工作以来，积极响应号召开始着重发展校园足球并积极申报为校园足球特色学校的学校，该类学校以史家胡同小学和府学胡同小学为代表。此类学校在校园足球特色学校中所占比重最大，由于开展时间较短、资源条件限制等原因，此类学校尚未取得骄人的运动成绩，学校的足球氛围处于孕育阶段，但各学校以普及足球课程、开展形式多样的足球活动为实施重点，在足球的普及层面取得了不错的效果。[1]

（二）发展规划情况

校园足球特色学校作为以足球为载体进行育人，并将这种理念提升至学校整体发展的高度，全方位付诸于育人实践的学校，其发展的规划和执行是该校工作任务的重中之重，发展规划是学校自身对其发展所做的预设，其核心作用不言而喻，其目的性、科学性和合理性是首要条件，这一点在《全国校园足球特色学校基本标准（试行）》第一部分组织领导的第2条有明确规定，"将校园足球纳入学校发展规划和年度工作计划，并严格执行"，《全国校园足球特色学校申报表》内也要求填写未来三年规划，但从2017年6月和12月针对北京市校园足球特色学校前后两次的检查来看，发展规划部分相对简单，表现在发展目标不明确，未与该校校园足球开展紧密相关的学生体质目标、足球技能目标、足球人口目标和足球成绩目标紧密结合；发展目标的层序性和可执行性差，发展规划的定向凝聚作用难以发挥。

（三）资源保障情况

师资方面，由于学生参与数量和足球活动开展形式与种类的增加，校园足球特色学校足球专业人才不足的问题依旧突出，且校际间人才分布不均衡。尽管校园足球特色学校中拥有D级及以上等级的教练员数量占总数的85.3%，且教师培训在培养人数与频次上已达到最大程度，但聘请校外教师任教的学校数量占到总数的88%[2]，可见教师数量有限、教师工作量大、教师性别比例失衡等仍是造成校园足球开展质量难以保证的原因[3]。

场地与器材方面，场地面积与质量是影响足球开展的又一主要因素。场

---

[1] 杨飞. 北京市部分小学校园足球特色校开展现状对比分析——以东城区和西城区四所小学为例[D]. 北京：首都体育学院，2017.

[2] 郭骏骅. 北京市全国青少年校园足球特色学校校园足球开展现状研究[D]. 北京：首都体育学院，2017.

[3] 李皓. 北京市首批国家级校园足球特色学校足球教师现状与发展对策研究[D]. 北京：首都体育学院，2017.

地面积方面，拥有11人制标准足球场的学校数量占学校总数的8.8%，小型足球场（5人制或7人制场地）占91.2%；质量方面，人工草皮占85.3%，天然草皮占5.9%，橡胶场地占8.9%。其他器材种类与数量充足。

经费方面，北京市校园足球特色学校均获得了市财政的专项拨款，各区县在此基础上对辖区内的学校进行了不同程度的资助，除此之外，有73.5%的学校在此基础上又在学校经费中划拨专款来支持本校的校园足球发展，此外还有不足10%的学校通过企业赞助的形式募集经费。可见足球专项经费保障到位。

（四）活动开展情况

校园足球特色学校的普及工作值得肯定，全市校园足球特色学校均开设了足球课，82.3%的学校每周开设一节足球课，17.7%的学校达到每周2节；面向全体学生开展足球课余活动的学校占88.2%，每周开展一次及以上足球课外活动的学校占64.7%，每学年开展一次及以上校园足球文化节的学校占85%。

在校园足球的提高层面，全部的学校均建有校级男子足球队，52.9%的学校建有女子足球队，可见与男足相比，女足发展相对滞后；建有班级代表队的学校占85.3%，建有年级代表队的学校占50%；校级足球代表队每周安排训练3~5次的占94.1%，且每次训练时长为60~100分钟。

比赛开展情况，有73.5%的学校开展了校内班级联赛，且每学年开展一次的占20.6%，每学年开展两次的占70.6%；在参与校际间足球比赛方面，比赛类型按照参与数量由多到少依次是区级中小学校园足球比赛、北京市中小学足球联赛和北京市校园足球班级联赛。

综上所述，北京市作为我国的首都和政治、文化中心，校园足球特色学校的优势突出表现在两点：第一，学校体育资源相对丰富；第二，特色学校的"行动"普遍且迅速，以上两点是对特色学校实施评价的必要条件。从北京市校园足球特色学校的整体分类以及开展情况来看，校园足球在特色学校开展的成绩是可圈可点的，这得益于教育行政部门的宣传与督促和特色学校的努力。此次评价主要针对第二类和第三类特色学校，由于各特色学校在发展规划、资源保障、活动开展和特色示范与引领方面存在校际间差别与不足，也恰恰是特色学校间在校园足球的开展层面存在较大的差异，为衡量校园足球特色学校的发展程度及构建校园足球特色学校评价体系提供了理论与实践的必要性、可能性和可行性。

第三节 CIPP模式与校园足球特色学校评价的契合性

评价模式是评价理论应用于评价实践的具体范式，它是在一定的理论指导下对构成评价要素间组织形式的规定，是对某教育评价类型构思的集中反映，是联系教育评价理论与实践的纽带，它将多种复杂因素加以类型化、简便化，是评价方法的基本框架[1]。评价模式的选择不仅要贯彻评价理论的要义而且要与评价对象的具体工作实践结合，只有这样才能证明评价模式与评价实践是高度契合的，评价模式的构造、解释、启发和预测功能才能得到彰显[2]。

本节将从CIPP模式的特点与功能、CIPP模式对发展性教育评价理念的体现以及CIPP模式与校园足球特色学校评价的实施策略三个方面展开论述。

一、CIPP模式的特点与功能

（一）CIPP模式介绍

1. 评价模式的发展沿革

西方的教育评价理论发展至今依次经历了测量时代、描述时代、判断时代和建构时代，形成了几种颇具影响力的评价模式，包括目标行为模式、CIPP模式、应答模式和建构模式。

---

[1] 刘本固. 教育评价的理论与实践[M]. 杭州：浙江教育出版社，2000：194.
[2] 蔡晓良，庄穆. 国外教育评价模式演进及启示[J]. 高教发展与评估，2013，2(29)：37-44.

测量时代的思想基础源于教育测量运动，认为"凡是存在的东西都有数量，凡有数量的东西都可以测量"，正是在这一思想驱动下教育实践中出现了过于追逐标准化的测量结果的倾向，而对于难以测量的诸如态度、兴趣等则被排除在评价范围以外，出现评价结果与发展现实不符等现象。为弥补这种不足，在批判地继承测量思想的基础上，兼顾实用主义倾向的目标行为模式应运而生。

目标行为模式认为教育评价就是衡量教育目标实现程度的判断过程，他不仅将教育目标当作教育过程和教育评价的依据，还把教育评价当作教育过程实现教育目标的手段，于是形成了一个由教育目标、教育过程和教育评价三者之间首尾相联的闭式循环过程。随后布鲁姆又将教育目标进一步划分为认知、情感和动作技能目标，进一步丰富了教育目标的内涵。由于目标行为模式能够很好地与计划性和可操作性结合，所以长期以来得到广泛的应用，但随着评价实践的发展，该模式重结果、轻过程，评价以官方评价为主、评价客体地位未得到应有重视、忽视评价对象的基础、评价结果片面与奖惩相挂钩导致弄虚作假等弊端暴露无遗，此后，注重对教育目标、实施过程与实施结果评价，强调决策与改良导向的CIPP模式便应运而生。

CIPP模式和应答模式是判断时代的代表，两者都以价值判断作为评价的主要依据。形成性评价的思想由斯塔佛尔比姆正式提出，他认为"评价的目的不是为了证明而是改进"，评价要为管理者、学生和教师等提供信息反馈，更好地为教育决策服务，在具体操作上评价的范围不应仅局限于目标的达成程度，还应对目标本身和实施过程及效果进行评价等，基于以上认识斯塔佛尔比姆创立了以社会效用和行为决策为价值取向的CIPP模式。该模式将背景评价、输入评价、过程评价和结果评价融为一体，突出强调评价的发展性功能，将评价的各个阶段分别与诊断性评价、形成性评价、终结性评价结合，使评价形成一个与评价对象的发展过程相联系的具有阶段性和系统性特征的整体，提高了人们对评价的认可程度。目前该模式是学校评价领域广泛采用的模式，我国高校的本科教学评估实践也采用该模式。

应答模式的创始人斯塔克认为，评价应首先了解教育活动相关人员的需求，然后将教育实践与相关需求比较，并将比较后的结果作为教育方案改进的依据付诸实践。不难发现该模式强调教育活动要满足相关人员的需求，因此注重价值观的发散性与多元化，强调评价要从现实的和潜在的问题出发，而不仅仅是预定的目标，在评价方法上注重质性评价的应用。但应答模式缺乏确定的操作程序、在评价方法上重质性轻量化使得评价缺乏深度、评价结果的说服力不强，难以发现教育活动的本质和规律，使得适用范围受限。

建构模式是第四代教育评价理论的代表，是其创始人枯巴和林肯在认识到前三代评价思想存在的管理主义倾向过重、科学范式依赖性过强、价值的多元性未曾体现等缺陷的基础上提出的，建构模式倡导对各方利益相关者赋权，遵循回应—协商—共识的原则，使得评价者与被评价者以评价客体为中介形成交互的主体关系，实现了由传统的权威服从关系向平等协作关系的转换；除此之外，共同建构模式肯定多元化的价值观念，追求多元化的价值目标，但在实施程序和操作方法上存在较大问题。

从以上按照教育评价模式产生的时间顺序对其理论基础、使用特点以及局限性的论述不难发现：首先，促进教育发展是教育评价的第一原则，评价模式是服务于评价的目的顺应教育发展规律的产物，自身具有很强的背景性、针对性和导向性；其次，教育评价模式要具有规范的操作程序并兼顾一定的灵活性，这是决定评价模式适用对象与使用范围的前提，调研—设计—实施—反馈构成评价实施的四步法则，四步法则虽以评价模式的操作程序为指导，但四步法则的每一步间保持弹性，评价模式的开放性与实施步骤的灵活性以及两者保持相对的张力是选择评价模式时所要考虑的重要因素；最后，"三维结构"是确定评价指标的重要依据，要素评价、过程评价和结果评价通常被看作是教育评价的三个维度，它们之间彼此制约又相互促进构成一个有机的整体，在指标的选取上应围绕这三个方面展开，但随着时间发展权重系数上可以有所侧重。

2. CIPP模式的内涵与特点

CIPP模式与行为目标模式相比有两点改进，一是教育评价的范围有所扩大，它不仅关注目标是如何确定的，还关注目标本身的合理性；二是它不但关注目标的达成度，还关注目标是如何实现的，即关注实施过程。基于以上两点认识，斯塔佛尔比姆创建的CIPP模式以评价设计与教育计划的连接点为契机，将教育目标与传统的教育评价的三维结构联系起来，从而形成以目标的制定与选择、教育要素的配置、教学活动的实施以及发展成果的获得的"四维结构"，将每一部分都进行评价，并且每一部分间可以相互提供修正与反馈信息[1]。

背景评价为计划决策服务，鉴定某种情况下的问题、需求、资源和机会[2]。它是在充分了解评价对象具体情况的基础上，衡量考察目标与社会需求和客体需求是否一致，进而在随后的评价步骤上，采取措施不断修正完善目标，为计划决策服务，其实质是对方案目标的诊断性评价。

输入评价为组织决策服务，是在目标确定以后对备选方案的选择甄别过程，包括目标的可实现性、方案的成本、方案的合理性与道德性对外界资源的需求、已有资源的利用程度等，其实质是对方案可行性的诊断性评价。

过程评价为实施决策服务，通过对方案的实施过程进行必要的监督、检查和反馈，为方案进一步改进提供依据，其实质是对方案实施效率的形成性评价。

结果评价为重复决策服务，它关注方案实施后所取得的成果，通过对成果采取一系列的测量、判断、解释来明晰社会需求和客体需求的满足程度，进而决定方案的取舍与修正，其实质是对方案实施效果的终结性评价。

（二）CIPP模式结构与功能

1. CIPP模式的结构特征与操作流程

CIPP模式作为一个完整的系统，它的四个构成要素的目的、方法与作用的侧重点各不相同，现将其作简要比较，[3]如表2-2所示。

---

[1] 王全兴. CIPP评价模式的概念与发展 [J]. 慈济大学教育研究学刊，2009（5）：28.
[2] Stufflebeam D L, Madaus G F, Kellaghan T.Evaluation Models: Viewpoints on education and human resources evaluation [M]. Boston：Kluwer Academic publisher，2000：280.
[3] Stufflebeam D L, & Shinkfield A J. Systematic evaluation:A self-instrustional guide to theory and practice [M]. Berlin：Springer Science & Business Media，2012.

表2-2　CIPP模式的结构特征

	目标	方法	与教育决策的关系
背景评价	界定机构或服务的背景；确认满足需求的方式；诊断需求的困难；判断目标是否满足了已知的需求	使用系统分析、调查、文献评论、听证会、晤谈、诊断测验、德尔菲法等	为计划所需的变革、决定方案实施背景，与满足需要有关的目的或时机，以及与解决问题有关的目标提供判断结果的基础
输入评价	确认和评估系统的各种能力、备择方案的策略、实施策略的程序设计、预算及进度	调查和分析可用的人力和物力资源、解决问题的策略，及程序设计相应的可行性和经济性；利用文献探讨、案例分析、建议小组，以及小型试验等方法	为组织变革活动选择资助来源、解决问题的策略以及程序设计，提供判断方案实施状况的基础
过程评价	确认或预测程序设计或实施中的缺点；为设计好的决策提供信息，记录和判断依次发生的各种事件及活动	控制活动中的潜在障碍，并对非预期的障碍保持警觉，对方案决策获得特殊的信息；描述真实的过程；与方案工作人员进行交流，并观察他们的活动	为有效的过程控制，实施和完善方案设计及程序，并为以后解释结果，提供大量真正过程的记录
结果评价	搜集对结果的描述及判断；将其与目标以及背景、输入及过程的信息相联系；解释其价值及意义	制订可操作可测量的评价结果标准；搜集与方案有关的各种人员对结果的评断并从质和量上加以分析	为决定继续、终止、修正或重组变革活动，提供清晰的有关效果（预期的与非预期的、积极的与消极的）的记录

评价者应用CIPP模式为决策者提供信息服务的操作流程图如图2-1所示[1]，从图上不难看出，CIPP模式在实际操作中具有较强的灵活性，表现在：一是可以根据评价主体的具体需要，采取不同策略来搜集信息资料完成

---

[1] Stufflebeam D L, Madaus George F, Kellaghan Thomas. 评估模型[M]. 苏锦丽，等译. 北京：北京大学出版社，2007：328.

该模式中的一种或几种评价，执行空间相对灵活；二是从时间上来说，一种或若干种评价可以在方案实施前执行，也可以在实施中或实施后评价，总之时间相对灵活。

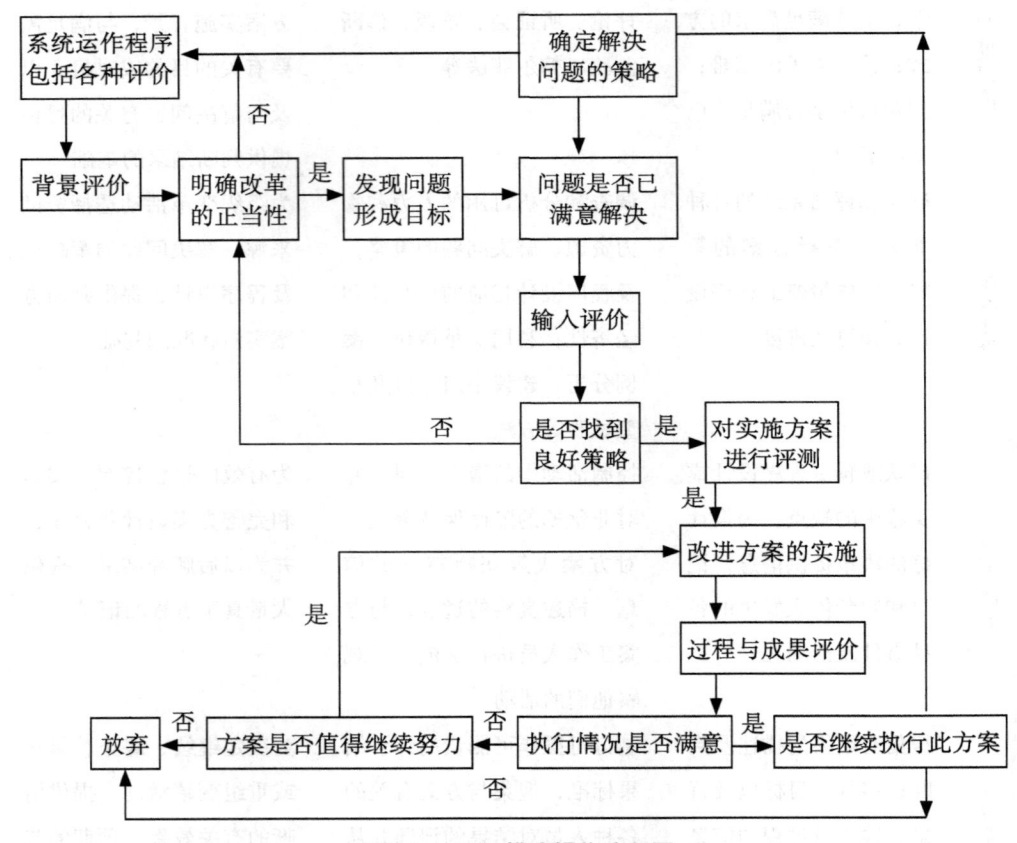

图2-1 CIPP模式操作流程图

2. CIPP模式的优势与不足

综上所述，CIPP模式具有的优势可以归纳为四点：第一，CIPP模式在目的性层面是以目标为导向的，将教育目标的合理性、执行计划的可行性、实施方案的执行性、预期与非预期结果的鉴定都纳入评价范围中，形成了一套以系统论为基础、具有严密逻辑性和层次性的操作体系，凸显了评价的决策导向作用，为决策者提供信息、改进教学、鉴定教学成果等提供服务依据；第二，CIPP模式在方法性层面将教育评价看成是改进教育质量的工具，重视评价的改进功能，将信息的收集、整理、反馈、调整分别与评价要素相联系，为实现预设的教育目标服务；第三，CIPP模式整合背景、输入、过程、成果四个评价阶段，兼顾计划、组织、实施、再循环四种决策类型，并与相应的构成要素有机整合，形成了一个具有系统性、全面性、科学性的评价整体；第四，整个评价程序相对固定、评价流程清晰、评价对象的指标选取相对灵活，可操作性强。

与此同时也有相关研究者对CIPP模式提出质疑，认为CIPP模式的不足之处在于评价缺乏价值判断，评价可能为决策者获取政治上的便利提供伪证，评价的适用范围受到挑战的缺陷[1]。CIPP模式重在强调管理过程，向决策者提供有用信息以帮助决策者做出决定，但这种过分强调评价者为决策人收集信息、供决策人决策的方式使得评价者在整个评价过程中只起到一种工具的作用，降低了评价的有效性[2]。

二、CIPP模式对发展性学校评价理念的体现

（一）CIPP模式注重评价功能的改进性

发展性学校评价理论是面向未来的，以促进被评学校发展为目的的评价，发展的含义在宏观层面体现为"量的增加"，而在微观层面则体现为"质的提升"。CIPP模式在诞生之初即是作为一种改进型的评价模式，改进是手段，促进评价对象的发展是目的，"改进"是"提质"的手段之一。通过明确学校的发展目标、强化资源保障、优化组织执行、提升发展成果等方式对学校进行系统改进，达到促进学校发展的目的。

因此从理论上看，CIPP模式注重发挥评价的改进功能，重视过程性评价，这与发展性学校评价理论的发展目的具有高度的一致性，这为CIPP模式应用于校园足球特色学校评价提供了理论依据，这也是进一步探讨CIPP模式如何与学校评价实践相结合的前提条件；从实践操作上看，发展性学校评价

---

[1] 赵玮. CIPP教育评价模式述评[J]. 开放潮—探索在线教育，2006，58-59.
[2] 韩东，魏思雨. CIPP模式文献综述[J]. 科教导刊（下旬），2016，21：43-44.

由连续实施的阶段性评价组成，重视每个阶段增幅的形成，CIPP模式的构成方式（由背景评价、输入评价、过程评价和结果评价四部分组成）为鉴定一个发展周期的增幅提供了技术支撑。

（二）CIPP模式尊重评价对象的差异性

满足社会发展对多样化和个性化人才的需求是教育发展的根本宗旨，这是各级各类培养单位确立指导思想和选择方法路径的重要依据，因此依据评价对象的具体情况制订与之相适应的发展目标、规划方案和评价标准，成为实现多样化和个性化人才培养的必然选择，这是由教育发展的目的性与方法选择的必然性决定的。

发展性学校评价重视评价目标的导向性、评价标准的统一性和灵活性，对学校的发展目标不做具体的规定而仅对学校的办学方向做出指导，要求学校在已有的基础上对"指示"做出回应，通过建构标准进而对结果做出鉴定，对结果的评价不搞"一刀切"，CIPP模式在目标的评价上重视诊断目标的科学性合理性和可实现性，在对结果的鉴定上采用兼具统一性和灵活性的标准对发展成果的特色、增幅等进行鉴定，这一切都是以尊重学校间的个体差异为基础的，离开学校的发展实际评价将无从谈起。

（三）CIPP模式注重评价对象的参与性

目前在以促进学校发展为目的的发展性评价和以提高学校绩效为目的的鉴定性评价成为评价的主流思想的情况下，不管是第三方评价还是官方评价无不要求重视被评价对象的主体性和参与性。从某种程度上说，评价结果取决于评价对象在多大程度上参与了评价过程，而评价对象参与程度的高低取决于评价对象的利益诉求是否得到尊重，利益诉求越得到尊重则参与的积极性越高，评价结果越明显，发展的目的才能更好地实现。

发展性评价理论要求评价者与评价对象在相互信任、平等协商的基础上来确定发展目标和制订具体的评价方案，责任和义务对双方而言都是平等的。作为采用CIPP模式的评价体系，从对发展目标和资源要素的诊断性评价、对实施过程的形成性评价还是对发展成果的终结性评价，每个阶段的每个步骤都要求评价对象的积极参与，也只有评价对象全面积极地参与，该评价才能顺利实施，这是因为采用了CIPP模式的学校评价是与学校的日常工作紧密相连的，它已成为助力学校发展的工具。

（四）CIPP模式以校园足球特色学校发展的一个周期为评价单位

校园足球特色学校发展的一个周期通常为三年，这一时间跨度为诊断性评价、过程性评价和结果性评价相结合并凸显过程性评价的重要性提供了时间保障，为学校发展的各子系统的自组织优化以及母系统的整体优化提供了可能。学校发展最终目的的实现是建立在学校周期性发展所取得的一个个连续发展成果基础之上的，多个连续的周期性发展所取得的成果效应、特色效应和增幅效应共同汇聚成学校的发展成果。学校的一个发展周期构成学校阶段性评价的基本单位，CIPP模式的各组成部分就是通过与学校一个发展周期的具体事物相结合，从而完成对特色学校一个周期阶段评价的任务。此次评价的结果不仅作为学校本周期的鉴定性说明，而且作为制订下一个发展周期的目标及确定规划方案的依据，以此类推，实现学校的长远发展。

三、基于CIPP的校园足球特色学校评价的实施策略

CIPP模式以校园足球特色学校的一个发展周期为施评单位，该模式的四个组成部分依次与学校的发展目标、资源保障、组织执行和发展成果结合，具体实施策略如下所述。

（一）评价校园足球特色学校的发展目标

这是采用CIPP模式对校园足球特色学校实施评价的第一个阶段，是对发展目标所做的诊断性评价。学校的发展目标是学校评价的核心内容，也是实施学校评价的重要指标，它是学校在全面客观综合地了解自身情况的基础上为满足客体需求或社会需求所做的质和量的预设，它不仅为学校的发展方向、实施策略提供了指导，还为发展成果的鉴定提供了依据。从内容上看，发展目标要充分体现国家发展校园足球特色学校的目的，着重衡量学校在提

升学生体质、提高足球人口、探讨学校体育发展模式与方法等方面的探索；从形式上看它通常由具有不同层次的多个目标构成的目标体系来表示，系统性和层次性是它的主要特点。通常发展目标由预期目标、计划目标和行为目标构成。预期目标为学校发展描绘了前景，作为指导学校发展的灯塔具有激励的作用，它可被进一步划分为远期、中期和近期目标；远期目标是较长远的预设，时间跨度上通常大于学校的一个发展周期，而中期目标一般与学校的一个发展周期相当，近期目标则由更为具体的年度目标组成。计划目标以学校的中期目标为指导并与学校的具体事务相结合，是更具体的可以预测和测量的目标。行为目标是为实现计划目标所采取的手段或方法，是服务于计划目标的更低层次的目标。

对基于CIPP的校园足球特色学校的发展目标进行评价，首先，要以明晰发展目标的层次特点及相互关系为前提，坚持以计划目标为评价重点，着重衡量该目标的合理性和可实现性；其次，评价预期目标的前瞻性和导向性，行为目标的可执行性。对学校的发展目标进行评价有助于学校对已有水平和发展方向做出准确的判断，从而更合理地选择目标，提高学校主体参与的积极性，将发展目标转化为建设学校的动力。对发展目标的诊断性评价是尊重评价对象的主体性和个体差异性的直接体现。

（二）评价校园足球特色学校的资源保障

这是采用CIPP模式对校园足球特色学校实施评价的第二个阶段，是对学校发展所需的资源保障及配给情况所做的诊断与分析。学校作为校园足球实施的基本单位，校园足球要实现育人的目的，资源保障是前提，倘若没有强有力的资源保障做后盾，发展只是一句空话。此处的资源保障专指学校为发展校园足球所必需的人力、物力、财力等。

对资源保障情况进行评价要着重注意以下三点：首先，要充分考虑资源保障的动态性特点，学校的发展过程有赖于学校提供与发展目标要求相一致的资源保障情况，但资源的供给与需求之间会因内外环境的变化而变化，要努力保持两者的动态平衡，因此评价时要着重衡量学校在已有基础上为解决校园足球发展的资源短板所做的努力及其取得的成效；其次，资源配置方案的制订要遵循程序原则，资源配置方案是学校发展方案的重要组成部分，涉及学校的若干重大决策，要充分依靠和听取专家、教师、学生及家长的意见，决策过程要符合程序性要求，方案实施前要对方案的经济性、实效性做出科学客观的评估；最后，资源保障的方案要有明确的时间进程、具体的手段和方法，确保资源充分及时地发挥作用。对资源保障及配置方案进行评价有助于进一步明晰发展目标的可实现程度，提高学校对潜在问题的预判、识别和应对能力，降低因决策不当对学校产生的负面影响。

（三）评价校园足球特色学校的组织执行

这是采用CIPP模式对校园足球特色学校实施评价的第三个阶段，衡量学校对发展方案的执行情况，即对校园足球实施过程的形成性评价。正确的发展目标、充沛的资源保障、强有力的组织执行环节，共同构成良好发展成果的必要条件。组织执行环节是使结构性元素转化成成果性元素的关键，因此对组织执行环节进行评价是校园足球特色学校评价的核心环节。

组织执行不仅包括学校对校园足球活动开展的时间、形式、内容等的政策依据，还有对执行环节的负责人、学生参与状况的描述等内容，因此对组织执行进行评价要着重注意以下三点：首先，评价活动组织的制度保障性，学校任何一项体育活动必须列入学校工作日程，并具有开展该工作的相应的制度性文本，作为活动开展的依据和保障，着重评价相关制度的正确性、全面性和规范性；其次，评价相关活动的落实情况，依据组织制度逐项对活动的落实情况进行统计整理，这需要多方人员的共同参与，也是评价过程贯彻发展性学校评价内在要求的直接体现；最后，确认各种形式的校园足球活动在实施过程中存在的障碍性因素，并进一步提出改良的建议，着重衡量建议的创新性和针对性。对组织执行进行评价是发展性学校评价的核心环节，因为没有过程的积累就不可能有发展的成果，同时失去了对发展过程的评价学校评价也就失去了基础。对资源保障和组织执行环节的形成性评价，是CIPP模式注重评价的改进功能的直接体现。

（四）评价校园足球特色学校的发展成果

这是采用CIPP模式对校园足球特色学校实施评价的第四个阶段，是对校园足球特色学校在一个发展周期所取得成果的鉴定，主要注意以下三点：首先，是对目标落实的评价，对照学校的发展目标看哪些已落实，落实的成效如何，哪些尚未落实，未落实的原因是什么；其次，衡量学校所取得的"增幅"，我们不能保证学校达到最好的水平，但要努力使学校保持进步的状态，增幅评价为鉴定进步程度提供了方法，这是贯彻发展性学校评价理念尊重个体差异性的又一具体体现；最后，对发展方案的效能性、发展成果的预期性与非预期性做出评价，对校园足球特色学校发展成果评价，不仅要看取得成果的大小，还要看投入的成本，即要看效能性。对发展成果的评价包括预期的和未预期的，据此提高下一个发展周期校园足球活动开展的预测性和调控性。

本章小节

本章是校园足球特色学校评价的理论探讨部分。根据本研究拟要解决的问题，对发展性教育评价理论、系统科学理论和综合评价理论进行深入分析，认为当前校园足球特色学校应用发展性学校评价理论作为指导是解决学校体育评价现实问题的必然选择，系统科学理论和综合评价理论是解决这一复杂问题的方法论。在此基础上进一步深入分析了校园足球特色学校评价的依据、CIPP模式与发展性学校评价理论的契合性等问题，指出外部评价与学校自评相结合的评价方式是当前特色学校实施评价的最佳选择，这种评价应采用"1+N"周期循环评价模式。本章论述为校园足球特色学校评价体系构建提供了坚实的理论支撑。

第三章 基于CIPP的校园足球特色学校评价的系统分析

第一节 校园足球特色学校评价系统的界定

一、校园足球特色学校评价系统的界定

对系统进行界定就是明确系统的边界，系统的边界指把系统与环境分开来的东西[1]。从空间上看，边界是把系统与环境分开来的所有点的集合；从逻辑上看，边界是系统的形成关系从起作用到不起作用的界限，它规定了系统各组分之间的关联方式能够发挥作用的最大范围。系统界定就是确定系统的时空范围，只有确定了清晰的对象系统才能建立一个能合理反映被评价对象的描述模型，评价系统的特点直接决定着评价的内容、方式和方法。系统的界定是实现系统分析和指标构建的前提条件，如果系统界定不清晰、系统分析不正确，那么就不可能正确认识系统，更谈不上科学的评价。

前人对于校园足球特色（布点）学校评价的研究曾经做过很多积极有益的尝试，取得了一定的成果，但尚未有研究者从系统的角度出发来进行研究，而更多是从静态的角度，研究对影响校园足球特色学校中足球教育教学开展质量与水平的某一要素或某一方面的评价，因此为了凸显校园足球特色学校在一个发展周期内足球教育教学开展状态和进步幅度，本研究以前人研究为基础，注重采用动态性和生成性的视角对其进行评价。依据校园足球特

---

[1] 许国志. 系统科学 [M]. 上海：上海科技教育出版社，2007：24.

色学校肩负的使命，结合本研究的目的，校园足球特色学校评价系统就是指在校园足球特色学校的一个发展周期内，在校园足球发展的微观环境中，即在学校教育和学校体育两个维度范围内，将以提高校园足球特色学校足球教育教学开展质量与水平为目的、由相关要素及其关联方式构成的有机整体称为校园足球特色学校评价系统。

校园足球特色学校成立的初衷和目的，决定了对校园足球特色学校进行评价的实质就是对该校与足球教育教学相关工作开展质量与水平的评价，它专门针对学校体育工作当中与足球教育教学相关的那一部分。由此可见，首先，校园足球隶属于学校体育系统，并依次隶属于教育系统和社会系统；其次，社会系统是一个复杂开放的"巨系统"，它由不同的政治、经济、文化系统构成，三者共同构成了校园足球发展的宏观环境，宏观环境为校园足球子系统提供赖以生存发展的资源和信息的同时，不可避免地使校园足球系统具有了社会系统某些复杂开放的特点；最后，各校园足球特色学校由于自身条件不同，即使在相同的宏观环境下，其足球教育教学工作开展的质量与水平也不一样，这就为我们从微观环境的角度评价校园足球特色学校提供了可能性。

二、校园足球特色学校评价系统的诠释

基于以上对校园足球特色学校评价的认识，为了更直观地了解校园足球特色学校评价系统的范围，我们可以通过图片（图3-1）和简要的论述对其说明。

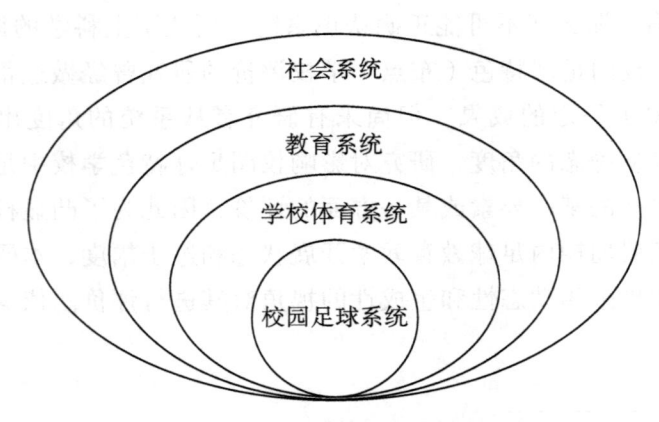

图3-1 校园足球系统空间隶属关系图

发展性学校评价是以建构主义哲学观为指导，以促进学校发展为目的，以学校的发展过程为评价对象并在学校的发展过程中实施，评价结果兼顾多方评价者不同需求的评价活动。该评价以课程开发和课程实施为重点，以学校某种能力的成长和良好文化的形成为主要内容，注重在一段时期内对学校所取得的"增幅"的衡量，通过不断地取得"增幅"来实现学校的发展。校园足球特色学校评价的目的就是要通过建立以促进足球课程的开发与实施的评价体系来推动足球的发展，因此校园足球特色学校评价是以足球课程的开发与实施为重点，以足球教育教学能力的成长和足球文化的形成为主要内容，注重对一个周期内的"增幅"实施评价的活动。

如果说上文的校园足球系统空间隶属关系图为校园足球特色学校评价划定了清晰的空间范围的话，那么图3-2基于CIPP的校园足球特色学校评价理论模型图则为校园足球特色学校评价界定了明确的时间跨度，即校园足球特色学校评价是在其一个发展周期内（通常为三到五年）对该校校园足球教育教学开展质量和水平以及所取得"增幅"的评价，以周期性的形成性评价来定结论，最终形成"1+N"的周期循环评价模式。

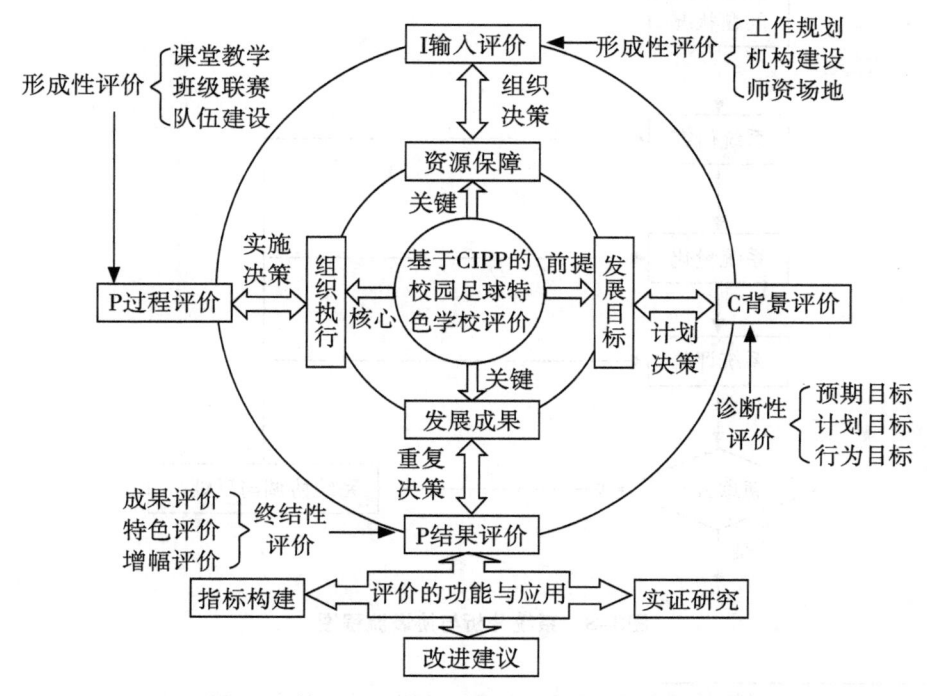

图3-2 基于CIPP的校园足球特色学校评价理论模型

第二节　校园足球特色学校评价的系统分析

一、系统分析的概念

系统分析在20世纪30年代首次被应用在管理学领域，解决实践问题的成功经验引起了多个行业的广泛关注，随后被逐渐地应用到其他领域。由于行业特点和实际问题存在的巨大差异性，不同行业的专家对系统分析产生了不尽一致的看法。在对以往关于系统分析的定义进行认真归纳和分析后认为，系统分析是"采用系统方法对所研究的问题提出各种可行方案和替代方案、进行定性与定量的分析和评价、提高所研究问题的清晰程度和帮助决策者选择行动方案的决策辅助技术。"[1]（图3-3）

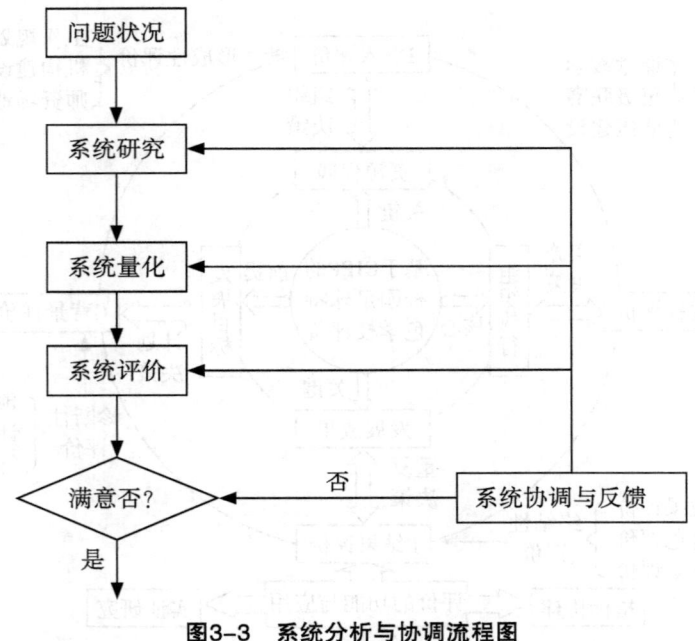

图3-3　系统分析与协调流程图

---

[1] 顾培亮.系统分析与协调[M].2版.天津：天津大学出版社，2008：21.

二、系统分析的步骤

系统分析作为一种科学的方法，通常按照以下四步骤展开：第一步，在广泛收集资料获取信息的基础上，形成研究问题进而确定系统目标；第二步，围绕系统目标，对系统的整体结构进行设计，实现系统与系统环境的结构化，以便对其进行量化处理；第三步，系统的量化，处理系统问题的属性量化部分，使系统定量化，并进一步对系统特性进行优化，以方便使用分析模式或技术的分析运算，达到具有可操作性的目的；第四步，系统评价，为决策者提供备选方案集，如果输出的评价结果不能令决策者满意，就要对试用方案做进一步的反馈研究，并做必要的修改完善。

第三节 校园足球特色学校评价系统的基本问题

一、校园足球特色学校评价系统的目标

系统目标是指系统所希望达到的结果或完成的任务，它对整个系统的发展起决定性的作用，系统目标一旦确定将会对整个系统的发展起到引领和聚力的作用，是整个系统评价的核心[1]。各级各类特色学校是发展校园足球的载体和基本元素，校园足球特色学校的角色决定了它是校园足球整个大系统宏观目标中的子目标。为了弄清楚校园足球特色学校的系统目标，我们可以从分析校园足球宏观目标或根本任务的分析入手。

《教育部等6部门关于加快发展青少年校园足球的实施意见》（教体艺〔2015〕6号）开篇指出，加快发展青少年校园足球是贯彻党的教育方针，随后明确指出了发展校园足球的目标或者称发展校园足球的三个根本任务，即"发展校园足球是成就中国足球梦想，提升国家软实力的基础工程，是培养青少年全面发展，培养践行社会主义核心价值观的重要途径，是深化学校

---

[1]潘开灵，白烈湖.管理协同理论及其应用[M].北京：经济管理出版社，2006：129–131.

体育改革，推动健康中国建设的有力抓手"。这是校园足球这个大系统的目标，也是发展校园足球的终极目标。

显而易见，如果校园足球特色学校将上文中的终极目标作为自己的发展目标是不合理的，它应该有更为具体的目标来指导自身的实践。借鉴企业管理学家德鲁克的观点和思考，我们应该从"我们的校园足球特色学校是什么，它应该是什么"的反思中引导出校园足球特色学校的目标。校园足球特色学校的目标不是一种抽象，应该是一种承诺，是一种衡量工作成绩的标准。因此，校园足球特色学校的目标应该是一个体系、应该具体化。依照《中国足球中长期发展规划（2016—2050年）》（发改社会〔2016〕780号）"三步走"的设想，在近期目标（2016—2020年）中明确指出要建设2万所校园足球特色学校，使中小学生经常参加足球活动的人口达到3 000万的目标，为实现这一目标要从构建制度体系、培养人才队伍、建设场地设施、丰富赛事活动等环节深入开展工作。

校园足球特色学校的任务在于以足球项目为载体，通过开展丰富多彩的足球活动使广大青少年有机会体验足球的乐趣、感受足球的魅力，进而吸引更多的学生参与到足球活动中来，随着参与频次的增加，实现对足球感情从认识、喜爱到挚爱的升华，校园足球特色学校应以提高学生身心健康为终极目标，以获得足球技能的增强为战略目标，以增加校园足球活动开展的形式和数量、提升校园足球教育教学质量为手段目标来指导自身发展的实践，因此，当前校园足球特色学校的首要任务是将具体的可实现的学生体质、足球技能和参与人口目标纳入学校自身发展的目标体系中并有效地指导各种形式的教学实践，从完善制度建设、加强资源保障、加强组织执行等环节予以支持。

二、校园足球特色学校评价系统的结构

系统的结构是指各组成部分及各组成部分之间关联方式的总和，即系统把所有组成部分关联起来形成统一整体的特有方式[1]。系统的结构对于系统

---

［1］苗东升.系统科学大学讲稿［M］.北京：中国人民大学出版社，2007：28-43.

的性质和功能具有决定性的作用，同时对整个系统作用的彰显和未来的发展走向都会产生至关重要的影响，因此要对系统进行研究需从结构分析入手。

结构分析的重要内容是划分子系统，分析子系统结构并阐明它们之间的关联方式。一般情况下对同一系统可以按照不同标准进行划分，以便能更好地从不同侧面来了解系统的结构，当然也可以按照同一标准对系统进行划分。由于系统的结构方式复杂多样，目前还没有一套完备的结构分类方法，但通常情况下可以从两个方面综合考虑对系统的结构做出划分。第一种是从框架结构与运行结构的角度来划分，当系统处于静止运行状态时，各组分之间的基本连接方式称为系统的框架结构，当系统处于运行过程中各组分之间所体现出来的那种相互依存、相互支持和相互制约的连接方式，称为系统的运行结构；第二种是从时间结构与空间结构的角度来划分，组分在时间流程中的关联方式，称为系统的时间结构，而组分在空间的排列或配置方式，称为系统的空间结构，有些系统以呈现空间结构为主，而有些系统则以呈现时间结构为主，还有些系统呈现出两者兼有的特点，称为时空结构[1]。

根据前文所界定的校园足球特色学校评价系统的定义，借鉴CIPP模式在发展性学校评价的理论应用范式，并充分与校园足球特色学校在运行中的实际状况相结合，从时空结构的角度入手，将校园足球特色学校评价系统划分为四个子系统，依次是发展目标子系统、资源保障子系统、组织执行子系统和发展成果子系统。

本研究所构建的校园足球特色学校评价的每个子系统都是由相互依存、相互联系和相互制约的多个要素构成的，所有这些要素共同决定着校园足球特色学校的运行状况和演化方向。发展目标子系统对整个学校的校园足球活动的发展起引领和激励作用，对资源保障子系统和组织执行子系统起到聚集资源和协调行为的作用，同时又为发展成果子系统实施评价提供了参照的依据。资源保障子系统和组织执行子系统是实现发展目标的两翼，是校园足球特色学校评价系统的核心部分。发展成果子系统是对其他三个子系统取得成绩的检验，其检验的结果又为校园足球特色学校制订下一个发展周期的发展目标提供依据。

---

[1] 许国志. 系统科学[M]. 上海：上海科技教育出版社, 2000: 17-20.

（一）发展目标子系统

发展目标子系统是校园足球特色学校实现快速有效发展的前提，它是学校在综合考虑国家和区域对校园足球发展的方针政策并结合本校实际状况的基础上，对本校未来发展成果所做出的具有前瞻性的预设，它是整个学校校园足球活动的航标，即总目标。

学校的发展目标要发挥指导性作用就必须具有层次性和可操作性。按照从宏观到微观、从指导到操作的顺序来设计，越是微观的目标对实际工作的指导性作用越强，即可操作性越强。根据目前校园足球特色学校的发展处于刚起步阶段的现实状况，本研究将发展目标逐级划分为预期目标、计划目标和行为目标。预期目标是学校对校园足球活动未来发展成果的预测，它描绘了学校在该项活动上的发展前景，能够引导并激励学校通过不断的计划和执行去实现它，但较为宏观，难以准确量化；计划目标是在预期目标的指引下以学校现实为基础制订的更为具体的发展目标，该类目标与学校发展校园足球的现实目标紧密结合，可以测量，它在"预设值"与"现实值"之间加起了一座桥梁，在三个层次的目标系统中起承上启下的作用；行为目标又称手段目标，因为计划目标的实现需要一定的行为或手段，它是实现计划目标的操作层面的目标。

本研究构建的发展目标子系统，以预期目标中的五年目标为引领、三年目标为重点、年度目标为支撑，重点评价行为目标的基础性和前瞻性，它包括学生的体质目标、足球技能目标、足球人口目标和比赛成绩目标。对发展目标进行评价的意义在于能够使学校明确自身的现实与定位，选择正确的发展目标，理解发展性学校评价的独特价值和深远意义，明确学校的发展方向和发展水平，促进学校在校园足球工作的实施过程中自觉地贯彻学校的发展目标。

（二）资源保障子系统

学校有了明确的发展目标就必须要有与之相适应的人、财、物等资源的配置作保障，否则目标只能被束之高阁。资源保障子系统是实现校园足球特色学校发展的基础，它不仅是保证良好组织执行的先决条件，还是实现校园足球预期目标的必要条件，反映的是制度、财力、人力、物力等因素的综合作用对校园足球的支撑和保障能力，在一定程度上决定着该学校校园足球开展的广度和深度，并进一步影响着校园足球开展的质量和水平。从当前各校园足球特色学校发展的实际情况来看，在资源保障方面都存在种类不同和程度不等的短缺问题，这也是目前制约校园足球特色学校发展的主要因素，对资源保障子系统的不断提高和完善，在很大程度上决定着校园足球特色学校校园足球开展的质量与水平以及该校园足球特色学校的发展方向。

本研究将资源保障子系统划分为足球管理工作、足球课程建设、校长领导力、班主任支持力、足球师资状况、安全保障和足球场地状况七个二级指标，以衡量学校在资源保障方面的整体水平。对资源保障子系统进行评价的目的和意义在于使学校高度重视资源建设，注重资源配置的全面性、合理性和有效性，更好地发挥资源配置的基础性作用，但应注意资源配置子系统中的某些要素在一个发展周期内动态性变化的特点，特别是足球师资状况和场地状况两个要素的变化。

（三）组织执行子系统

组织执行是连接组织的战略目标与现实之间的桥梁，是通过各种努力使组织的战略目标得以实现的过程[1]。组织执行子系统是整个校园足球工作的核心，是对校园足球特色学校内所有校园足球活动开展载体与运行状况的统称。发展目标是前提、资源保障是基础、组织执行是核心、发展成果是关键。明确的发展目标、完善的资源保障、良好的组织执行都是取得理想发展成果的必要条件。校园足球各项价值的实现必须依靠多种形式的活动为载体，将学生吸引到活动载体所搭建的平台上，并通过学生的广泛参与和平台的协同运行来实现校园足球的功能和价值。组织执行子系统是校园足球面向广大学生实现教育价值和社会公益价值的主要平台，该子系统运行状况的优劣直接决定着校园足球特色学校足球教育教学开展质量与水平的高低，是

---

[1] 百度百科. 组织执行力 [EB/OL]. [2017-12-12]. https://baike.baidu.com/item/%E7%BB%84%E7%BB%87%E6%89%A7%E8%A1%8C%E5%8A%9B/10824480.

校园足球特色学校这个微观环境能否通过足球活动达到提升学生身心健康水平、探索学校体育改革新路径、实现校园足球立德树人目的的关键。

组织执行子系统包括足球课程设置、足球课堂教学、足球课外活动、班级联赛、足球文化节和足球队建设六个二级指标。只有丰富的活动形式和井然运转秩序的完美结合才能确保足球教育教学开展的质量与水平。对组织执行子系统进行评价的目的和意义：首先是使校园足球特色学校明确校园足球工作的重心，避免出现重心偏移，即校园足球工作的重心是面向由广大学生参与的多种形式的教育教学活动，而非仅有少数足球精英所热衷的训练和竞赛；其次是引导学校开展形式多样的足球活动并明确各种形式活动实施评价的标准和观测点，以便在日常的足球教育教学中做到有的放矢、切中肯綮。

（四）发展成果子系统

发展成果子系统是指校园足球特色学校在一个发展周期内，所取得的与足球教育教学相关的成绩、成就的总称。依据采用发展性学校评价理念对校园足球特色学校展开评价的目的和CIPP评价模式的特点并结合校园足球工作的实践，本研究将发展成果子系统划分为成果评价、特色评价和增幅评价三个二级指标，内容涉及体质测试结果、足球技能测试结果、足球人口比例、创新模式与效果、体质测试优良率年增长率、足球技能测试达标率年增长率、足球人口增长率和足球人才输送年增长率八个方面。

对发展成果子系统进行评价的目的和意义：首先，发挥评价的鉴定功能，它是对一个发展周期内足球教育教学活动取得效果的全面检验，是对计划目标实现程度的考察；其次，落实评价的改进功能，明确学校在上一个周期所取得的成绩与不足可以为其在下一个周期的发展提供决策依据，使整个足球教育教学活动朝着更加科学有序的方向发展。

三、校园足球特色学校评价系统的模型

对于多指标的综合评价而言，必须要通过建立一定的数学模型将多个评价指标的评价值"合成"为一个整体性的综合值。综合评价模型就是将被评价对象的多个评价指标的"评价值"结合各指标相应的权重，运用适当的数

学方法将其"合成"的表达式[1]。综合评价模型可以有效且直观地反映整个系统的结构和因果关系,它是研究复杂系统评价的有效手段。根据前文对于校园足球特色学校评价系统的定义和校园足球特色学校评价子系统的划分,对校园足球特色学校评价系统的分析,校园足球特色学校评价系统的综合评价模型可以表述为:

$$\begin{cases} SF(t) = f[A(t), B(t), C(t), D(t), E(t), t] & t \in (0, +\infty) \\ SF(t_1) = f(t_1) \end{cases}$$

在上述表达式中$SF(t)$表示校园足球特色学校足球教育教学开展的质量与水平是时间(t)的函数;f表示校园足球特色学校评价系统的状态函数,用来反映各子系统之间的作用过程;$A(t)$,$B(t)$,$C(t)$,$D(t)$,$E(t)$分别代表发展目标子系统、资源保障子系统、组织执行子系统、发展成果子系统和不确定因素子系统共计五个子系统,$SF(t)$最终得分的多少是由相互影响相互制约的五个子系统的作用共同决定;(t_1)表示校园足球特色学校评价的某个时刻;$SF(t_1)$表示在(t_1)时刻该校园足球特色学校足球教育教学开展的质量与水平。

四、校园足球特色学校评价系统的特点

(一)目的性

系统的目的性是指任何系统都是实现某种目标或达到某种状态而建立的,不存在没有目的性的系统,系统的目的性贯彻整个系统发展的全过程,集中体现着系统发展的总趋势。校园足球特色学校评价系统的目的性就是促进校园足球特色学校的发展。评价是手段,促进学校发展是目的,以足球教育教学开展的质量与水平为对象。通过建立足球课程的建设与实施的评价体系来推动校园足球特色学校发展,从而促进足球教育教学开展的质量与水平的提高。该系统的目的性决定了本研究要遵循建立评价指标体系并对校园足

---

[1] 杜栋,庞庆华,吴炎. 现代综合评价方法与案例精选[M]. 3版. 北京:清华大学出版社,2015:3.

球特色学校实施评价的整体思路，而评价指标的构建要在学校范围内紧紧围绕影响足球课程建设与实施的因素来选择，这不仅包括硬件建设，如场地、师资等，还包括软件建设，如管理制度、课程建设等；除此之外，实现提高校园足球特色学校足球教育教学开展质量与水平的目标，关键是要调整和约束系统的行为，抓住组织执行这个关键环节，通过规范其行为方式来塑造课程实施的良好秩序，最终达到提升足球教育教学质量、促进学校发展的目的。

（二）演化性

系统的演化是指系统的结构、状态、特性、行为和功能会随着时间的推移而发生变化，它是建立在系统的状态变量会随着时间的变化而变化的基础之上的。系统演化性的特点提示我们要善于把握规律、抓住时机、促进发展。任何事物的发展都会经过从无到有、从创生到消亡的过程，实现校园足球特色学校的发展也是一个动态的过程，会经过从无序到有序、从低级有序向高级有序的不断演化来实现。校园足球特色学校在不同的发展阶段所面临的目标不同、任务不同、遇到的问题不同，这就决定了解决问题的策略和方法之间要存在差异，要善于抓住事物发展的主要矛盾和矛盾的主要方面，多管齐下确保目标的实现，因此必须在系统的目标、结构和行为上做出与之相适应的调整；除此之外，系统的演化有向上向前的演化，也有向下后退的演化，可以通过对条件的选择和加工来进一步控制演化的方向，所以有必要建立适应校园足球特色学校不同阶段发展的动态的评价、监督和调控机制，确保校园足球特色学校系统的演化向着预期的、积极的方向发展。

（三）有序性

从整体层次来研究系统，只有看到关联之上的关联，以及更高层次的关联，才能真正认识系统的结构。系统的"序"或"序结构"是指系统中所有关联的"规矩"或"秩序"，在对系统的序进行研究时，首先看系统内部有没有"秩序"或"规矩"，其次看有什么样的"秩序"或"规矩"，它决定着系统整体中所有元素变化的规则或规律。"序"既可以是某种空间构型也可以是系统中的某种不变性或永恒性。要使系统发挥最佳功能就必须建立有利于发挥系统最大功能的内外秩序，一个系统由多种"序"组成，"序"的组合方式有多种，我们可以通过对"序"的调整和建构来使系统获得最佳功能和价值。

本研究所构建的基于CIPP的校园足球特色学校评价系统的空间构型是星型构形图，即基于CIPP的校园足球特色学校评价这一总目标，通过四个子系统作为一级指标层，各一级指标通过多级递阶控制机制依次完成对其下的二级指标和三级指标的约束和评价，最终获得评价的总结果。"序"是内部结构差异性的表征，只有保持内部稳定的差异结构，才能形成合理的流动，最终达到目的。校园足球特色学校评价系统中由多种"序"组成，但不管在什么情况下都要以面向广大学生参与的足球课程建设与实施为评价重点，课程建设注重对经费、师资、场地的提高与完善，课程实施侧重于活动形式开展的数量、频次和参与人数比例的检查和统计。

（四）涌现性

整体涌现性是指系统整体具有，但系统中孤立组分及其总和不具有的性质，简称涌现性，它表示系统与组分或子系统相比有了质的提升和新的飞跃。涌现性是系统的整体效应，它由组分效应、结构效应、环境效应和规模效应共同组成，其中规模效应和结构效应起决定性作用。系统组分的多少代表着系统的规模，由规模大小不同所产生的系统性质的差异称为规模效应；各组分按照系统的结构方式通过相互补充、相互制约、相互作用而激发出来的相干效应称为结构效应。本研究构建的基于CIPP的校园足球特色学校评价系统，结构效应起关键作用。

校园足球特色学校评价系统会涉及资源、机构、组织、执行、目标和成果等多个要素及它们之间的复杂关系，该系统的目的性决定了评价的思想就是要发挥各个子系统和所有要素共同产生的整体性效应，通过发展目标子系统、资源保障子系统、组织执行子系统和发展成果子系统的整体协同作用来实现，任何层级结构或要素组分的缺失都会对系统的整体涌现性产生阻碍作用。因此要求我们在设计和建立系统时要注意系统组分的合理性、结构的层次性和要素的全面性，要防止出现组分或要素的遗漏，明确各组分的轻重关系，而在操作和应用系统时要避免出现"舍本逐末"和"平均用力"的行为。基于以上认识，在组织执行子系统中确立了以课程建设为统领，课堂教学为基础，课外活动为核心，班级联赛、足球文化节和足球队建设为依托的评价方式。

五、校园足球特色学校评价系统的功能

系统的功能是指系统在与外部环境相互联系和相互作用中所表现出来的性质、能力和功效，是系统内部相对稳定的联系方式、组织秩序及时空形式的外在表现形式[1]。没有系统与外部环境之间的联系，就谈不上系统的功能，系统的开放程度和开放方式在某种程度上决定了系统的功能。校园足球特色学校评价系统的功能可以概括为目标整合、定向激励、评价预测和反馈调节四个方面。

（一）目标整合

在校园足球"三个工程、四个目标"的宏观指引下，目前采取了以校园足球特色县（区）和校园足球特色学校为依托的发展方式，校园足球特色学校成为实现校园足球发展的基本单位，校园足球的最终目标是通过不断地对各种不同层级分目标的整合来实现的。每个校园足球特色学校作为发展主体都有追逐功利实现自身利益最大化的内在需求，取得优异的比赛成绩恰恰可以使学校在短期内获得这种功利，况且校园足球特色学校在建设的起步阶段被赋予了相当大的自主权，于是各级学校出现"竞赛搞的轰轰烈烈，普及工作冷冷清清"的现象也就不足为奇。但以往足球发展的惨痛经验告诉我们，过分追求比赛成绩不仅会重蹈"三杯赛"的覆辙，还会造成对普及工作的扼杀，这将会在普及和提高两个层面对中国足球造成根本性的破坏[2]，这与校园足球基础发展阶段以增强青少年学生体质、普及足球人口的阶段目标背道

---

[1] 潘开灵，白烈湖. 管理协同理论及其应用[M]. 北京：经济管理出版社，2006：24.
[2] 张路. 为中国足球献策：足球究竟该怎么搞（全文）[EB/OL]. （2010-12-31）[2017-10-20]. http://sports.sina.com.cn/n/2010-12-31/11315388846.shtml.

而驰，又与小学阶段（6~12岁）校园足球以增进健康为目标，以培养兴趣为主导的学段目标相违背。因此，校园足球特色学校评价系统要有良好的目标整合的功能，要放眼于整个校园足球的发展，立足于阶段目标，聚焦于学段目标，作用于学校目标。评价系统要具有将普及目标与提高目标、体质目标与技能目标、资源目标与执行目标等不同层级的目标有机地整合起来的功能，同时发挥相关政策制度的协调保障作用，确保校园足球特色学校评价系统整合功能的实现。

（二）定向激励

环境与系统之间存在"互塑共生"的关系，从这个角度来说建立校园足球特色学校评价系统就是要发挥系统的作用去影响和改造环境，这就要求校园足球特色学校务必产生良好的效果，不能对校园足球的各项工作采取放任自流的态度，不能出现"没有足球课、一校一队、金牌崇拜、遏制同类"[1]的现象，防范此类不良现象的发生在校园足球特色学校发展的基础阶段尤为重要。指标的内涵实质就是将评价对象的总价值转化成各构成要素的价值进行评判，是评价内容的具体化。校园足球特色学校评价系统就是要通过科学的方法来建立确切的评价指标和合理的权重，这可为校园足球特色学校足球教育教学的各项具体工作的组织建设和实施评测提供依据，它对校园足球教育教学工作开展的种类和重点做出了质的规定，是对学校足球工作内容的定向、活动行为的约束。总之，校园足球特色学校评价系统可以有效地规范学校行为、防止负面效应的发生。

（三）评价预测

校园足球特色学校评价系统对于评价的内容做了明确的规定，这就使得对校园足球特色学校的发展状况和发展成果的比较成为可能。比较有纵向比较和横向比较之分，所谓纵向比较是指对社会不同发展历史时期的社会指标

---

[1] 吴键.校园足球：回归"真义" 严防"跑偏"[J].中国学校体育，2015（11）：4-7.

的比较,而横向比较是指时间序列上同一时期的比较[1]。具体到校园足球特色学校评价而言,通过纵向比较,可以了解某一时期该学校足球教育工作是进步了还是倒退了,还可以了解学校在哪些方面取得了进步,以及进步的幅度,在对取得的成绩和存在的不足进行分析的基础上,对学校的未来做出预测,预测功能是评价功能的延伸,预测应着重分析指标变化的因和果,以及两者之间的关系,探索两者之间的规律以方便制订下一周期的工作计划;而横向比较可以开阔各校园足球特色学校的眼界,在与其他学校进行横向的比较中明晰自身的优势与劣势、成绩与不足,通晓自己在整体中所处的位置,以便确定今后发展的方向和努力的程度。

(四)反馈调节

反映社会状态是社会指标的最基本功能,通过此项功能可以不断深化对现状和目标之间存在差异性的认识,从而发挥评价的调节功能,提高评价的目的性、合理性和有效性。通过对一定数量的校园足球特色学校实施评价可以获取评价指标规定的相关信息,而这些信息正是对校园足球特色学校发展现状的反映。通过对比现实状况与发展目标之间的差异,可以使相关政策的决策者、制定者和执行者及时对已有政策实施的效果进行评估,如果预期目标、政策实施、反馈结果三者一致,则说明政策合理、执行有效,现实状况正在向着预期的目标发展,否则就要对相关的目标或政策做出进一步的调整,使发展成果快速高效地接近预设目标。

第四节 校园足球特色学校评价系统的运行机制

要实现校园足球特色学校的良性发展,就要使构成校园足球特色学校评价系统的各子系统和要素之间实现协同运行和发展。协同发展是系统内部以及各子系统之间相互适应、相互协作、相互配合和相互促进,耦合而成的同步、协作与和谐发展的良性循环过程,它不是单个系统的事情,而是一种整

---

[1]郑杭生.社会学概论新修[M].3版.北京:中国人民大学出版社,2002:542-543.

体性、综合性和内生性的聚合[1]。经典的协同理论认为,系统内部能否发挥协同效应,是由系统内部各子系统或各组分之间的协同作用所决定的,系统整体性功能的优劣也是由各子系统或各组分之间协同程度的好坏所决定的。把一所学校与足球教育教学相关的诸要素视作一个系统,则就要求系统内相关的资源、机构、组织、执行等各子系统之间协调配合,围绕预定的目标运行,这样就产生了协同效用。本节就是要运用协同学的理论与方法来研究校园足球特色学校评价系统的各子系统和各要素间的规律,目的是指出更好地实现协同效应的方法和措施。

一、校园足球特色学校评价系统协同运行的框架

校园足球特色学校作为发展校园足球的基本单位,在发展的起步阶段会面临诸多复杂问题的困扰,有外部环境的机遇与挑战,也有学校内部的优势与不足。外部环境的机遇表现在政府的重视扶持、经济持续发展、对全面发展的足球后备人才的强烈需求,挑战表现在应试教育的桎梏、评价文化的淡漠、其他项目的分流,而学校内部的不足表现在评价意识落后、评价能力缺失、组织资源受限、评估检查工作逐步跟进[2]。校园足球特色学校评价系统要实现有效评价,仅考虑以上校园足球宏观环境因素的影响是不够的,还要考虑各校园足球特色学校的具体状况,力争做到具体问题具体分析、具体学校具体评价。

校园足球特色学校评价系统在运行中依据以下逻辑顺序展开。

第一,明晰差距。首先,要对学校发展校园足球的现实状况进行科学的综合评估,现实状况包括对学校的优势、劣势、机遇、挑战进行全方位的梳理分析,以及对所在区域的政治、经济、文化、社会背景等状况进行综合判断;其次,在以上科学评估的前提下制订学校的发展目标,发展目标是对学校在某一时间创建水平和程度的陈述[3];在对以上两点进行对比权衡后,找到现实状况与发展目标之间的差距。

---

[1] 潘开灵,白烈湖.管理协同理论及其应用[M].北京:经济管理出版社,2006:10.
[2] 李纪霞.全国青少年校园足球活动发展战略研究[D].上海:上海体育学院,2012:33-53.
[3] 楚江亭.特色学校创建:概念透视与模式重构[J].教育发展研究,2008,28(8):33-37.

第二，缩短差距。即通过识别协同机会、预先评价协同价值和要素整合来实现。在本研究中的要素整合是指通过提升资源保障水平和协同组织执行来实现，资源保障指为实现发展目标所需的人、财、物等必要的资源，组织执行是指为实现目标而采用的管理方法和实施手段等，这两点是缩短现实状况与发展目标之间差距的关键，也是实现校园足球特色学校发展的关键。

第三，判别差距。对系统发展的成果与发展目标进行对照评价，如果未达到目标要求则要对管理协同的过程重新做出调整，如果达到结果则要再次从差距评估开始进行下一个管理协同周期的运行。除此之外，还要加强三者之间的信息交流，提高管控能力，确保实现协同效应，达到最终的目的。整个评价系统协同运行的机制模型如图3-4所示。

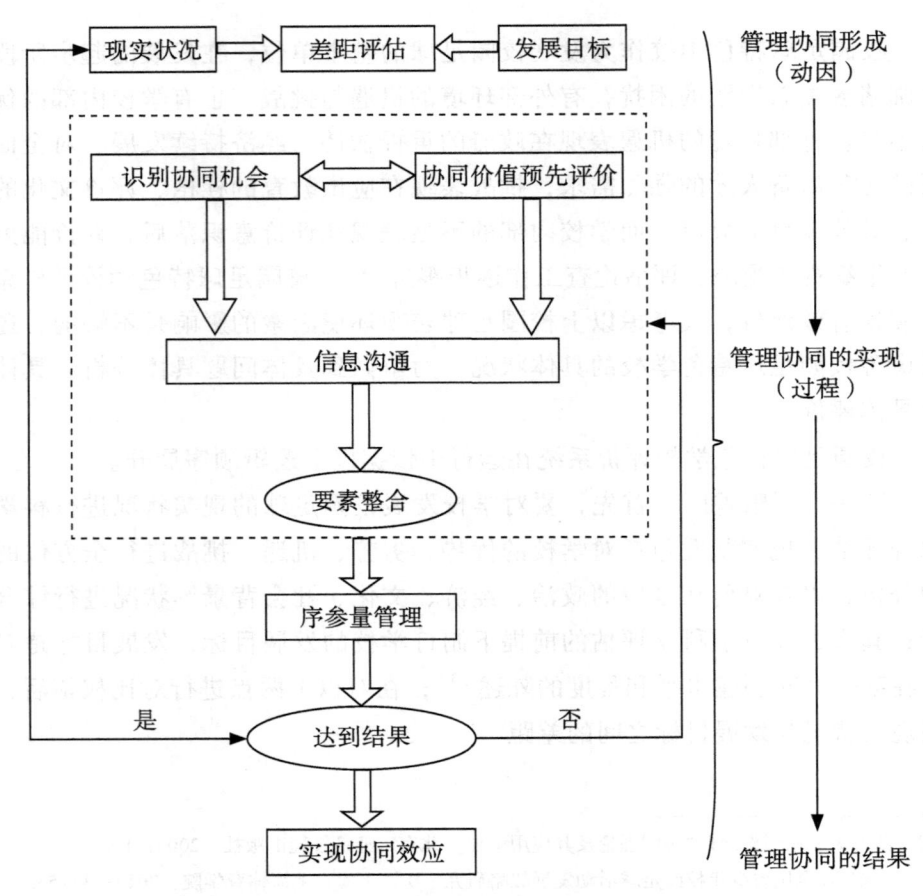

图3-4 校园足球特色学校评价系统协同运行的机制模型

二、校园足球特色学校评价系统的形成机制

校园足球特色学校评价系统是校园足球的相关管理部门或校园足球特色学校自身在对学校的现实状况、发展目标等因素进行综合考虑之后，为保证校园足球在特色学校实现有序开展而实施的有目的、有计划的行为过程，它包括目标的确定、运行状况分析和差距评估三部分。

（一）校园足球特色学校评价系统的目标

校园足球特色学校评价系统的目标是指为校园足球特色学校建立评价系统所期望达到的结果，这与对校园足球特色学校实施管理协同的目标是一致的，它对校园足球特色学校的发展将起到规范、激励和决定性的作用，目标一旦确定，系统便会朝着这一方向努力。价值目标是围绕特定对象的价值取向和标的，是人们对某种客观事物（包括人）的意义、重要性、获得性或者实用性的总评价和总看法[1]。我们要明确校园足球特色学校评价系统的价值目标应该从足球的战略定位、校园足球的发展目的和校园足球特色学校扮演的角色和所承担的任务这几个方面来寻找合理的支持因素。

校园足球作为足球改革的一部分，它的发展目的可以简要地概括为：提升体质，增强技能，培养健全人格；推进学校体育教学改革；扩大足球人口，助力中国足球发展。校园足球特色学校作为发展校园足球和实现校园足球目的的基本单位，它的角色决定了它的任务，一是提升足球的普及水平、扩大足球人口，二是探索学校体育改革的新路径，总结经验。综合以上所述，将探索学校体育改革的新路径和发挥校园足球的育人功能作为校园足球特色学校评价系统的核心价值目标。

将探索学校体育改革的新路径和发挥校园足球的育人功能作为校园足球特色学校评价系统的宏观目标，但宏观目标作为指导学校发展的目标未免抽象、模糊、不具有可操作性，因此要对宏观目标进一步分解，使之形成一个目标层或目标体系来指导学校的各项具体工作。例如在总目标之下设立层次

---

[1] 高小平.论我国国家治理体系的价值目标[J].行政管理改革，2014（12）：71-74.

目标、运作目标和规范目标等,在此基础之上再设立更为具体化的指标,例如用五年目标、三年目标和年度目标来反映预期目标,用体质目标、技能目标、人口目标和成绩目标来整体反映学校的计划目标,用班级联赛制度建设与实施、每班每年的参与场次和参与人数比例来综合反映班级联赛的运行状况等。

（二）校园足球特色学校评价系统的运行状况分析

校园足球特色学校系统的运行状况决定着校园足球特色学校目标的实现程度,它的运行可以分为运行顺畅和运行不畅两种情况。前者是我们期望出现的结果,而后者不是我们希望的,但它恰恰是我们研究的重点。如果要探寻系统运行不畅的深层原因,则要从分析各子系统或要素缺乏协调配合的原因入手,只有弄清楚这些问题,才能理解系统运行不畅的原因,为实施协同管理创造条件。

系统科学理论关于系统的要素、结构、功能和环境之间的关系为我们解决此问题提供了方法论依据。如图3-5所示,通过图形我们可以很直观地发现系统的结构会对系统的运行产生决定性作用,而系统的结构会受到要素和功能的双重影响。要素本身不能影响系统的运行,只有当要素的变化引起要素重组进而引起系统结构的变化时才会对系统的运行产生根本性的影响;而功能会通过影响系统结构的变化而对系统的运行产生影响,但功能经常会受到环境的某种影响,换句话说,多变的环境通过对系统功能的某种作用使系统结构发生变化进而对系统的运行产生一定程度的影响,因此要阐述系统运行不畅的原因,需从环境分析和要素分析两方面展开[1]。

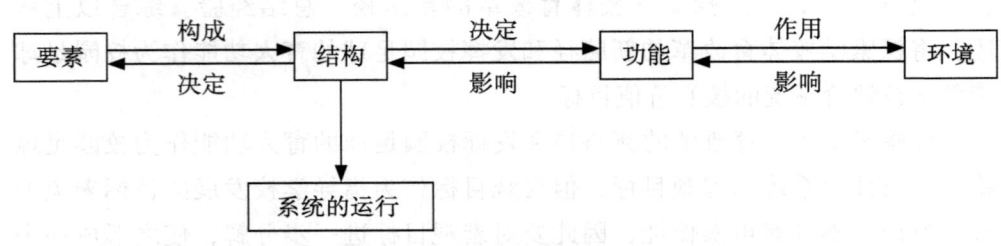

图3-5 系统运行与要素结构功能和环境之间的关系

---

[1] 潘开灵,白烈湖. 管理协同理论及其应用[M]. 北京:经济管理出版社,2006:131-138.

校园足球特色学校系统的环境可以分为宏观环境和微观环境，宏观环境由与校园足球特色学校发展相关的政治、经济、文化等因素所构成，因为系统对环境的依赖性决定了系统的开放性和不稳定性。首先，系统需要从环境中获取自身发展所需要的物质、能量和信息等资源；其次，环境的多变性不可避免地给系统带来不稳定性。根据对系统环境属性的分析，具体到校园足球特色学校系统属于简单与稳定环境类，即环境的不确定性低，系统对环境容易把握，环境对系统的影响较小（前文第二章第三节已做过相关论述）。而微观环境指学校教育和学校体育两个方面，这就涉及校园足球特色学校系统的各种要素，包括目标、人、财、物、机构、制度、成果等。对要素进行分析的目的是确认在多变的环境下系统是否拥有了自身发展所需的全部要素，以及要素是否得到合理配置并发挥出最佳效应。

（三）校园足球特色学校评价系统的期望水平与现实水平之间差距的评估

在对校园足球特色学校系统的环境和要素进行分析之后，为进一步探求运行状况对系统目标实现的影响，还需要对系统的目标水平与现实水平间进行差距评估。差距评估的实质是对系统预期所应达到的效果和目前现实状况进行比较所采取的行为方式，其意义在于找出系统运转不畅转向运转顺畅的空间大小，在学理分析的过程中常采用坐标分析法。

如图3—6所示，以时间t为横轴，表示系统的环境、所拥有的资源水平或能力是随着时间的变化而变化的，所以横轴又称时间轴；以校园足球特色学校的发展水平为纵轴，用L表示，图中有两条曲线，OA代表校园足球特色学校发展的期望水平曲线，表示系统在运行顺畅的状态下所达到的水平，简称期望水平曲线，OB代表校园足球特色学校发展的现实水平曲线，表示系统在运行不畅的状态下所达到的水平，简称现实水平曲线。同时引入期望水平曲线和现实水平曲线的目的是便于更直观地看清楚两者之间差距随时间变化的发展趋势，我们期望所看到的是通过对要素质量的提高、结构的优化和环境的改善来逐渐缩短这一差距，随着时间t的延伸使曲线OB无限地接近曲线OA。

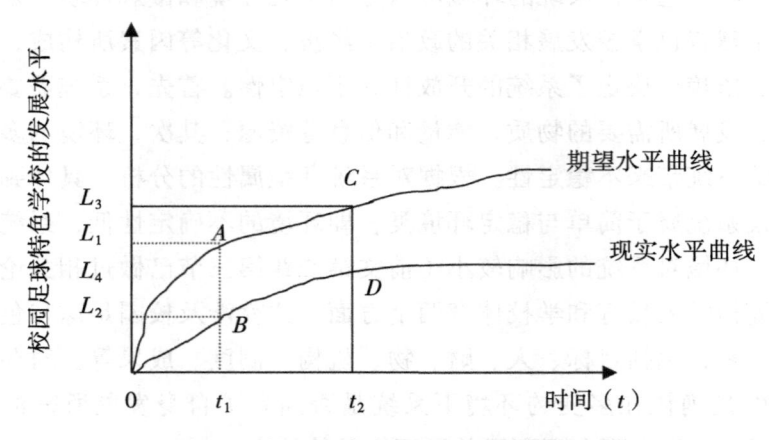

图3-6 校园足球特色学校发展差距评估图

假设在时间t_1时刻，校园足球特色学校发展的期望水平在A点，所达到的水平为L_1，但校园足球特色学校发展的实际水平在B点，水平为L_2，这说明t_1时刻，在校园足球特色学校所拥有的同样要素、结构和环境的前提下，实际水平没有达到期望水平的要求，两者之间的差值即L_1-L_2的差，用线段AB表示，AB越大说明现实水平与期望水平之间的差距越大，表示系统的稳定性越差，反之AB越小，系统的稳定性越好。

如果要对系统在某一时间段运转情况的发展趋势做出判断的话，常用顺畅度D来表示，仍以图3-6为例，在t_1时刻系统的顺畅度$D_1=(L_1-L_2)/L_1$，当D值为0时，说明现实水平与理想水平相等，系统最稳定，运转情况最佳；D值越大，说明系统稳定性越差，运转不畅。t_2时刻系统的顺畅度$D_2=(L_3-L_4)/L_3$，要表示t_1时刻到t_2时刻这一时间段该系统运行状况的发展趋势可以用$D_2-D_1=(L_1L_4-L_2L_3)/L_1L_3$的差值来表示($t_2-t_1$)时间段系统稳定性变化的程度，不难看出当$D_2-D_1<0$时，说明系统有向好发展的趋势，系统的稳定性越好，反之则系统的稳定性越差。

（四）校园足球特色学校评价系统的制约因素分析

任何一个系统都是由多个彼此联系且环环相扣的环节组成，校园足球特色学校评价系统亦是如此，这其中有若干环节在当前条件下妨碍着校园足球特色学校足球教育教学质量的提高，我们将其称为制约环节或因素。依据不同的划分标准，制约因素可以划分成多种类型，鉴于前文中关于校园足球特色学校评价系统的界定和本研究的目的，依据系统边界的划分标准，将制约因素划分为外部制约因素和内部制约因素两种，且仅考虑内部制约因素的影响。无论在哪种因素制约下，校园足球特色学校都要从提升足球教育教学质量的角度出发，通过改善或破除制约因素的方式来实现系统整体效益的增值，但前提是对制约因素的正确识别。正确识别制约因素有助于系统看清自身存在的问题和困难，对下一步研究和制定系统的发展方向和发展策略具有重要的指导作用。

三、校园足球特色学校评价系统协同运行的实现机制

如果说形成机制从理论上回答了为什么要进行管理协同的问题，那么实现机制则要在技术上解决如何实现管理协同的问题。校园足球特色学校评价系统的实现机制要解决如何进行协同的问题，通过对协同机会识别、要素协同价值预先评价、要素整合、序参量选择与管理和结果反馈等步骤来实现。

（一）协同机会识别

协同机会识别主要解决如何寻求协同机会，即确定系统中有哪些地方可能产生协同，它是实现管理协同的突破口。首先，要找到导致系统运转不畅的那些要素或子系统。因为任何一个子系统的功能不足，都会影响整个系统的平稳运转，要做到这一点可以凭借经验或从系统的运作情况入手做出初步的判断。具体到校园足球特色学校系统而言，从对运作情况的观察入手，进而判断是目标理念、结构制度的问题，还是组织运作的问题。经验判断只是对制约因素的初步识别，要想获得关于制约因素的精确判断结果还需要引入自然科学的方法对系统进行定量的研究。其次，对子系统进行要素、结构、功能和环境的考察，进一步确定影响要素。例如在本研究中要进一步确定是场地缺乏或师资短缺限制了资源保障子系统作用的发挥，还是制度缺失或执行不力减弱了组织执行子系统功能。最后，还要明确寻找协同机会所应坚持的原则。因为知道了协同机会出现在什么条件之下并不等于准确地识别了协

同机会。第一，要坚持适应性原则。校园足球特色学校评价系统要把自身置于动态变化的环境中，通过不断变化适应来满足环境对自身提出的要求。第二，要坚持互补性原则。构建校园足球特色学校评价系统要善于利用外部的资源来弥补限制自身发展的状况，在功能和效益互补的条件下达到整体的优化。第三，要坚持互利共赢的原则。在校园足球特色学校的发展过程中不能以损害任一方的利益为前提来换取自身的发展。

基于以上对协同机会识别的综合认识，笔者认为校园足球特色学校的足球教育教学工作可以从四个方面来识别和把握协同机会，即目标协同、结构与组织协同、运作协同和发展协同，把握好这四个协同机会可有效地实现管理协同，提升校园足球特色学校评价系统的整体效应。

（二）信息沟通

信息沟通是指为使各子系统更好地产生协同并使系统发挥整体功能所采取的一切交流或沟通的方式，它不仅可以促进各子系统实现协同，还可以促使系统与外部环境实现协同，是成功实现管理协同的基础。具体到本研究，校园足球的相关信息只有在学校内外得到广泛交流和沟通，才能在社会上引起共鸣，其所蕴含的教育价值和社会公益价值才会被社会各界和广大师生所接受，并转化成校园足球特色学校自觉自愿的行为，最终实现校园足球的预期目标。信息沟通对实现目标起着至关重要的作用。进行信息沟通需要注意以下三点：第一，选择恰当的沟通方式。为校园足球特色学校建立"双向交流"的沟通方式，既要保证"自上而下"的政令通畅，又要实现"由下而上"的信息收集与反馈，确保协调机制的有序性和有效性，避免由于沟通断层造成协同受阻。第二，优化信息内容。提高信息的明确性和清晰度，确保沟通双方获得言简意赅的信息，防止因沟通信息"失真"导致误判进而产生盲动行为。第三，搭建信息沟通平台。从学校内部和外部两个层面为校园足球特色学校搭建信息沟通的平台，确保提供信息的全面性和及时性。内部平台的主要作用是营造良好的校园足球文化氛围，协助师生树立"站在协同视角解决问题"的价值观，将实现学校目标转化成广大师生的自觉行动；外部平台的作用在于以足球为媒介来寻找促进校园足球特色学校发展的机遇和资源，强化学校与外界的动态衔接，促使外部协同行为的发生，促进内外部协同行为同时发生进而产生"共振效应"。

（三）要素整合

协同管理学中的要素整合是指系统在协同机会识别和信息沟通的基础上，通过综合、渗透、关联等方式为实现系统的协同目标，把不同要素结合为一个统一协调的有机整体，进而提升系统一体化程度的过程[1]。要素整合的目的是为了消除各子系统或要素间因目标不一致而出现的离散现象，进一步提高系统的整体运转效率并为开展研究提供便利，通过一定的方式特意把不同要素或部分结合为一个整体。本研究所构建的基于CIPP的校园足球特色学校评价系统，在综合考虑研究目的和研究工具的基础上将传统的学校体育工作评价中五个维度的划分方式（组织管理、教育教学、条件保障、学生体质和监督检查），与遵循一致性原则、系统性原则和创新性原则进行整合，最终整合为发展目标、资源保障、组织执行和发展成果四个维度的划分方式。这样做既达到了优化子系统、提高评价系统整体化程度的目的，又与所选择的研究工具相契合，为研究的开展提供了便利条件。

（四）序参量选择与管理

建立数量可观且具有一定规模的校园足球特色学校目的是发挥"榜样的力量"更好地实现校园足球的预期目标，选择和管理序参量目的是使校园足球特色学校系统在临界状态下产生主导学校发展的序参量以促进足球教育教学质量的提高。由于序参量是宏观参量，是各子系统集体运行的产物，一旦形成又会成为子系统演化的"统治力量"，所以本研究认为良好的校园足球文化氛围是校园足球特色学校的序参量，它是物质文化、制度文化、精神文化和行为文化的高度统一体，对序参量的管理要把握好以下两点，第一，要积极创造有利于序参量产生和发挥作用的条件；第二，在系统处于临界状态时要注意因势利导加强监管，使系统的演化向着预期的方向前进。

---

[1] 潘开灵，白烈湖. 管理协同理论及其应用[M]. 北京：经济管理出版社，2006：180-187.

（五）结果反馈

在序参量的主导作用下，要知道校园足球特色学校系统协同运行的结果如何，就需要把协同运行的结果与管理协同目标进行比较，我们把系统取得的结果与管理协同目标进行比较的过程叫作结果反馈。在本研究所构建的评价系统中，结果的反馈通过发展成果与发展目标部分在成果、特色和增幅三个维度进行比较，如果两者非常接近或基本一致，则说明系统实现了协同效应，达到了协同目标的要求，反之则没有实现协同效应，要对系统协同运行实现机制的各个环节再次进行检查完善，促使系统产生新的序参量，最终实现协同目标。

四、校园足球特色学校评价系统协同运行的激励与约束机制

对校园足球特色学校实施管理协同的目标就是要实现特色学校整体的管理协同效应，提高特色学校足球教育教学开展的质量与水平，促进学校的整体发展。要达到此目标，就必须有效地使用管理学中的激励与约束两种手段，并建立相应的长效机制，才能确保目标的实现。从管理学对激励与约束理论的相关研究成果来看，可以把两者的组合关系划分为四种类型，如图3-7所示。即强激励强约束、强激励弱约束、弱激励强约束和弱激励弱约束，理论与实践充分证明只有位于第一象限的强激励强约束的组合关系是最理想的组合方式，校园足球特色学校只有处在这种组合关系之下其内部的矛盾和摩擦最少，也最有利于学校实现预期目标，而其余组合方式存在程度不等的失衡现象不利于目标的实现。

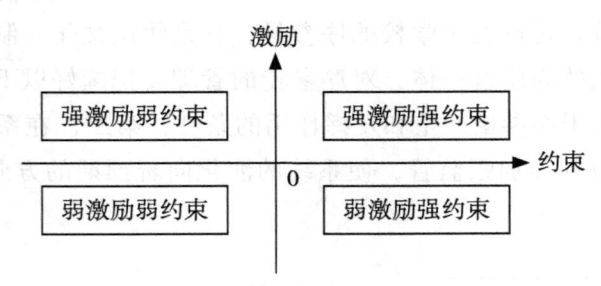

图3-7 激励与约束关系匹配图

（一）激励机制

激励是组织中使组织成员产生和增强为实现组织目标的工作动力的管理活动的总称[1]。关于激励机制的研究前人曾经从多个角度做出过相关的论述，具有典型代表性的观点有以下两种：第一，行为科学与心理学角度。行为主义理论认为激励可以用S-O-R原理来表达，公式中S表示刺激，O表示主观因素，R表示反应，基于此项认识行为主义认为激励的手段不能光靠金钱，还要充分考虑人的各种主观因素，诸如人际关系和环境影响等。认知心理学在行为心理学认识的基础上倡导关注人内在因素（如意识形态、兴趣、价值观等）的内容性激励理论和过程性激励理论，随后又在前两者的基础上产生了综合型激励理论。综合以上认识可见，有效的激励以遵循人的生理和心理规律为前提，在激励方法的选择上要坚持权变性和针对性相结合的原则。第二，人性假设的角度。管理学中基于对人性的不同认识便产生了不同的激励方法，经济人假设理论主张采用物质金钱来激励人；社会人假设理论提倡通过满足人的社会性需要来达到激励的目的，即注重人际关系、提倡集体奖励和培养归属感等；而自我实现人理论重视内在奖励，即通过帮助员工提升个人能力进而实现个人价值的方式来发挥激励的作用；复杂人假设理论倡导要依据人性需要的复杂性规律因人、因事、因时、因地而异地选择激励方法[2]。

根据以上对激励机制的分析，要实现校园足球特色学校协同运行就必须因势利导地选择激励方法，使学校一直处于强激励状态之中。对校园足球特色学校的激励力争做到以下三点：第一，要因时而异。针对当前校园足球特色学校处于基础发展阶段的现实，奖励的方式坚持以解决学校发展面临的实际困难为导向的原则，以资金奖励、师资培养为主、荣誉奖励为辅，加强对资金使用的监管，确保资金应用在解决足球教育教学的突出问题上。第二，要因校而异。坚持以办学效益与投入紧密联系的指导原则，依托科学评估、分层管理、能上能下的操作方式，对各特色学校足球教育教学开展的实际情

---

[1] 侯光明.管理激励与约束[M].北京：北京理工大学出版社，1999：15.
[2] 卢正惠.论激励与约束[J].经济问题探索，2002（4）：95-100.

况进行科学评价、划分等级，不同等级间保持畅通的升降渠道，且对于不同等级的学校在目标任务、政策导向、资金扶持上有所区别，逐步建立依据学校的办学效益水平决定决策权配置的激励制度，鼓励效益好的学校办出特色；除此之外，针对市区与郊区、有无足球传统的学校同样区别对待，例如市区有足球传统的学校要以提供更高的展示平台和荣誉奖励为主。第三，要因人而异。对校长、教师和学生的激励要有所不同，对校长宜采用荣誉奖励和提供交流学习机会的方法；对体育教师要确保课时计算的平等权、职称评聘的优先权，同时提升教师能力、加强人文关怀增强教师对学校的归属感，培养主人翁意识；对学生而言，要畅通特长生升学通道、将足球成绩纳入个人成长档案中等。总之，在做好顶层设计、打通校园足球发展的制度壁垒的前提下，充分调动特色学校各相关人员的积极性，确保特色学校始终充满活力，才能更好地实现协同目标。

（二）约束机制

约束是组织中为防止和减少组织成员偏离组织目标损害组织利益的行为和迫使成员努力工作的管理活动的总称[1]。行为科学和心理学常采用批评制裁等措施来抑制人的不当行为，而制度经济学认为有效地约束必须依靠制度来保障，制度的强制性决定行为的时空范围，可以有效地规范人的行为。制度通过正式约束和非正式约束两种约束方式来实现其功能，所谓正式约束就是人们通过有目的有意识地建立各种法律法规和规章制度来约束人，而非正式约束是指人们通过在长期交往中形成的被大众一致认可的伦理规范或职业操守等来约束人。现代企业管理认为管理激励与约束是激励与约束的完美统一，因此提倡以制度约束、纪律监督、批评惩戒为代表的刚性管理和以感召激励、诱导启发为代表的柔性管理的有机结合，两者相辅相成共同作用来达到管理的至高境界[2]，这种管理方式逐渐成为现代企业管理的主流模式。

基于以上对激励理论和校园足球特色学校实际状况的综合分析认为，校园足球特色学校的管理机构和学校自身应通过建立与之相配套的制度来完善

---

[1] 侯光明. 管理激励与约束[M]. 北京：北京理工大学出版社，1999：15.
[2] 阎剑平. 约束管理[M]. 北京：中国纺织出版社，2006：1-2.

学校协同运行的约束机制，通过制度建设来约束特色学校的行为，可以充分借鉴现代企业管理模式的经验。首先，利用"互联网+"技术引领学校体育评价方式的转变，利用网络信息化管理技术探索服务于学校体育评价的信息管理平台，提高评价效率从而实现对学校体育实践监测的常态化、全时空和跟踪化；其次，规范学校行为，划出红线，对仅注重校队竞赛成绩而忽视面向广大学生参与的足球活动的现象划出红线，对于不能保证每周一节足球课和未开展班级联赛的学校进行通报批评限期整改，对整改不力的学校要撤销全国青少年校园足球特色学校的称号并追回专项资金；再次，对于校内与校园足球开展密切相关的课程建设、课外活动、文化节建设和训练与竞赛等活动要形成制度文件，力争各项制度文件科学合理、详实完备、责任到人、严格执行，进一步完善针对学校体育的档案管理制度；最后，成立由校领导牵头的校内督教机构，对日常的教育教学工作开展督导评价，及时与受评教师沟通交流，采用正式约束与非正式约束相结合的方式，切实增强学校自我诊断自我康复的能力。

本章小结

本章通过对校园足球特色学校评价系统的界定、分析以及对系统所涉及基本问题的探讨认为，校园足球特色学校评价系统依据特色学校足球教育教学活动发展的现实，从时空结构入手将其划分为发展目标、资源保障、组织执行和发展成果四个子系统，目的性、有序性、演化性和涌现性是评价系统的特点，目标整合、定向激励、评价预测和反馈调节是它的主要功能，同时为促进评价系统功能的发挥，从协同运行机制和激励机制入手进行了深入的理论探讨。通过本章的理论分析，为下一章校园足球特色学校评价指标体系的建立提供理论和方法支撑。

第四章 基于CIPP的北京市校园足球特色学校评价指标体系的构建

发挥校园足球特色学校评价的管理与监督效能以提高办学质量和水平是本研究的主要目的，构建评价指标体系是当务之急。必须在明确分析程序、指标构建遵循的原则、常用构建方法利弊的基础上，通过严谨的程序、科学的手段来斟酌推敲，才有可能获得科学合理的评价指标体系。

第一节 校园足球特色学校评价分析程序

校园足球特色学校评价的分析程序应该包括明确评价对象系统、构建评价指标体系、确定评价指标体系权重、制定评价标准和合成综合评价值五个部分。

一、明确评价对象系统

建立能合理反映评价对象的系统描述模型。评价对象系统的特点直接决定评价的内容和方法。

二、构建评价指标体系

由于复杂系统通常具有规模的巨型性、组分的异质性和结构的层次性的特点，按照人类认识事物的普遍规律，按照从宏观到微观、从整体到部分的分层递解的方式，选用合适的指标，明确指标之间的隶属关系。

三、确定评价指标体系权重

在综合评价中，由于各个指标在整个评价指标体系中所发挥的作用不同，因此要对指标进行加权处理。权重值是衡量单个指标在整个评价指标体系中相对重要程度的测度，一般以相对数的形式出现。权重值的科学合理与否直接影响着最后的评价结果。由此可见，校园足球特色学校评价指标体系各个指标权重值的确定，都会直接影响校园足球特色学校评价结果的真实性和客观性，进一步影响到对评价对象突出问题和薄弱环节的判定，最终影响改进的策略和建议，因此说权重值的确定是一个"牵一发而动全身"的环节，要引起高度重视。

四、制定评价标准

评价标准是评价主体在评价活动中应用于评价对象的价值尺度和界限，是相对于评价准则所规定的方面，所确定的优良程度的要求，是事物质变过程中量的规定性，它是继评价指标、权重系数之后又一影响评价结果的重要因素，是构建基于CIPP的北京市校园足球特色学校评价方案的核心部分。本研究依据相关文件精神要求并结合北京市校园足球特色学校（小学）开展的实际情况综合制定评价标准。

五、合成综合评价值

依据末级评价指标的评价标准获得该指标的评价值，并结合相应的权重值，合成评价对象的综合评价值，并据此进行排序和分析，探索成因及对策。

综上所述，校园足球特色学校评价指标体系的构建依照确定评价指标、确定评价指标体系权重、制定评价标准、实施综合评价等步骤展开，如图4-1所示。

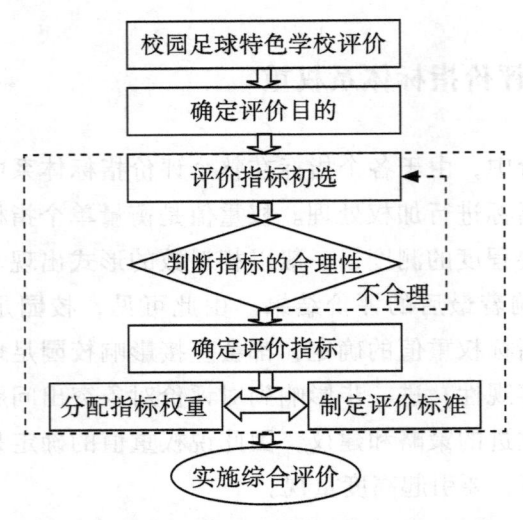

图4-1 校园足球特色学校评价体系构建流程图

第二节 校园足球特色学校评价指标体系构建的基础

确定校园足球特色学校评价指标体系是对学校实施综合评价的前提和基础。评价指标体系是联系评价专家与评价对象之间的纽带，也是联系评价方法与评价对象的桥梁，只有科学合理的评价指标体系才有可能得出科学公正的评价结论。为了正确客观地反映校园足球特色学校的质量与水平，发挥评价的诊断、反馈、激励等作用，明晰指标体系构建的基础和原则是构建科学合理的评价指标体系的前提。

一、评价指标体系构建的基础

（一）指标体系释义

指标是指"反映统计总体数量特征的概念和数值"，体系是指"由一些有规律的相互作用的或互相依赖的形式联合起来的物体的聚集物或集合物"[1]，由此可见，指标体系是根据研究目的和研究任务的要求，依照研究对象的功能或结构特点，把客观上能够全面反映评价对象性质且存有某种有机联系的若干指标进行科学分类而构成的指标群，它表明了评价对象的性质和数量特征[2]。构建校园足球特色学校评价指标体系的实质就是构建一个系统，元素和结构是构成系统的两个不可或缺的方面，系统是元素和结构的统一，元素与结构一起成为系统的内部构造。给定结构和元素两方面，才算给定一个系统。没有按一定结构框架组织起来的多元集是一种非系统[3]。

（二）指标体系的结构

指标体系的结构框架是反映指标层次结构和指标间关系的量度，由指标体系构建的系统理论可知，任何指标体系的建立都要确立一个具体指标可以依附的框架，这个框架的实质就是针对评价对象所建立的解释系统，换句话说就是要确定从哪几个方面对评价对象展开论述或评价工作，这是指标体系初建的第一步也是关键一步。这套解释系统的说服力如何取决于内在逻辑结构的严密程度，它是统摄这套系统框架的"灵魂"，而框架是支撑指标体系的"骨骼"，如果没有框架所有的指标就成了"一盘散沙"，不能称作真正意义上的指标体系，所以指标体系的框架设计是指标体系构建的关键环节。划分指标体系理论框架的方法有结构划分法和功能划分法，按照系统的实体要素进行划分的方法称为结构划分法，而按照不同功能属性进行划分的方法称为功能划分法。本研究采用了以功能划分法为主、结构划分法为辅的方法来构建校园足球特色学校评价系统的框架。

---

[1] 联合国经济和社会事务部统计处.社会和人口统计体系[M].许成钢，等，译.北京：中国财政经济出版社，1985：76.

[2] 余道明.体育现代化理论及其指标体系研究——以首都体育现代化研究为例[D].福州：福建师范大学，2007：99.

[3] 苗东升.系统科学精要[M].3版.北京：中国人民大学出版社，2010：23.

（三）指标的"出度"与"深度"

在一套完整的指标体系中，上层控制下层单位的个数称"出度"，控制该下层的直接上层的个数称该下层的"深度"。根据已有的经验，综合评价指标体系一般包含三层结构，即"深度"为3，已有的理论与实践证明评价指标体系由三层次构成比较合理，依次是目标层、准则层和指标层。目标层通常情况下仅包含一个元素，它是对评价客体的预定目标或理想效果的描述；准则层是对目标层的进一步分解，是支撑目标实现的子目标或子系统，它包含为达成目标所涉及的所有中间环节；指标层是对准则层再进一步的细化分解，最终获得用于支撑目标实现的各类具体措施和方案[1]。除此之外，由于指标体系层次结构图还要被应用于权重系数的确定，因此指标结构的"出度"是必须要考虑的问题，根据以往理论与实践的研究成果认为，"出度"介于4~6之间较为理想，即上层某个指标下包含4~6个分指标。如果指标体系结构的"深度"或"出度"不合理，通常采用拆分或合并的方式来进行优化。

在充分考虑指标体系的"结构""出度""深度"之后，构建了以发展性学校评价理论为指导、系统科学理论和综合评价理论为方法论，在借鉴CIPP评价模式的基础上，充分结合校园足球特色学校足球教育教学工作的理论研究与实践成果，基于CIPP的北京市校园足球特色学校评价指标体系结构图如图4-2所示。

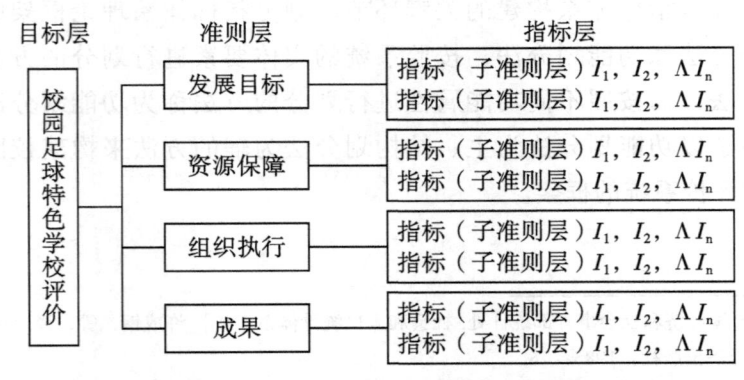

图4-2 基于CIPP的北京市校园足球特色学校评价指标体系结构图

[1] 邢育红. 实用运筹学 [M]. 北京：中国水利水电出版社，2014.

（四）指标体系的元素

指标体系的元素是指评价指标体系由哪些指标组成，包括各指标的概念、计算范围（计算的总体范围界定、时空范围界定、标志内容界定）、计算方法、计量单位分别是什么，它们是综合评价指标体系的基础[1]。多数情况下，一个指标体系中的大部分单项指标都是可以直接获取的，例如本研究中的教师周均课时量、场地面积与质量、编班人数等，对于不能直接获取的指标则需要专门构建，如发展目标、特色评价、增幅评价等，任何一个单项指标构建的过程都是一个逻辑推理的过程，它包括明确指标要义、选取指标并给出操作性定义、确定指标的计算内容和方法等步骤，最终达到可操作化的目的。此外，对于评价结果有重要意义但在评价过程中确实难以获取的指标，则要考虑通过指标变换或寻求替代指标的方法来反映评价对象的某个侧面特征，进而达到科学评价的目的。

（五）指标的可行性测验

指标的可行性测验是对所设计的指标在获得过程中的可行性进行理论分析，特别强调末级评价指标在获取所需的原始资料时的真实性、经济性和技术性，即能否获得真实客观的信息、获取成本是否超出指标本身的价值、获得该指标信息是否存在技术性难题，如果三个方面中的任何一项出现"不可行"的现象，则要考虑替代性指标，重新进行操作化定义，以达到评价目的的要求。

二、评价指标体系构建的原则

为了能够建立客观、全面、真实地反映校园足球特色学校发展状态的评价指标体系，首先要明确指标体系设计的原则，其次在这一原则的基础上合

---

[1] 刘晶. 城市居家老年人生活质量评价指标体系研究——以上海为例[D]. 上海：华东师范大学，2005：65.

理地设计指标体系的结构和指标内容,最后据此选择综合运算的统计方法和各末级指标数据的获取方式。指标体系在构建的过程中要遵循以下原则:

(一) 全面性原则

指标体系的设置,首先,要能够全面综合地反映与校园足球特色学校足球教育教学开展质量和水平有关的所有信息;其次,指标体系不仅要具有"覆盖的能力",还要具有"鉴别的效力",即指标体系不仅要有反映出发展目标、资源保障、组织执行和发展成果各子系统的具体指标,还要有反映各子系统任务完成程度和目标实现程度的具体指标,只有这样才能全面反映学校的整体水平。

(二) 科学性原则

为使评价指标体系能够科学客观地反映校园足球特色学校的实际情况,发现校园足球特色学校发展过程中的优势、潜优势和劣势环节,准确把握学校的薄弱环节和突出问题,必须科学地选取评价指标、构建指标权重、制定科学的评价标准、运用科学的方法实施运算等步骤才能获得预期理想的结果。这主要体现在以下三点:第一,指标的构建要有充分的理论、政策和现实的依据;第二,指标的名称、含义和计算方法要简明扼要、通俗易懂、科学合理;第三,评价标准既要具有引领性又要紧密联系学校实际,力争做到前瞻性与现实性、层次性与实效性的统一。

(三) 可操作性原则

校园足球特色学校评价的目的在于反映各学校足球教学质量与水平的发展程度,因此指标的设计要充分考虑指标数据获取、量化的难易程度以及评价成本的大小。首先,保证数据信息来源的可行性和可靠性,尽可能利用现有的容易获得的资料,即指标数据易于通过统计整理、抽样调查或直接从相关部门获取；其次，确保"非定量指标"量化处理信息的科学性和合理性，对于指标体系中分属不同属性的指标在进行综合计算前要进行标准化预处理，它包括定性指标、定量指标、逆向指标与适度指标共四种类型指标的标准化处理[1]；最后，确保适宜的指标数量，在保证评价整体质量的前提下，严格控制指标体系的"出度"与"深度"，力争使指标"少而精"，尽可能降低评价的成本。

（四）可比较性原则

校园足球特色学校的发展有其自身的规律和共性特点，我国幅员辽阔，教育水平存在较大的地域性差异，即使在同一地域，不同学校、不同时间的差异性也非常大，因此在指标的选取时要选择那些具有普遍性并能灵敏地反应这种差异性的指标，与此同时，要保持所选指标的名称、概念、口径、范围、评比方法的一致性和规范性，只有这样才便于学校之间或区域之间进行比较。指标的可比性要达到两个目的，即评价结果既要能实现过去与现在的可比较，又要能实现不同区域之间的可比较。

（五）动态性原则

校园足球特色学校的发展是随着宏观与微观因素的不断变化而发展的，促进校园足球特色学校的发展既是一个目标又是一个过程，因此在一定时期内要保持它的相对稳定性，这就决定了校园足球特色学校评价指标体系具有动态性的特点，力求使评价指标既能反映当前校园足球特色学校的发展水平，又能在一定程度上引领它的未来发展趋势，做到阶段的静态性与发展的动态性的辩证统一和有机结合，从而能系统长期地指导校园足球特色学校政策的制定、实施、反馈和调整。

---

[1] 陈正伟.综合评价技术及应用[M].成都：西南财经大学出版社，2013.

第三节 校园足球特色学校
评价指标体系构建的方法

在多指标综合评价的实践应用中,常用的指标体系构建的方法有分析法、综合法、交叉法、指标属性分组法、聚类分析法以及对这几种方法的综合运用[1]。在本研究中把经验选择法和专家咨询法以及两者的综合运用作为构建校园足球特色学校评价指标的主要方法,来完成对校园足球特色学校评价指标体系的构建。

一、评价指标体系的筛选方法

(一)经验选择法

经验选择法是对已有指标进行有目的地分析与综合,选出适合研究所需的指标的方法,它通常建立在分析法与综合法的基础上,并实现对两者的综合运用。在构建校园足球特色学校评价指标体系的过程中,首先,明确什么是校园足球特色学校评价,评价的目的是什么;其次,明确从哪几个方面进行评价;再次,对总目标进行逐级分解,直到每一个子目标可以用若干个明确的指标来反映;最后,设计每一层次的子指标,并对指标体系进行完善。

(二)德尔菲法

德尔菲法又称专家意见法或专家规定程序调查法,它是由调查者拟定调查表,按照既定程序,以函件的方式分别向专家组成员进行征询,而专家又以匿名的形式反馈意见,经过几次反复征询与反馈,使专家组成员的意见逐

---

[1]苏为华.多指标综合评价理论与方法研究[M].北京:中国物价出版社,2001:19-21.

渐趋于集中，最后获得具有很高准确率的集体判断的结果[1]。某个专家的反馈意见或许存在主观性，但这至少是该专家在此领域经过长期思考、对知识和经验进行提炼总结的结果，多位专家的一致意见则具有非常强的说服力，在某种程度上可以化主观为客观，我们可以据此删除认可度较低的指标、保留认可度较高的指标，从而达到优化指标体系的目的。德尔菲法集定性与定量相结合，因其匿名性、信息反馈、统计推断三大特点在众多领域得到广泛应用[2]。本研究应用德尔菲法对初拟指标进行筛选，每轮征询专家意见过后都会对指标进行修改调整，然后征询专家建议，多轮征询反馈过后直到专家意见趋于一致，评价指标达到完全满足保留的条件，从而得到较高认可度的校园足球特色学校评价指标体系。

二、评价指标体系的构权方法

（一）构权方法的分类

在综合评价实践发展的过程中，先后曾出现过多种不同的构权方法，可以从不同的角度将其分成不同的类别，本研究采用了主观构权法与客观构权法、基础构权法和扩展构权法，以下将对这两种构权方法进行详细阐释。

1. 主观构权法与客观构权法

它是评价主体依据判断时主客观性的不同来划分的，主观构权法是指决策者依据对指标重要程度的主观判断来直接进行赋值确定权重值的方法，常见的采用征求专家意见的方法来确定权重值的做法即为典型的例子，主观构权法的优势在于专家可以快速地根据决策问题的属性并依托自身的经验快速对指标权重做出排序，效率较高且较少出现指标权重与实际重要程度不符的现象，但缺点在于决策的主观性过强，客观性不足，在实际的运用中存在局

---

[1] 百度百科. 德尔菲法 [EB/OL]. [2017-08-20]. https://baike.baidu.com/item/德尔菲法/759174?fr=aladdin.

[2] 周明浩，李延平，史祖民，等. 德尔菲法在卫生城市建设综合评价指标筛选中的应用 [J]. 中国公共卫生管理，2001，17（4）.

限性。客观构权法依据原始数据间的关系来确定权重，常用指标数据或目标函数提供的信息经过严格的计算来获得权重的方法，其优势在于具有扎实的数学理论依据，缺点在于运算较为烦琐且可能会出现主观判断与客观构权结果之间存在较大出入的现象。

在综合评价研究领域的"客观构权法优于主观构权法"的观点后，苏为华教授曾指出"判断权重值的合理性是看权重值是否准确反映了评权对象的真实重要性程度，而不是看是否采用了主观构权法，过分追求构权方法的客观性必然导致评权的机械性，使权重值脱离评权对象的实际，造成评价结论的偏误，反而主观权数更容易理解、更易于贯彻评价主体的评价精神"[1]，由此可见"只要方法科学，权数就其本质而言都是客观的"[2]，因此说抱着科学的态度将主观构权法与客观构权法相结合，各取所长、优势互补是为明智之举。

2. 基础构权法与扩展构权法

依据构权方法复杂性的不同，将其划分为基础构权法与扩展构权法。基础构权法是构建权重的"原子"方法，扩展构权法是在基础构权法的基础之上对某个方面进行的拓展。总之，综合评价技术可以通过方法的集成形成组合评价、通过评价主体的集成形成群组评价、通过多角度扩展对评价技术进行集成灵活地运用。

（二）构权方法的选择

评价对象的日趋复杂化是综合评价技术不断地集成并扩展其他的评价思想和方法的内在动力，在众多的构权方法中迅速锁定符合评价目的要求、与评价思路相适应且能准确反映各指标重要程度的构权方法就显得尤为重要。本研究采用主观与客观相结合的扩展构权法来确定校园足球特色学校各评价指标的权重值，步骤如下：首先，借鉴层次分析法中两两比较的思路，并参考层次分析法（AHP）统计构权标度值体系的刻度；其次，结合环比构权法思路简明、运算快捷的优势迅速对指标间重要程度做出判断，进而确定各个

---

[1] 苏为华. 综合评价学［M］. 北京：中国市场出版社，2005：92.

[2] 邱东. 多指标统计综合评价方法的系统分析［M］. 北京：中国统计出版社，1991.

指标的权重值,即完成一位专家对评价指标的赋权;最后,再通过科学的方法合成专家群组权重值,至此校园足球特色学校评价指标体系的赋权工作结束。

1. 层次分析法

层次分析法的实质是一种多目标多标准的系统分析方法,它采用定性与定量相结合的方法,首先,把一个复杂的决策问题分解成若干组的组成因素,并按照隶属关系形成递解的层级结构;其次,通过两两比较的方式来确定各因素的相对重要性;最后,计算权重并据此对决策方案的优劣进行排序。层次分析法的核心问题是计算各决策方案或各指标的相对重要性系数,其实可以将此看作是一个赋权的过程。它的贡献在于所提出的通过两两比较构造判断矩阵的思想不仅适应了多种复杂评价对象的需求,还充分利用了专家的经验和智慧,使得原本被认为是无结构的、难以评价的事物转化成有序的、易被量化的评价对象。层次分析法确定指标权重值的步骤如下:

(1)建立层次结构模型

根据所要实现的目标和问题的性质,将评价对象分解成不同的组成因素,并按照它们之间的关联影响和隶属关系建立层次结构模型。

(2)构造两两判断矩阵

在已建立的层次结构模型的基础上,请专家对各层级中的指标进行两两比较,并采用Satty比例九标度体系对指标重要程度进行判断,求出两两判断矩阵的最大特征根λ_{max}及其对应的特征向量W,进而通过计算获得各元素的权重值。

(3)层次单排序及一致性检验

层次单排序是指对于上一层级的指标而言,对本层级各指标权重值的排序。为了防止出现主观认为某个指标具有较高的重要程度而权重赋值与其重要程度不符的"逻辑错误",引入衡量不一致程度的数量指标CI(Consistency Index),通常称为一致性指标,$CI=\dfrac{\lambda_{max}-1}{n-1}$,同时引入平均随机一致性指标$RI$(Random Index),令$CR=\dfrac{CI}{RI}$,$CR$称为一致性比率(CR.

Consistency Ratio），只有当$CR<0.1$时，认为判断矩阵具有满意的一致性，否则要对矩阵进行调整[1]。

（4）层次总排序及一致性检验

确定某层所有元素对于决策总目标相对重要性的排序权值过程，这一过程类似于层次单排序，对于总目标层而言，层次总排序一致性比率

$$CR = \frac{CI}{RI} = \frac{\sum_{j=1}^{m} CI}{\sum_{j=1}^{m} RI}$$

当$CR<0.1$时，认为判断矩阵具有满意的一致性。

层次分析法自问世以来，由于其系统化、层次化、定量化运行的思路，简洁实用、所需定量数据较少、结果简单明确、易被评价主体掌握等优势而备受研究者青睐，成为研究无结构性系统评价及多目标多准则评价的有效方法。但层次分析法也有自身难以克服的缺点：一是指标过多时，权重难以确定；二是特征值与特征向量的计算方法复杂。例如，要获得评价对象的全面信息，指标数量必然增加，指标数量的增加就意味着需要构造层次更深、数量更多、规模更加庞大的判断矩阵，如果同层有n个指标的话，则需要做$n(n-1)/2$次两两比较，对于动辄几十个指标的指标体系其工作量繁杂而艰巨，况且用1至9之间的刻度对两两指标间的重要程度做出判断，会随着指标数量的增加而变得越发困难，并会对单排序和总排序的一致性检验产生影响，倘若一致性检验不能通过，则需要对整个判断矩阵进行检查修正，这等同于对整个权重赋值过程的各个步骤进行重新组织，这对科研工作者来说难度太大。

2. 环比构权法

为了克服层次分析法的缺点，充分利用其优势，本研究采用层次分析法中关于指标层级构建的思路和指标间两两比较的做法，摒弃多次前后对比判断和烦琐复杂的组织运算，采用不完全比较构权法来克服这些不足。环比构权法可以有效地弥补层次分析法以上所述的不足，其操作步骤如下：

---

[1] 赵焕臣. 层次分析法———一种简易的新决策方法[M]. 北京：科学出版社，1986.

（1）将评权指标按照可比性进行排列

力争使相邻两个指标的重要性具有可比性，与此同时，确定一个比较的基点，将其称为元指标。一般情况下为了比较的方便，通常将同级子指标的第一个指标指定为元指标，且规定元指标的基准值为1，如表4-1所示。

表4-1 环比构权法流程

指标序号	重要性比值R_i	绝对权重值m_i	归一化权重w_i
1	$R_1=1$	$m_1=R_1=1$	$w_1=m_1/\sum m$
2	R_2	$m_2=R_1 \times R_2$	$w_2=m_2/\sum m$
3	R_3	$m_3=R_1 \times R_2 \times R_3$	$w_3=m_3/\sum m$
n	R_n	$m_n=R_1 \times R_2 \times \Lambda \times R_n$	$w_n=m_n/\sum m$

（2）计算相邻指标重要性权重的比较值R_i

$$R_i=\frac{w_i}{w_{i-1}}=\frac{第i个指标的重要性分数}{第i-1个指标的重要性分数}（i=1，2，\Lambda，n）$$

此处即通过征求专家意见的方式来确定两相邻指标重要性的比值，要求各专家依据对问题的理解和个人经验，按照问题提示的顺序依次对两个相邻指标重要程度进行对比，对比值做出判断得出R_i，$R_i=\frac{w_i}{w_{i-1}}$，判断的标准依据AHP统计构权标度值体系进行[1]。

例如，当某位专家对指标X_{i-1}和指标X_i进行比较时，以指标X_{i-1}的重要程度为基准，给出指标X_i相较于指标X_{i-1}的重要性，如果认为指标X_i比指标X_{i-1}"明显重要"则$R_i=\frac{w_i}{w_{i-1}}=\frac{3}{2}$，即认为两者的二元分配关系如同0.60∶0.40的关系；反之，若认为指标X_i比指标X_{i-1}"明显不重要"，则$R_i=\frac{w_i}{w_{i-1}}=\frac{3}{2}$，即两者的二元分配关系如同0.40∶0.60的关系，以此类推，如表4-2所示。

---

[1]苏为华.综合评价学[M].北京：中国市场出版社，2005：96.

表4-2 层次分析法统计构权标度值体系

R_i值	取值的物理含义	对应的二元权分配关系
1	X_i与X_{i-1}相比一样重要	0.50：0.50
11/9	X_i与X_{i-1}相比稍微重要	0.55：0.45
3/2	X_i与X_{i-1}相比明显重要	0.60：0.40
7/3	X_i与X_{i-1}相比强烈重要	0.70：0.30
9/1	X_i与X_{i-1}相比极端重要	0.90：0.10

（3）计算指标X_i的绝对权重值m_i

$$m_i = R_1 \times R_2 \times \Lambda \times R_i \quad (i=1, 2, \Lambda, n)$$

（4）对m_i做归一化处理，即确定指标X_i的相对权重值

$$w_i = \frac{m_i}{\sum_{i=1}^{n} m_i} \quad (i=1, 2, \Lambda, n),$$

w_i即为通过环比构权法所得到的指标X_i相对于所有指标的相对权重值，且w_i同时满足$0 \leq w_i \leq 1$，$\sum_{i=1}^{n} w_i = 1$。

由以上推导公式可见，只要R_i完全一致，则归一化后的相对权重系数就是所构比重权数，因为指标的修正系数m_i可以改写成：

$$m_i = R_1 \times R_2 \times \Lambda \times R_i = 1 \times \frac{w_2}{w_1} \times \frac{w_3}{w_2} \times \Lambda \times \frac{w_i}{w_{i-1}} = \frac{w_i}{w_1} \quad (i=1, 2, \Lambda, n)$$

$$\sum_{j=1}^{n} m_j = \sum_{j=1}^{n} \frac{w_j}{w_1} = \frac{1}{w_1}$$

由于$\sum_{i=1}^{n} w_i = 1$，所以归一化处理后，就有$\frac{m_i}{\sum_{i=1}^{n} m_i} = \frac{w_i}{w_1} \times \frac{1}{\sum_{i=1}^{n} m_i} = w_i$

这就是我们所要获得的关于各指标的权重值。

第四节 基于CIPP的北京市校园足球特色学校评价指标体系的确定

构建基于CIPP的校园足球特色学校评价指标体系按照以下顺序展开，首先，从校园足球特色学校评价的内涵入手，结合CIPP评价模式的四个要素确定校园足球特色学校评价的四个子系统为发展目标、资源保障、组织执行和发展成果，这也是基于CIPP的校园足球特色学校评价的理论框架，采用分析法对四个子系统进行逐级分解，依次确定准则层和指标层，直到可以用几个明确的末级指标来反映各个子目标为止。其次，利用综合法对已有的关于校园足球特色学校评价的相关指标按照不同功能属性进行分类汇总，将其与基于CIPP的校园足球特色学校评价的四个一级指标下的分目标进行对照、修改、完善，保留针对性强且意义重大的指标，从指标的完备性角度出发对指标进行检验，查缺补漏避免指标缺失，同时调整准则层与指标层的指标顺序，确定初选指标体系。最后，采用德尔菲法征询专家意见，来完成指标的优化工作，在指标优化的过程中坚持以定性测验为基础、定量测验为补充的原则[1]，发挥经验选择与定量测验的共同作用，最终达到优化指标体系的目的。

一、初步构建的校园足球特色学校评价指标体系

以上通过对相关理论分析、指标体系构建的原则、步骤和方法的探讨，在充分了解校园足球的发展主旨、特色学校的实施重点之后，结合2017年元月在北京市顺义区举办校园足球特色学校骨干教师培训班的机会，与多所特色学校的一线教师访谈，在全面了解各学校校园足球开展实际情况的基础上，并参考已有校园足球特色学校评价指标，初步构建了由四个一级指标、十九个二级指标和七十五个三级指标构成的基于CIPP的校园足球特色学校评价指标体系（表4-3）。

---

[1]苏为华.多指标综合评价理论与方法研究[M].北京：中国物价出版社，2001：22.

表4-3　基于CIPP的北京市小学校园足球特色学校评价指标（初稿）

目标层	一级指标	二级指标	三级指标
基于CIPP的北京市校园足球特色学校评价指标体系	发展目标	预期目标	五年目标
			三年目标
			年度目标
		计划目标	学生体质目标
			足球技能目标
			足球人口目标
			比赛成绩目标
	资源保障	足球管理工作	领导小组
			管理制度
			评价制度
		足球课程建设	课程理念
			课程模式
			教材选择与应用
			常规教学文件
			足球课程评价
		校长领导力	对校园足球前瞻力
			对校园足球决策力
			对校园足球执行力
		班主任支持力	对校园足球的认知力
			对校园足球的参与力
			对校园足球的引导力
		安全保障	安全教育机制
			意外伤害应急机制
			保险保障机制
			第三方调解机制
			法律保障机制
		足球师资状况	教师周均课时量
			C级D级教练员教师数量
			专兼职教师比例

（续表）

目标层	一级指标	二级指标	三级指标
基于CIPP的北京市校园足球特色学校评价指标体系	组织执行		教师课酬满意度
			教师招聘培训计划与实施
		足球场地状况	足球场地面积
			足球场地质量
			场地改善/调配措施
			场地改善/调配的效果
			器材管理制度
			器材种类数量与质量
			更新补充状况
		足球课程设置	开设年级
			周开课时
			编班人数
			教学督导
			教学质量反馈
		足球课堂教学	教学目标
			教学内容
			教学方法
			教学组织
			课堂评价
		足球课外活动	足球课外活动制度建设
			足球课外活动执行状况
		足球班级联赛	联赛制度建设
			联赛实施
			参与场次/班/年
			上场人数比例
		足球文化节	文化节制度建设
			文化节活动方案设计
			宣传平台建设
			参与人数比例

（续表）

目标层	一级指标	二级指标	三级指标
基于CIPP的北京市校园足球特色学校评价指标体系	发展成果	足球队建设	足球队制度建设
			队伍种类
			各队队员数量
			训练计划的制订
			训练计划的执行
			对外交流
		成果评价	学生体质健康测试
			足球技能测试
			足球人口比例
			校代表队比赛成绩
		特色评价	创新模式
			创新效果
			示范辐射效用
		增幅评价	体质健康测试优良率年增长比率
			足球技能测试达标率年增长比率
			足球人口比率年增长比率
			足球人才输送年增长比率

二、校园足球特色学校评价指标体系的检验与优化

指标初选是构建指标体系的开端，它通常要达到两个目的，一是系统地总结现有指标，二是发现新指标弥补现有指标体系的缺陷[1]。而指标检验与优化是在指标初选的基础上，采用一系列数学方法对指标进行检验，去劣存优提高指标体系科学性和合理性的过程[2]。指标的检验常从指标的重要性、敏感性和可操作性的角度进行考虑，对指标进行增删修改，而指标的优化则

---

[1] 浦军，刘娟. 综合评价体系指标的初选方法研究[J]. 统计与决策，2009（22）：20-21.
[2] 刘伟. 我国体育可持续发展状态的评定研究[J]. 中国体育科技，2009，45（5）：83-89.

是指对层次结构的"深度"和"出度"等结构方面的改造。

本次指标体系的检验与优化工作本着主观与客观相结合、定性检验为基础、定量测量为补充的原则来进行，采用德尔菲法来完成对初选的校园足球特色学校评价指标体系的检验与优化。

（一）专家组基本情况

为了完善基于CIPP的校园足球特色学校评价指标体系，首先要确立咨询专家团队，专家团队是德尔菲法预测成败的关键[1]，其次是确定专家团队成员的构成和人数。专家组成员应该是有过此类研究的科研人员或者多年从事该项工作的职业人员。以往的相关研究认为专家组人数在10~30人为宜[2]，但也有研究认为专家人数接近15人时，再增加专家人数对判断结果不会产生太大影响[3]。综合考虑理论依据和现实操作的实际情况，本课题组共确定了20位在校园足球领域相关的专家学者，简要情况以下四点所述：①具有校园足球行政管理经验的专家有7人，占总人数的35%；②编号2~11的10名专家为连续三年（2015—2017年）参加由教育部组织的全国青少年校园足球特色学校评审会的专家，占总人数的50%，对校园足球的发展主旨、建设目标、特色学校校园足球工作的实施重点及存在的问题有非常清晰的认识，可对本论文指标的设计与构建提出富有指导性的意见；③编号12~16的5名专家为长期从事校园足球研究工作的博士或副教授，并曾在体育类核心期刊就校园足球的相关问题公开阐述过自己的学术观点，这占总人数25%；④校园足球特色学校的校长代表2人，占总人数的10%。咨询专家详细情况如表4-4所示。

---

[1] Brown B B. Delphi Process: A Methodology Used for the Elicitation of Opinions of Experts [J]. Rand, 1968.

[2] XIAO J, DOUGLAS D, LEE A H, et al. A Delphi evaluation of the factors influencing length of stay in Australian hospitals [J]. The International Journal Of Health Planning And Management, 1997, 12（3）: 207-218.

[3] LEE J H, CHOI Y J, VOLK R J, et al. Defining the concept of primary care in South Korea using a Delphi method [J]. Family Medicine, 2007, 39（6）: 425-431.

表4-4 咨询专家情况一览表

编号	姓名	年龄	学位/职称/职务	工作性质/研究方向
1	王某某	55~60	博士/教授	全国校足办
2	张路	60~65	正高	北京市足协
3	潘绍伟	60~65	教授/原教指委委员	高校/学校体育学
4	仓江	55~60	教授/教指委委员	高校/学校体育学
5	庄弼	55~60	教授/教指委委员	学校体育学
6	吴键	50~55	博士/教授	学校体育学
7	马凌	55~60	正高	北京市教委/行政管理
8	吴小刚	45~50	正高	成都市教委/行政管理
9	宋超美	55~60	正高	厦门市教委/行政管理
10	庞博	35~40	副处长	北京市校足办
11	张志华	40~45	博士/教授	北京市校足办
12	高原	50~55	博士/副教授	高校/校园足球
13	李纪霞	35~40	博士/副教授	高校/校园足球
14	梁伟	35~40	博士/副教授	高校/校园足球
15	姚健	35~40	博士/副教授	高校/校园足球
16	侯学华	35~40	博士/副教授	高校/校园足球
17	周建龙	45~50	主任	西城区教委/行政管理
18	白雪罡	45~50	主任	海淀区教委/行政管理
19	纪桂武	55~60	校园足球特色学校校长	行政管理
20	程虹	45~50	校园足球特色学校校长	行政管理

（二）第一轮专家反馈结果汇总

1. 方法说明

积极系数常用专家问卷的回收率来表示，其数值大小可以说明专家对所研究问题的关心程度，它在一定程度上可以反映调查结果的可靠性。以往的研究认为，问卷回收率在50%以上达到用于分析报告的基本要求，超过60%

是好的，能超过70%就非常好[1]。本研究专家调查问卷前后共发放三轮次，前两轮专家调查问卷的目的是听取专家建议，对指标体系进行优化，第三轮专家问卷调查的目的是确定评价指标体系的权重。本研究前后共发放问卷48份，回收40份，回收率83.33%，有效问卷38份，有效率79.17%，问卷的发放与回收具体情况如表4-5所示。

表4-5 咨询专家积极系数一览表

轮次	发放问卷	回收问卷	回收率	有效问卷	有效率
1	20	17	85.00%	16	80.00%
2	16	13	81.25%	12	75.00%
3	12	10	83.33%	10	83.33%

第一轮问卷发放时间为2017年4月在京西宾馆举办的北京市校园足球特色学校评审会现场。第二轮问卷发放时间为2017年5月和6月，发放地点为首都体育学院，由教育部主办的2017年全国青少年校园足球工作研讨会和2017年全国青少年校园足球特色学校评审会现场，利用早晚或中场休息时间向多位专家请教、进行访谈并发放问卷，问卷多采用与专家面谈、现场填写的方式，因此问卷回收率和有效率较为理想，也说明专家积极系数较高。第三轮问卷发放时间为2017年8月，通过纸质问卷和电子邮件的形式再次向相关专家征求指标权重意见。

专家权威程度是指受访专家在对问题作答时对题目内容的了解依据和把握程度，专家权威程度直接关系到研究的预测精度[2]。它一般由三个因素来决定，分别是专家的学术造诣、对指标进行判断的依据和对每个指标的熟悉程度，一般情况下专家的学术造诣常用学位或职称来衡量，即专家的学位或职称越高说明学术造诣越高，这一点由上文专家情况一览表4-4可见。

本研究遵循以往研究中仅用专家对评价方案的判断依据（用Ca表示判断系数）和专家对问题的熟悉程度（用Cs表示熟悉系数）两个因素来表示。

---

[1] 肖瓅，程玉兰，马昱，等. Delphi法在筛选中国公众健康素养评价指标中的应用研究[J]. 中国健康教育，2008，24（2）：81-84.

[2] 曾光. 现代流行病学方法与应用[M]. 北京：北京医科大学中国协和医科大学联合出版社，1996：257-259.

专家判断依据分为四种，依次是理论分析、实践经验、国内外同行了解和直觉，影响程度量化情况如表4-6至表4-10所示，判断系数总和等于1表明对专家判断的影响程度大，判断系数总和等于0.8表明对专家判断的影响程度为中等，判断系数总和等于0.6表明对专家判断的影响程度小[1]；熟悉程度共分6个等级，按照由低到高的顺序依次是很不熟悉、较不熟悉、一般、较熟悉、熟悉和很熟悉，量化情况如下表所示。权威程度（用Cr表示）$Cr=\dfrac{Cs+Ca}{2}$，Cr的取值范围介于0~0.95之间，以往研究认为专家权威程度$Cr \geq 0.7$即为可接受的信度，当$Cr>0.8$时说明专家对内容的选择有较大把握。[2]

表4-6 熟悉程度量化一览表

熟悉程度	Cs
很熟悉	0.90
熟悉	0.70
较熟悉	0.50
一般	0.30
较不熟悉	0.10
很不熟悉	0

表4-7 判断依据及其影响程度一览表

判断依据	对专家判断影响程度		
	大	中	小
理论分析	0.30	0.20	0.10
实践经验	0.50	0.40	0.30
国内外同行了解	0.10	0.10	0.10
直觉	0.10	0.10	0.10

---

[1]黄海燕.体育赛事综合影响事前评估[M].北京：社会科学文献出版社，2017：88.

[2]高云，李亚洁，廖晓艳，等.Delphi法在筛选一级护理质量评价指标中的应用[J].护士进修杂志，2009，24（4）：305-307.

第四章 基于CIPP的北京市校园足球特色学校评价指标体系的构建

表4-8 专家熟悉程度统计表

名称	熟悉程度	频次	分值	总计	Cs
发展目标	很熟悉	3	0.90	2.70	0.72
	熟悉	8	0.70	5.60	
	较熟悉	0	0.50	0	
	一般	1	0.30	0.30	
资源保障	很熟悉	4	0.90	3.60	0.75
	熟悉	7	0.70	4.90	
	较熟悉	1	0.50	0.50	
	一般	0	0.30	0	
组织执行	很熟悉	7	0.90	6.30	0.82
	熟悉	5	0.70	3.50	
	较熟悉	0	0.50	0	
	一般	0	0.30	0	
发展成果	很熟悉	8	0.90	7.20	0.83
	熟悉	4	0.70	2.80	
	较熟悉	0	0.50	0	
	一般	0	0.30	0	

表4-9 专家判断依据统计表

名称	判断依据	频次			分值			总计	Cs
发展目标	理论分析	1	2	1	0.30	0.20	0.10	0.20	0.84
	实践经验	3	5	0	0.50	0.40	0.30	0.44	
	国内外同行了解	1	0	0	0.10	0.10	0.10	0.10	
	直觉	1	0	0	0.10	0.10	0.10	0.10	
资源保障	理论分析	2	2	1	0.30	0.20	0.10	0.22	0.88
	实践经验	4	3	0	0.50	0.40	0.30	0.46	
	国内外同行了解	1	0	0	0.10	0.10	0.10	0.10	
	直觉	1	0	0	0.10	0.10	0.10	0.10	

（续表）

名称	判断依据	频次			分值			总计	C_s
组织执行	理论分析	4	1	1	0.30	0.20	0.10	0.25	0.92
	实践经验	4	2	0	0.50	0.40	0.30	0.47	
	国内外同行了解	1	0	0	0.10	0.10	0.10	0.10	
	直觉	1	0	0	0.10	0.10	0.10	0.10	
发展成果	理论分析	2	2	0	0.30	0.20	0.10	0.25	0.90
	实践经验	4	4	0	0.50	0.40	0.30	0.45	
	国内外同行了解	1	0	0	0.10	0.10	0.10	0.10	
	直觉	1	0	0	0.10	0.10	0.10	0.10	

表4-10 专家权威系数一览表

名称	判断依据（C_a）	熟悉程度（C_s）	权威系数（C_r）
发展目标	0.84	0.72	0.78
资源保障	0.88	0.75	0.82
组织执行	0.92	0.82	0.87
发展成果	0.90	0.83	0.87

2. 反馈结果

为了更广泛、更高效地征求专家意见，在第一轮专家问卷调查过程中，采用了开放式和封闭式相结合、以开放式为主的调查形式。专家除对少数几个指标提出异议外，其余的指标都得到了较高的认可。汇总情况如下：

（1）对一级指标的反馈结果

多数专家认为从发展目标、资源保障、组织执行和发展成果这四个方面对校园足球特色学校展开评价持肯定态度，这在第一轮回收的16份有效专家问卷中可见，有10位专家认为从这四个方面进行评价"恰当"，占62.5%，有3位专家认为"基本恰当"，占18.75%。专家存在疑问的地方主要集中在发展目标和资源保障方面。现做如下解释：首先，从逻辑上看，CIPP模式的改进之处不仅在于关注目标的有无，更在于关注目标的合理性和可实现性，具体到本研究中，发展目标是某所学校在综合考虑发展校园足球的优势、劣势、机遇、挑战以及政治、经济、文化背景等情况下对学校所做的预设，发展目标是在对学校进行综合诊断的基础上对学校未来发展提出的更进一步、更为具体的要求，对发展目标做出评价本身就是背景评价的一种延伸；其次，从方法论上看，采用系统学方法，将目标设置为一个子系统，将目标进一步划分，从而形成一个层次分明、内容丰富的体系，能够更高效地指导学校的发展。

输入评价的实质是对各种实现目标的备选方案进行综合甄别取舍的过程，是提升方案的科学性和可行性的有效手段。前人已经充分论述了CIPP模式可以通过评价学校的发展目标、学校的发展规划方案、学校的发展规划方案的实施过程、学校发展的成果四个阶段来完成学校评价过程[1]。具体到本研究中，由于每一所学校的基础不同、目标不同，发展方案也就不同，尽管发展方案有多种，但适合该学校的、恰当的发展方案应该是唯一的。对一所学校而言，发展方案所包括的内容庞大，会涉及学校的方方面面，而校园足球发展也仅是学校体育工作中的一部分，认为用资源保障来表达更为合理，此外，资源保障作为发展方案的有机组成部分，在本研究中特指与校园足球发展相关的部分，因此本研究中的资源保障是指为了达到校园足球特色学校发展目标的要求和保障学校各项足球教育教学活动开展所必须提供的人、财、物等物质资源和相关的机构与制度建设。

（2）对二级指标的反馈结果

在第一轮的开放式问卷调查中，原指标曾将体质测试状况设在了一级指标组织执行下作为二级指标出现，有专家提出将体质测试单独列为二级指标是否恰当的问题，经过与多位专家的沟通交流，最终决定删除二级指标体质测试的相关内容，仅在发展成果一级指标下增设"学生体质健康测试"和"体质测试优良率年增长率"两个有关体质测试的三级指标，原因如下：一是提升学生体质是发展校园足球的目标之一，但体质测试不是校园足球组织执行下的活动内容，与其他二级指标相比较它不属于反映校园足球组织执行的内容，专家指出体质测试情况在校园足球特色学校评价指标体系中要有所

---

[1] 史晓燕.发展性学校评价模式探索[J].教育探索，2004（10）：21-23.

反映，但不能放在组织执行中。二是北京作为首都，基础教育发展水平一直走在全国的前列，更何况体质测试从2007年开始执行，至今已有10个年头，无论是制度建设、仪器设备的健全程度，还是组织实施与数据上报工作都已非常成熟，各区县或学校之间也仅在体质测试的结果方面有所差异，如果将体质测试作为二级指标，它很可能成为一个区分度很低的指标，势必还会造成整个指标体系区分度的下降。综合以上几点考虑，对体质测试状况的相关内容做出了调整。

有专家指出，在资源保障一级指标下，既然有校长领导力和班主任支持力作为二级指标，也应该将家长的支持力设为二级指标，因为校长、班主任和家长对足球的态度都会对孩子从事足球活动产生直接或是间接的影响，将家长的支持和参与作为校园足球特色学校评价的一个侧面，可以提高评价指标的全面性。针对此项专家建议本研究未予以采纳，原因如下：毫无疑问，校长、班主任和家长的支持与否对孩子从事足球运动都会产生重要影响，但在前文校园足球特色学校评价系统的界定中已做过说明，为了研究的方便，评价要素仅从学校体育和学校教育微观环境中来选择，所以未将家长的支持力作为二级指标列入其中。

对于资源保障一级指标下的二级指标足球器材配备状况，设置该指标的目的是从器材的数量、质量和更新情况来反映学校对足球活动的重视程度和保障状况。在首轮专家问卷调查的过程中，多数专家对此项指标持肯定态度，但在现实的访谈和实地调研中却遇到了始料未及的情况。笔者曾在2017年的5月中下旬到6月中下旬的时间以联赛督查的身份观看了2017北京耐克校园足球联赛初中组和高中组八强争夺赛的所有比赛，先后在马池口中学、八一学校、东枫国际体育园、回民中学等地点对比赛进行观摩，赛间先后对20余位一线带队教师就指标筛选的相关问题进行访谈，从教师的谈话中获悉各学校器材配备齐全，未有教师表示学校足球活动的开展会受到器材的制约，还曾有教师直言不讳地说到："资金和器材对于我们都不是问题，我们需要的关键是全国青少年校园足球特色学校的身份，有了这个身份我们就有了展示自我的平台。"2017年6月下旬，在由北京市教委组织的对北京市青少年校园足球特色学校的抽查复核工作中，笔者前后跟随两个专家组，亲身参与了共计8所校园足球特色学校的抽查和复核工作，通过到学校器材室对相关器材数量与质量进行检查统计并与课表进行对照核算，然后结合现场的课堂教学，无论是从理论还是实践中足球课堂教学确实能保证"人手一球"。综合考虑以上多个因素认为二级指标足球器材配备状况的区分度偏低，保留的意义不大，决定删除该指标。

（3）对三级指标的反馈结果

删除指标：

在对初建的指标体系进行优化时，通常从整个指标体系的全面性和简洁性来考虑，采用删除或合并的方式优化某些存在交叉或重复的指标，以达到精简优化的目的。

综合考虑指标体系的简洁性决定删除的指标有：第三方调解机制、法律保障机制、课程理念、足球课程评价、对校园足球的认知力、专兼职教师比例、宣传平台建设、示范辐射效应。

合并修改指标：

在对初建的指标体系进行优化时，还要充分考虑指标的现实性和可操作性，将某些指标进行合并修改以提高可操作性。对此决定将足球课外活动制度建设和足球课外活动执行状况合并为足球课外活动制度建设与执行，将联赛制度建设和联赛实施合并为联赛制度建设与实施，将文化节制度建设和文化节活动方案设计合并为活动方案设计与实施，训练计划的制订与训练计划的执行合并为训练计划制订与执行，与此同时，将队伍种类修改为队伍种类与数量、将开设年级更改为开设班级，周开课时数更改为周开课时数/班，对校园足球的引导力更改为对学生的引导力。

增加指标：

有专家建议在足球队建设二级指标下增设校队文化辅导一项三级指标；从理论上看，设置此项指标的目的是衡量校方对队员文化成绩的重视程度，同时文化辅导不仅是保障队员文化成绩的有力措施，还是实现足球队伍平稳有序发展的重要举措，能够增强指标的全面性、区分度，具备可操作性，但是考虑到针对小队员的文化辅导是足球队制度建设的内容，再增加此项指标会造成指标重复，所以未接受专家建议。

有专家提议在足球课外活动下增加课外活动参与人数比例和大课间情况

两个三级指标，考虑足球课外活动参与人数比例是反映学生对足球的态度、兴趣和习惯等足球素养的重要指标，同时又是衡量足球课外活动开展效果的有力证据，且该指标具有较高的可操作性，故决定接受专家建议；而足球大课间是指足球活动在大课间安排的内容、形式和次数的总称，考虑到大课间活动多为学校统一组织的特点，很难反映学生兴趣和习惯的养成，且大课间活动安排足球内容的学校数量非常有限，且专家学者对类似"足球操"形式的活动存在较大争议，综合考虑理论与实践两个方面，所以增加足球大课间作为三级指标的建议不予采纳，仅采纳增加课外活动参与人数比例一项三级指标。

（三）第二轮专家反馈结果汇总

1. 方法说明

在第一轮专家问卷调查的过程中，有11位专家对指标提出了不同的修改意见，综合考虑本研究的目的并结合第一轮专家问卷的反馈建议，在进行了充分的讨论和反思之后对指标做出修改，再次拟定了基于CIPP的北京市校园足球特色学校评价指标体系，据此形成第二轮专家调查问卷。第二轮调查问卷主要以封闭式问卷的形式征求各位专家意见，原则上本轮专家问卷不再要求专家提出新指标。

第二轮专家问卷中依据五级量表制将各个指标按照其重要程度由高到低的顺序划分为很重要、重要、一般、不重要和很不重要五个等级，依次赋予5、4、3、2、1分，根据第二轮问卷调查的结果，对指标进行汇总并进行统计学处理，依据科学有效的标准再次对指标进行筛选和优化处理，保留专家认可度较高的指标。本研究所用到的衡量指标协调程度的统计量有变异系数和专家意见协调系数两种，具体说明如下：

（1）第二轮数据统计主要参数

①变异系数。

变异系数（CV）又称离散系数，它是衡量观测值变异程度的统计量，常用标准差与平均值的比值来表示。变异系数CV越大，表明专家对该项指标评价结果的分歧程度越大、专家意见的协调程度越低；反之，分歧程度越小，专家意见的协调程度越高。通常认为当$CV \geq 0.25$时该指标的协调程度不够[1]。

假设X_{ij}表示第i个专家、第j个指标的得分，共有n个指标。

$$M_j = \frac{1}{n}\sum_{i=1}^{n} X_{ij}$$

$$S_j = \sqrt{\frac{1}{n-1}\sum_{i=1}^{n}(X_{ij}-M)^2}$$

变异系数的计算公式为：

$$V_j = \frac{S_j}{M_j} \times 100\%$$

式中，M_j表示j指标的算术平均数；S_j表示j指标的标准差；V_j表示j指标的变异系数。

②协调系数。

肯德尔和谐系数是计算多个等级变量相关程度的一种相关量，是检验多位评分者评分一致性程度的有效方法，适用于数据资料是多列相关的等级资料。在指标体系构建的相关研究中，常用此指标反映全部专家对所有指标意见的协调程度，常用W表示，取值范围在0～1之间。W越大，说明专家意见的一致性越高，分歧越小；反之，专家意见的一致性越低，分歧越大。具体计算步骤如下：

A. 计算全部指标评价等级的算术平均值：

$$S_j = \sum_{i=1}^{n} R_{ij}$$

式中，R_{ij}表示i专家对第j个指标的评价等级；S_j表示第j个指标的等级和。

$$M_{sj} = \frac{1}{n}\sum_{i=1}^{n} R_{ij}$$

式中，M_{sj}表示全部指标评价等级的算术平均数。

B. 计算指标等级和的离均差平方和：

$$d_j = S_j - M_{sj}$$

---

[1] 邢禾, 何广学, 刘剑君. 德尔菲法筛选结核病防治知识调查指标的研究与预试验评价[J]. 中国健康教育, 2006, 22（2）: 91-95.

$$\sum_{j=1}^{n} d_j^2 = \sum_{j=1}^{n} (S_j - M_{sj})^2$$

式中，d_j表示j指标的离均差。

C. 协调系数的计算：

$$W = \frac{12}{m^2(n^3-n)} \sum_{j=1}^{n} d_j^2$$

式中，W表示所有m个专家对全部n个指标的协调系数。

在评价类相关研究的评价指标优化筛选环节，对于非排序性评价，同一位专家对不同评价指标赋予相同分值的情况时有发生，针对此种情况协调系数的计算需要应用修正系数，具体操作为将上式的分母减去修正系数T_i。

$$T_i = \sum_{i=1}^{L} (t_i^3 - t_i)$$

式中，L表示i专家在评价中相同的评价组数；t_i表示在L组中相同等级数。

将$T_i = \sum_{i=1}^{L} (t_i^3 - t_i)$代入上式，可得协调系数的运算公式为：

$$W = \frac{12}{m^2(n^3-n) - m\sum_{i=1}^{m} T_i} \sum_{j=1}^{n} d_j^2$$

D. 协调程度的显著性检验：

$$X_R^2 = \frac{12}{mn(n+1) - \frac{1}{n-1}\sum_{i=1}^{m} Ti} \sum_{j=1}^{n} d_j^2$$

$$df = n-1$$

根据自由度df和显著性差异a，从X^2值表中查得X^2值，如果$X_R^2 > X^2$，则认为W经检验后具有显著性，说明专家评价意见具有显著一致性，判断结果的协调程度高，结果可靠。反之，则认为专家意见的协调程度低，结果不可取。

（2）指标筛选的依据

对于第二轮基于CIPP的校园足球特色学校评价指标体系专家问卷的统计结果，用量化分析的方法再次对指标进行筛选优化，去除专家分歧度较高的指标，保留专家具有较高一致性意见的指标。指标去留的标准是关键，根据前人研究的结果并结合本研究的需要，决定依照余道明博士在其博士论文中所总结归纳的指标，去留的具体标准如下：①变异系数小于0.25；②专家评价结果取得一致性检验。$P<0.01$或$P<0.05$；③所选指标平均得分在3.5分以上（达到总分的70%）[1]。

2. 第二轮专家反馈结果统计

由表4-11可见，四个一级指标的变异系数均小于0.25，其中，组织执行变异系数最小为0.0000，发展目标变异系数最大为0.1707，可见一级指标具有很高的集中度；由表4-12可见专家评价一致性系数为0.525，$P=0.000<0.01$，说明专家对一级指标具有很高的协调程度，预测可信度高，结果可靠。

表4-11 一级指标统计分析参数表

一级指标	平均值（Mean）	标准差（SD）	变异系数（CV）
A1发展目标	3.9167	0.6686	0.1707
A2资源保障	4.6667	0.4924	0.1055
A3组织执行	5.0000	0.0000	0.0000
A4发展成果	4.5000	0.6742	0.1498

表4-12 一级指标一致性检验统计表

名称	N	Kendall W^a	卡方	df	渐进显著性
第二轮	12	0.525	18.908	3	0.000

从表4-13至表4-16可见，指标数据统计结果均符合前文所确定的指标筛选的依据。

表4-13 二级指标统计分析参数表

二级指标	平均值（Mean）	标准差（SD）	变异系数（CV）
B1预期目标	4.0000	0.8528	0.2132
B2计划目标	4.5000	0.5222	0.1160
B3足球管理工作	4.1667	0.8349	0.2004
B4足球课程建设	4.5000	0.5222	0.1160

---

[1] 余道明. 体育现代化理论及其指标体系研究—以首都体育现代化研究为例 [D]. 福州：福建师范大学，2007：133.

二级指标	平均值（Mean）	标准差（SD）	变异系数（CV）
B5校长领导力	4.8333	0.3893	0.0805
B6班主任支持力	4.2500	0.4523	0.1064
B7足球师资状况	5.0000	0.0000	0.0000
B8安全保障	4.5833	0.6686	0.1459
B9足球场地状况	5.0000	0.0000	0.0000
B10足球课程设置	4.6667	0.4924	0.1055
B11足球课堂教学	4.6667	0.4924	0.1055
B12足球课外活动	4.5833	0.5149	0.1123
B13足球班级联赛	4.7500	0.4523	0.0952
B14足球文化节	3.7500	0.4523	0.1206
B15足球队建设	4.5833	0.5149	0.1123
B16成果评价	4.6667	0.4924	0.1055
B17特色评价	4.1667	0.7178	0.1723
B18增幅评价	4.2500	0.7538	0.1774

表4-14 二级指标一致性检验统计表

名称	N	Kendall W^a	卡方	df	渐进显著性
第二轮	12	0.410	63.334	17	0.000

表4-15 三级指标统计分析参数表

三级指标	平均值（Mean）	标准差（SD）	变异系数（CV）
C1五年目标	4.1667	0.3893	0.0934
C2三年目标	4.2500	0.4523	0.1064
C3年度目标	4.7500	0.4523	0.0952
C4学生体质目标	4.2500	0.7538	0.1774
C5足球技能目标	4.5000	0.6742	0.1498
C6足球人口目标	4.4167	0.6686	0.1514
C7比赛成绩目标	4.1667	0.5774	0.1386

（续表）

三级指标	平均值（Mean）	标准差（SD）	变异系数（CV）
C8领导小组	4.2500	0.6216	0.1463
C9管理制度	4.0833	0.6686	0.1637
C10评价制度	4.3333	0.4924	0.1136
C11课程模式	4.4167	0.6686	0.1514
C12教材选择与应用	4.0833	0.6686	0.1637
C13常规教学文件	4.1667	0.5774	0.1386
C14对校园足球前瞻力	4.3333	0.6513	0.1503
C15对校园足球决策力	4.5833	0.5149	0.1123
C16对校园足球执行力	4.9167	0.2887	0.0587
C17对校园足球的参与力	4.4167	0.6686	0.1514
C18对学生的引导力	4.4167	0.5149	0.1166
C19教师周均课时量	4.6667	0.4924	0.1055
C20D级教练员教师数量	4.4167	0.6686	0.1514
C21教师课酬满意度	4.6667	0.4924	0.1055
C22教师招聘培训计划与实施	4.8333	0.3893	0.0805
C23安全教育机制	4.3333	0.4924	0.1136
C24意外伤害应急机制	4.7500	0.4523	0.0952
C25保险保障机制	4.8333	0.3893	0.0805
C26场地面积与质量	4.5000	0.5222	0.1160
C27场地调配措施与效果	4.8333	0.3893	0.0805
C28开设班级	3.8333	0.5774	0.1506
C29周开课时数/班	4.5833	0.5149	0.1123
C30编班人数	4.1667	0.5774	0.1386
C31教学督导	4.2500	0.7538	0.1774
C32教学质量反馈	4.5000	0.6742	0.1498
C33教学目标	4.4167	0.5149	0.1166
C34教学内容	4.5000	0.5222	0.1160
C35教学方法	4.5833	0.5149	0.1123

（续表）

三级指标	平均值（Mean）	标准差（SD）	变异系数（CV）
C36教学组织	4.5000	0.5222	0.1160
C37课堂评价	4.5833	0.5149	0.1123
C38制度建设与执行	4.6667	0.4924	0.1055
C39课外活动参与人数比例	4.5833	0.5149	0.1123
C40联赛制度建设与实施	4.7500	0.4523	0.0952
C41参与场次/班/年	4.6667	0.4924	0.1055
C42联赛参与人数比例	4.6667	0.4924	0.1055
C43活动方案设计与实施	4.3333	0.6513	0.1503
C44文化节参与人数比例	4.4167	0.9003	0.2038
C45足球队制度建设	4.1667	0.5774	0.1386
C46队伍种类与数量	4.4167	0.7930	0.1795
C47训练计划的制订与执行	4.8333	0.3893	0.0805
C48对外交流	4.4167	0.6686	0.1514
C49学生体质健康测试	4.1667	0.7177	0.1722
C50足球技能测试	4.4167	0.6686	0.1514
C51足球人口比例	4.5000	0.5222	0.1160
C52创新模式	4.4167	0.6686	0.1514
C53创新效果	4.5000	0.6742	0.1498
C54体质健康测试优良率年增长比率	4.3333	0.6513	0.1503
C55足球技能测试达标率年增长比率	4.4167	0.5149	0.1166
C56足球人口比率年增长比率	4.7500	0.4523	0.0952
C57足球人才输送年增长比率	4.3333	0.4924	0.1136

表4-16　三级指标一致性检验统计表

名称	N	Kendall W^a	卡方	df	渐进显著性
第二轮	12	0.376	188.456	56	0.000

三、基于CIPP的北京市校园足球特色学校评价指标体系的确定

通过两轮专家问卷调查及数理统计筛选，最终确定了由四个一级指标、十八个二级指标和五十七个三级指标构成的指标体系，作为评价校园足球特色学校发展程度的依据。具体指标体系结构内容如表4-17所示。

表4-17 基于CIPP的北京市校园足球特色学校评价指标体系（终稿）

目标层	一级指标	二级指标	三级指标
基于CIPP的北京市校园足球特色学校评价指标体系	A1发展目标	B1预期目标	C1五年目标
			C2三年目标
			C3年度目标
		B2计划目标	C4学生体质目标
			C5足球技能目标
			C6足球人口目标
			C7比赛成绩目标
	A2资源保障	B3足球管理工作	C8领导小组
			C9管理制度
			C10评价制度
		B4足球课程建设	C11课程模式
			C12教材选择与应用
			C13常规教学文件
		B5校长领导力	C14对校园足球前瞻力
			C15对校园足球决策力
			C16对校园足球执行力
		B6班主任支持力	C17对校园足球的参与力
			C18对学生的引导力
		B7足球师资状况	C19教师周均课时量
			C20 C级D级教练员教师数量
			C21教师课酬满意度
			C22教师招聘培训计划与实施

(续表)

目标层	一级指标	二级指标	三级指标
基于CIPP的北京市校园足球特色学校评价指标体系	A3组织执行	B8安全保障	C23安全教育机制
			C24意外伤害应急机制
			C25保险保障机制
		B9足球场地状况	C26场地面积与质量
			C27场地调配措施与效果
		B10足球课程设置	C28班级开课率
			C29周开课时数/班
			C30编班人数
			C31教学督导
			C32教学质量反馈
		B11足球课堂教学	C33教学目标
			C34教学内容
			C35教学方法
			C36教学组织
			C37课堂评价
		B12足球课外活动	C38制度建设与执行
			C39课外活动参与人数比例
		B13足球班级联赛	C40联赛制度建设与实施
			C41参与场次/班/年
			C42联赛参与人数比例
		B14足球文化节	C43活动方案设计与实施
			C44文化节参与人数比例
		B15足球队建设	C45足球队制度建设
			C46队伍种类与数量
			C47训练计划的制订与执行
			C48对外交流
	A4发展成果	B16成果评价	C49学生体质健康测试
			C50足球技能测试
			C51足球人口比例

（续表）

目标层	一级指标	二级指标	三级指标
基于CIPP的北京市校园足球特色学校评价指标体系		B17特色评价	C52创新模式
			C53创新效果
		B18增幅评价	C54体质健康测试优良率年增长比率
			C55足球技能测试达标率年增长比率
			C56足球人口比率年增长比率
			C57足球人才输送年增长比率

四、基于CIPP的北京市校园足球特色学校评价指标体系的释义

（一）发展目标

对校园足球特色学校的发展目标子系统进行诊断性评价，就是依据学校的基础状况和社会发展的需求对学校提出的发展目标本身进行的价值判断，目标本身就是学校未来发展规划的核心内容之一，对目标本身进行评价的目的决定了评价的内容，这包括学校的基础状况、社会需求、目标满足社会的需求程度和目标与基础状况之间的差距四个方面。根据目标分解所坚持的整分合原则，即分目标要与总目标方向一致、内容贯通、时间同步的要求[1]，将发展目标划分为预期目标、计划目标和行为目标，所有目标的建立都是围绕着校园足球这个核心要素来层层展开设计的。

预期目标是对未来某个时间学校在校园足球方面的发展状况的预测和期望，较为宏观，但具有前瞻性和导向性，是必不可少的。本研究设计的预期目标评价是以五年目标为指引、以三年目标为重点、以年度目标为支撑的集合。

计划目标是实质性的决策，是在学校基础状况之上围绕校园足球所建立的、预计三年要实现的具体目标，是对预期目标中三年目标的进一步详细阐

---

[1] 尹隆森, 孙宗虎. 目标分解与绩效考核设计实务 [M]. 北京：人民邮电出版社, 2006.

释，细分为学生体质、足球技能、足球人口和比赛成绩四个子目标。

行为目标又称手段目标，它是为计划目标服务的，是实现计划目标所要采取的手段或行为，是更为具体的低一级的层次目标。本研究所设计的行为目标是以校园足球各项活动为载体，以实现计划目标要求为目的的手段目标，包括课程目标、课外活动目标、文化节目标和训练目标（即执行部分的内容）。以上对预期目标、计划目标和行为目标的角色任务进行了阐释，在本研究中行为目标的实施操作过程就是资源保障与组织执行部分在预期目标和计划目标引领下宏观总体的执行，以上信息可以通过校方的介绍、查阅学校文件、教师访谈的途径获得。

（二）资源保障

本研究所设计的资源保障子系统是指为了达到校园足球特色学校发展目标的要求和保障学校各项足球教育教学活动开展所必须提供的人、财、物等物质资源和相关的机构与制度建设。

足球管理工作反映的是一所学校内的学校体育工作管理，在本研究中特指校园足球特色学校内的足球教育教学工作管理。按照学校体育工作条例的相关规定要求，"学校应当由一位校长（副校长）主管体育工作"[1]，实践中多是成立由一位副校长任组长的学校体育领导小组作为学校体育管理机构，与此同时，还要有相应的协调机制，即部门间的协调配合机制，因为学校体育工作管理的成效高低不仅与学校的组织结构有关，还与学校内部的管理运行机制密切相关[2]；建立规范、完整、健全的管理制度是校园足球工作有效实施的依据，使各项具体工作的开展有章可循、有据可依，通过提升管理水平来推动校园足球工作的整体提高；除此之外，要具有完善的评价制度，校园足球特色学校要形成以体质健康、足球技能掌握、足球人口和足球特色成果等多方面内容相结合的评价制度，通过对评价结果分析反馈，对组织执行的相应环节做出适时恰当的调整，来促进发展目标的实现。

---

[1] 周登嵩.学校体育学［M］.北京：人民体育出版社，2004：224.

[2] 王书彦.学校体育政策执行力及其评价指标体系实证研究［D］.福州：福建师范大学，2009：81-85.

课程是教育的核心，是学校发展的内涵支撑，学校课程建设的过程就是追求课程与育人功能有机统一的过程[1]。教学工作是学校工作的重中之重，足球课程建设是保障足球教学质量与实施教学改革创新的首要举措，新一轮校园足球活动开启之后，积极鼓励各足球特色学校开展富有自身特色的"一校一品"建设。依据精神要求和学校体育工作的实际，笔者认为校园足球特色学校的足球课程开展应具有以下特点：首先，树立面向人人、全面发展的人才观，从根本上扭转"抓少数、放多数"的做法，面向全体学生切实发挥校园足球在提升学生综合素质方面的作用，逐渐完成学校体育的重点由增强体质为主向人格全面培养的转变[2]；其次，形成融足球教学、文化活动和训练比赛于一体的课程观，将足球课堂教学、课外活动、班级联赛、校队训练与竞赛统一纳入教学计划，使校园足球的各项活动获得理论和制度上的双重支持和保障；再次，打造"课内外一体化"的教学模式，实现由传统的学科性课程为中心的教学向突出活动性课程的过渡，实现学科性课程与活动性课程的完美有机融合[3]；最后，要形成与校园足球特色学校在角色、内容、成果方面相适应的评价方式。

教材的选择和运用、常规教学文件是保障课堂教学开展的前提，要选择由教育主管部门审核认定的具有高质量的教材，并与学校的校本教材相结合来共同执行；常规教学文件包括足球课程实施总体方案，年度、学期足球教学工作计划，单元和课时教学设计等。以上信息可以通过查阅学校的相关文件以及对分管体育工作的校长和足球教师的访谈来获得。

1. 校长领导力

校长在一所学校中的身份、角色、职权以及价值取向、处事风格等都会对一所学校的发展产生至关重要的影响，这一点也已被教育领域奉为共识，校园足球特色学校的情况概莫能外。毛振明等教授曾一针见血地指出做好校

---

[1] 杨莉. 足下生辉，孜孜以"球"成都市东光实验小学校园足球特色项目交流材料[C]//北京大学：中国宋庆龄基金会. 北京大学：中国宋庆龄基金会，2015.

[2] 钟秉枢. 体育是人生最好的学校[N]. 中国青年报，2016-01-25.

[3] 徐蕾. "阳光体育运动"解析及高校实施的策略研究[J]. 首都体育学院学报，2008，20（4）：13-16.

园足球顶层设计的最主要任务是解决校长和家长的积极性问题[1]。校长是学校体育工作的第一责任人，校长对学校开展校园足球价值意义的认识层次和深度、对学校足球发展的整体规划和决策实施将直接影响到国家校园足球工作开展的兴衰成败[2]，由此可见，对特色学校进行评价，校长是一个不可或缺的因素。采用定性评价的方式对校长领导力进行评价，从校长对校园足球发展前景趋势的研判和前瞻入手，以学校层面的决策和执行为评价重点。以上信息可以通过对校长访谈并结合学校的工作开展实际来进行判断，评价主体为专家评价、同行（校长）评价、足球教师评价。

2. 班主任支持力

在学校体育工作实践中，校长是领航者，体育教师是执行者，而班主任是体育活动的参与者、指导者和促进者，是学校体育工作的中坚力量[3]。当前学生体质全面堪忧，学校体育受到空前重视的背景下，组织、引导、促进学生从事体育锻炼工作已成为班主任的重要职责，更何况在校园足球新的课程设计中，活动性课程内容的增加无不对班主任工作提出了更多更高的要求，例如班级联赛、足球文化节和课外活动的成功开展无不浸透着班主任的心血和汗水，以上诸要素都进一步彰显了班主任支持力对学校体育工作的重要作用。从班主任对校园足球的参与力和引导力两个方面对其评价，评价的主体为评审专家、足球特色学校的校长、足球教师和学生，相关信息可以从对班主任的访谈、班级工作日志以及校长、足球教师和学生的反映中获取。

3. 安全保障

长期以来，学校体育安全工作一直是影响学校体育开展质量与效益的重要因素，良好的安全保障工作是校园足球得以开展的前提条件，可以从最大程度上消除学生、家长和校方对学生从事足球活动的后顾之忧，进而为校园

---

[1] 毛振明,刘天彪,臧留红.论"新校园足球"的顶层设计[J].武汉体育学院学报,2015,49（3）：58-62.

[2] 姚健.校长引领校园足球推广实施研究[J].北京体育大学学报,2017,40（4）:75-82.

[3] 周济.牢固树立"健康第一"教育理念,努力开创学校体育工作的新局面[N].中国教育报,2009-10-22.

足球的顺利开展起到保驾护航的作用。对校园足球特色学校进行评价，安全保障工作的开展状况是必须要评价的因素。从安全教育机制、保险保障和体育伤害应急机制三个方面展开。健康教育与运动损害的预防在前，保险与应急救治在后，但前者是实质性解决问题的有效方法[1]。以上信息可以从查阅学校相关文件材料、建立应急小组与预案、学校为学生购买保险的证明材料、以往学生从事安全教育的内容等获得。

4. 足球师资状况

师资、场地和经费是校园足球工作开展必不可少的外部条件，在场地、经费得以充分保障的情况下，校园足球活动开展的成效很大程度上取决于足球教师的数量和质量。对足球师资状况的评价从以下四个三级指标展开：第一，教师周均课时量，它从一个侧面反映一所学校教师数量，依据《国家学校体育卫生条件试行基本标准》（教体艺〔2008〕5号）对体育教师配备标准为准绳进行评价，同时参考市区标准（例如海淀区教委要求，全区高中、初中和小学体育教师周课时量分别不超过12节、14节和16节）；第二，D级教练员教师数量指标是反映教师业务水平的指标，是保障和提升校园足球特色学校足球训练与竞赛水平的必要条件；第三，教师课酬满意程度，是指按照学校体育相关规定，将早操、大课间、课外活动、课余训练与竞赛纳入教师工作量核算，且保证同工同酬；第四，教师培训或招聘计划与实施，这是提升教师整体业务能力重要的必备手段，在教师培训方面依照《国家学校体育卫生条件试行基本标准》（教体艺〔2008〕5号）要求的每人每学年不低于48学时核算。以上各指标信息可以通过学校教务部和财物部年度审计核算、教师访谈等途径获得。

5. 足球场地状况

本研究将反映足球场地状况的指标分为两部分内容，即场地面积与场地材质、场地调配措施与效果。主要从两个方面来进行评价，一是从场地是否达到《国家学校体育卫生条件试行基本标准》（教体艺〔2008〕5号）的要

---

[1] 傅鸿浩.我国校园足球内涵式发展研究[D].北京：北京体育大学，2016：186.

求；二是看学校从自身实际出发以解决场地使用不足为目的，在坚持通过完善场地利用的时空序列为原则的基础上采取了哪些措施来解决场地不足的情况，例如对场地采取时间调配、资源共享、改建扩建等措施；还要看场地调配的效果，即场地对足球教学、训练与竞赛等活动的满足情况。以上信息通过实地查看、教师访谈等途径获得。

（三）组织执行

1. 足球课程设置

足球课程设置共包括三部分内容、六个指标。

足球班级开课率是指以教学班为单位实际开设足球课的班数与该校总班数的比值，周开课时数/班是指已开设足球课的班级每班每周开设足球课的课时数，此两项指标反映该校校园足球的普及情况；按照《全国青少年校园足球特色学校基本标准（试行）》的要求，"凡是全国青少年校园足球特色学校在义务教育阶段要每周开设一节足球课，鼓励有条件的高中开设足球选项课"的标准来衡量。

编班人数是指每节足球课参与课堂教学的学生数量，它是保证教学质量与教学效果的重要措施，按照国家对小学和中学编班人数的规定，以小学不超过40人，中学不超过45人的标准执行。教学督导是保证教学质量的重要环节，学校成立由校领导任组长、体育教师任成员的教学督导小组，制订督导方案和实施细则，保证每学期听课数量，切实发挥教学督导的监控调节作用。教学质量反馈是指对校园足球的质量形成专家测评、领导测评、教师测评和学生测评相结合的教学质量反馈机制，通过对信息的收集处理，形成评价结果与反馈意见，据此完成对组织执行环节的调控，切实起到提升教学质量的作用。以上信息可以通过查阅学校文件、班级课表、随机听课、教师访谈和学生问卷的形式来获得。

2. 足球课堂教学

体育教学是完成学校体育任务的基本途径之一，课堂教学是体育教学的核心组成部分，是体育教学的基本形式。按照《全国青少年校园足球特色学校基本标准（试行）》要求将足球普及工作放在重要位置，并规定全国青少年校园足球特色学校义务教育阶段的学校要把足球作为体育课的必修内容，每周用一节体育课用于足球教学。由此可见足球课堂教学是普及校园足球工作的具体实施措施之一，它是学生学习足球技能、掌握锻炼方法的重要途径，其质量的高低将直接影响学生参与足球运动的效果，必须对课堂教学引起高度重视。

  本研究所构建的足球课堂教学包含以下五个指标。教学目标是指通过一节课的学习与活动所要达到的预期学习结果，它是课堂教学的目的指向，决定着整个教学的方向与过程，是课程评价的重要依据，对课程的实施起导向和激励作用，因此教学目标是课堂教学评价的重要因素。教学目标是一个有机的整体，它包括体质健康促进目标、运动技能掌握目标和健全人格培养目标[1]，衡量教学目标要从其全面性、导向性、层次性和可实现性入手。课程内容是一门学科中特定的事实、观点、原理、问题，以及处理它们的方式[2]。教学内容指标指教学内容的选择与安排，在足球课堂教学的实践中内容的选择与安排要与教学目标、人体机能变化与运动技能形成的规律、学生的兴趣爱好、学生的运动水平和可接受能力相结合。教学方法顾名思义是指教师用什么方法教和指导学生用什么方法学，两者相辅相成、不可有失偏颇，教法与学法的选择要与课的类型、内容特点、学生的实际水平相结合，评价教法与学法要从计划性、灵活性和实效性入手。教学组织是指场地器材的布置以及学生在课堂上队伍的安排和调动[3]，它是学习和掌握运动技能的前提，是实现教学目标的重要支柱，良好的教学组织可以提高课堂时间的利用率，增加练习的密度，加速运动技能的掌握；对教学组织的评价从时间与资源利用的效益性、教学过程的秩序性、学生参与的积极性等方面入手。课堂评价，指课堂上对学生学习情况或效果的判断处理过程，会对学生学习的积极性产生引导和激励的作用，特别是在新一轮基础教育课程改革呼吁重视过程性评价的今天，课堂评价显得尤为重要。对课堂评价进行判断要注重评价的时

---

[1] 于素梅.从三位一体的目标体系谈体育教学质量促进的策略[J].体育学刊，2014（4）：93-97.
[2] 施良方.课程理论：课程的基础、原理与问题[M].北京：教育科学出版社，1996：106.
[3] 张良平，吕晓亚.简论中小学体育课堂组织与教学[J].内江师范学院学报，2009，24（10）：99-102.

机、方式和方法的掌握，使课堂评价真正成为提高课堂教学质量的助推器。以上信息可以通过专家随机听课、查阅常规教学文件的方式获得。

3. 足球课外活动

在我国课外体育活动是学校体育的重要组成部分，是体育教学的延伸和补充，被喻为"第二体育课堂"，而国外学校体育对于课外体育活动的重视程度要高于体育课，由此可见课外体育活动的重要性。课外体育活动对于完成学校体育任务、提升学校体育质量具有举足轻重的作用，从整个学校体育发展的历程来看，学校体育业已形成体育教学与课外体育活动并重的局面[1]。足球课外活动是指相对于足球课堂教学以外的，以促进广大学生身心发展为目的，由学校统一规划或学生自主组织的在校内外开展的足球活动。广义的足球课外活动内容包括足球大课间、兴趣小组的足球活动、课余训练与竞赛等，而狭义的足球课外活动通常指下午课后安排的足球兴趣小组活动。根据《北京市教育委员会关于在义务教育阶段推行中小学生课外活动计划的通知》(京教体艺〔2014〕2号)要求，自2014年9月起在全市范围内的义务教育阶段的学校，开展以体育、艺术、科技为主要内容，与课程方案设置、学生综合实践，以及与"每天锻炼一小时"相结合的课外活动，可在周一至周五15:30—17:00的课外时间安排活动，每周不少于三天，每天不少于1小时，具体时间安排由区、县与学校自行制定[2]。为了不产生歧义，便于理解且与文件表述一致，本研究中的足球课外活动指标指狭义的足球课外活动，是指在下午两节课后由校方统一安排的以班级或兴趣小组形式开展的足球活动。

足球课外活动下设三个指标，第一，制度建设内容包括将足球课外活动统筹纳入学校课表，对活动班级、活动内容与形式、相关负责人等做出明确的规定，从制度上对课外活动予以保障；第二，执行状况是指工作实践中对制度规定的执行状况；第三，参与人数比例是指参加足球课外活动人数与学校总人数的比例。以上信息可以通过查阅学校相关文件、课外活动记录表、学生调查问卷的形式来获得。

---

[1] 罗少功.学校课外体育活动理论研究[D].开封：河南大学，2013：6-9.

[2] 樊未晨.北京市政府将为中小学生课外活动埋单[N].中国青年报，2014-01-23.

4. 足球班级联赛

《教育部等6部门关于加快发展青少年校园足球的实施意见》中将完善校园足球的竞赛体系作为重点任务，以形成"校校参与、层层选拔、全国联赛"的足球竞赛格局为最终目标，而足球班级联赛是学生参与人数最多、学生感受最直接、最真切的基础性比赛，对于增强校园足球文化氛围、提升学生社会适应能力、增强集体荣誉感、强健体魄等产生重要作用。

本研究构建的足球班级联赛分四个指标。第一，制度建设是指学校将班级联赛日程纳入学校年度体育工作计划，形成制度保障，进而构建体制健全、赛事合理、责任到人、保障有力的竞赛体系；第二，联赛实施是指在健全合理的赛事日程计划上对比赛的实施状况的判别，防止出现"有比赛计划无赛事实施"的欺骗行为出现；第三，参与场次每班每年是指以教学班为单位，统计该班在一学年内参加班级联赛场次的总数量；第四，参与人数比例是指以班为单位统计学生以球员身份上场参与比赛学生数量与该班学生总数的比值。以上信息可以通过查阅学校相关文件、比赛记录、学生问卷调查等形式获得。

5. 足球文化节

校园足球文化节是指在提高全校师生以及家长对足球的认知程度与参与热情、深层次挖掘校园足球文化内涵、提升学生足球素养与水平、丰富学生体育文化生活的重要载体，通过踢足球、唱足球、画足球、足球知识竞赛等多种形式的活动吸引并激励更多学生参与到足球文化的体验中来，它是继足球课堂教学之后又一项普及范围广泛、深受学生喜爱且参与人数众多的活动形式，特别是在小学阶段此项活动的作用尤为重要，它是学校提升足球普及范围与质量的重要举措。足球文化节下设三个分指标，第一，足球文化节制度建设与实施是指将足球文化节开展的时间、内容及经费预算等事宜纳入年度学校体育工作计划，使之形成制度性保障；第二，活动方案设计是指就评价活动方案的目的性、内容的趣味性、形式的多样性、开展的实效性等做出判断；第三，参与人数比例是衡量校园足球文化节开展效果的一个重要指标，操作性定义是指以班为单位统计参与文化节活动人数与该班总人数的比值。以上信息可以通过查阅学校相关文件、活动记录表、学生问卷调查等途径获得。

6. 足球队建设

此处的足球队包括班级代表队、年级代表队和校级男女代表队，此项指标是衡量一所校园足球特色学校足球提高层面工作开展质量与水平的重要标志。足球队制度建设是指将足球队的招生、选拔、训练与竞赛、退出机制等各项工作形成明确的管理制度，使各项工作的开展有据可依，从而使足球队各项工作的开展得到制度性保障；队伍种类与数量是指依据《全国青少年校园足球特色学校基本标准（试行）》要求三年级以上要成立年级队，全国青少年校园足球特色学校要成立校级男女代表队；训练计划的制订与执行是指针对年级代表队和校级代表队展开有计划、有目的、系统科学地训练；对外交流是指校代表队积极参加以提升自身竞技水平为目的，由教育或体育等主管部门主办的各项比赛或与兄弟院校组织的校际间交流比赛等。以上信息可以通过查阅学校文件、教师与学生访谈的途径获得。

（四）发展成果

发展成果评价是指形成与校园足球特色学校发展相适应的评价内容和评价方式。评价内容包括学生体质健康测试、足球技能测试、足球参与人口、特色模式、特色成果和增幅评价相融合的评价方式。发展成果子系统包括成果评价、特色评价和增幅评价三个二级指标。

1. 成果评价

成果评价包括学生体质健康测试、足球技能测试和足球人口比例核算三个三级指标。学生体质健康测试指标是对校方开展学生体质健康测试的组织实施和统计上报相关工作的评价，依据教育部印发的《国家学生体质健康标准（2014年修订）》进行组织实施和统计上报工作，对体质测试结果进行公示，并将学生体质测试结果纳入学生年度综合评价；足球技能测试指标是对校园足球特色学校有关足球技能测试的组织实施、统计归档工作的评价，测试工作依据教育部办公厅印发的《全国青少年校园足球教学指南（试行）》和《学生足球运动技能等级评定标准（试行）》（教体艺厅〔2016〕4号）的要求，全国青少年校园足球特色学校要依据测试标准要求对学生组织实施足球技能测试,将测试结果进行认定公布并纳入学生综合素质评价体系;足球人口比例概念借鉴实质性体育人口[1]概念的定义,指统计每周参加不少于三次、每次不低于40分钟中等强度的以足球为活动内容的学生数量与该校在校生总数的比值。以上信息可以直接通过查阅学校有关的测试记录、学生问卷调查的方式获得。

2. 特色评价

特色评价包括创新模式和创新效果两个三级指标。

习近平总书记指出"创新是一个民族进步的灵魂,是一个国家兴旺发达的不竭动力"。学校体育工作也要通过不断的创新来满足社会发展对学校体育的需求,围绕育人的核心,坚持因地制宜、不拘一格、以成效为导向的原则,结合学校的实际情况,以目标和实际差距为切入点进行创新。创新的范围包括目标创新、内容创新、教学方法与手段的创新、评价方式方法的创新等。在众多可以创新的内容中教学模式的创新首屈一指。教学模式是指在一定的教学思想和理论的指导下,围绕着某一主题涉及的各种因素和关系对教学结构的组合方式[2],从学校体育工作的实践来看,创新教学模式的影响范围最广,效果最为明显。从目前查阅到的关于教学模式的文献资料可知,以校园足球为纽带打造与学校自身实际相适应的"课内外一体化模式""校内外一体化模式""校园足球运动教育模式"是较为成功的案例。对创新模式的评价要从该校校园足球工作的实际出发,坚持原则性与灵活性、理论性和可操作性的角度展开,坚持以增加学生的参与人数比例和参与质量为目的的评价原则。

创新效果的评价是从创新模式所起到的实际效用的角度来反映体育教学质量前后变化程度的指标,可以从学生的角度和学校的角度进行衡量。从学生的角度而言,宏观上可以从学生体质健康的促进、运动技能的掌握、健全人格的形成三个目标[3]维度来进行评价,中观上从体育教学质量的"有"

---

[1] 百度百科. 体育人口[EB/OL]. https://baike.baidu.com/item/%E4%BD%93%E8%82%B2%E4%BA%BA%E5%8F%A3/2777626?fr=aladdin.

[2] 李欣,韩新君. 中外大学体育教学模式分析与我国大学体育教育的创新发展[J]. 广州体育学院学报,2015,35(6):111-114.

[3] 于素梅. 从三位一体的目标体系谈体育教学质量促进的策略[J]. 体育学刊,2014(4):93-97.

"懂""会""能"四要素[1]进行前后对照性评价；从学校的角度进行评价主要是从该校足球文化氛围进行评价，以及从物质、精神、制度和行为文化前后的对比进行评价。

3. 增幅评价

增幅是衡量增长相对量的表述，常用来描述紧挨着的两个时段在某些方面存在的差异[2]。本研究所设计的增幅评价是指以某一校园足球特色学校在一个评价周期内，以年度为单位反映该校与校园足球发展成果相关的情况，包括四个三级指标。学生体质健康测试优良率年增长率，它是衡量某一学校学生体质健康整体状况与发展趋势的重要指标，学生体质健康测试优良率是指学生体质健康测试成绩在优秀和良好等级的学生人数与参加体质健康测试的学生总数的比值，学生体质健康测试优良率年增长比率=（现年优良率−上年优良率）/上年优良率。足球技能测试达标率年增长比率，它是衡量某校园足球特色学校学生足球技能整体掌握状况与发展趋势的重要指标。足球技能测试达标是指依据《学生足球运动技能等级评定标准（试行）》要求，依据学生所在年级与学生足球技能水平的对应关系[3,4]，严格按照测试内容和测试标准的要求组织实施，凡是综合得分达到7.5分及以上的学生认定为达标，足球技能测试达标率是指综合得分达到7.5分及以上的学生人数与学生总数的比值，足球技能测试达标率年增长比率=（现年达标率−上年达标率）/上年达标率。足球人口年增长率是通过衡量学生足球锻炼习惯的养成间接反映某学校校园足球开展质量与水平的重要指标，足球人口是指统计每周参加不少于三次、每次不低于40分钟中等强度的以足球为活动内容的学生数量与学校在校生总数的比值，足球人口比率年增长比率=（现年足球人口比率−上年足球人口比率）/上年足球人口比率。足球人才输送率是指以足球特长生的名义被上一级体育或教育部门录取的学生人数与该校总人数的比值，足球人才输送

---

[1] 于素梅. 体育教学质量评价标准体系建立的难题及初步构想[J]. 体育学刊, 2014 (3)：95−99.

[2] 百度百科. 增幅[EB/OL]. https://baike.baidu.com/item/%E5%A2%9E%E5%B9%85/6778193?fr=aladdin.

[3] 秦旸, 刘志云. 小学校园足球学生技能评定标准的研究[J]. 山东体育科技, 2015 (4)：92−96.

[4] 王欢, 秦旸. 校园足球中学阶段学生运动技能评价标准的研制[J]. 山东体育学院学报, 2016, 32 (3)：99−103.

率=（现年足球人才输送率−上年足球人才输送率）/上年足球人才输送率。以上信息可通过查阅学校相关测试记录进行计算获得。

第五节　基于CIPP的北京市校园足球特色学校评价指标权重的确定

由于校园足球特色学校评价指标体系是由多个不同属性、不同形式的指标构成的，且各指标在整个校园足球特色学校评价中所起的作用存在较大差异，这就要求我们必须明确各指标在校园足球特色学校评价中的相对重要程度，即通过确定权重的方式来表示各指标间重要程度的不同。权重值是衡量单个评价指标在整个评价体系中相对重要程度的测度[1]，它是继评价指标之后又一影响综合评价结果的重要因素，一般而言，与评价目标间重要程度越高的指标权重值越大，反之越小，在综合评价的实践中，评价主体常通过采用调整权重值大小的方式来影响评价结果，这是发挥评价导向功能的最有力体现。因此，科学地确定校园足球特色学校评价指标体系各指标的权重尤为关键。

一、确定校园足球特色学校评价指标权重的整体思路

为了使构建的基于CIPP的北京市校园足球特色学校评价指标体系获得更为科学精准的权重值，本研究采用主观与客观相结合的群组评价构权方法来确定校园足球特色学校各评价指标的最终权重值。通常采用群组构权法合成最终权重值时有两种途径选择，一种是先求得各专家"意见"的权重，再进行群组合成；另一种是先合成群组关于各指标重要性的定量分值，再求解群组权[2]。综合考虑各种因素的影响，本研究选择第一种途径来确定校园足球特色学校各指标的最终权重值，即通过对专家"意见"进行加权的方式来合成校园足球特色学校各指标的最终权重值，在这一思路的指导下，具体操

---

[1] 郭亚军. 综合评价理论、方法及拓展[M]. 北京：科学出版社，2012.
[2] 陈骥. 基于区间数的综合评价问题研究[D]. 杭州：浙江工商大学，2010：47−51.

作步骤如下：①确定校园足球特色学校评价指标的构权方法；②得出各专家关于指标权重的"意见"；③对各专家权重"意见"进行合成形成校园足球特色评价指标的最终权重值。

二、校园足球特色学校评价指标权重的获取

依据前文关于构权方法的说明和第三轮关于权重赋值的专家问卷调查情况，以一位专家意见为例来说明环比构权法的运算过程，如表4-18～表4-20所示。

表4-18　一级指标构权统计表

指标名称	重要性比值R_i	绝对权重值m_i	相对权重值w_i
A1发展目标	$R_1=1$	$m_1=1$	$w_1=0.1385$
A2资源保障	$R_2=7/3$	$m_2=7/3$	$w_2=0.3231$
A3组织执行	$R_3=1$	$m_3=7/3$	$w_3=0.3231$
A4发展成果	$R_4=2/3$	$m_4=14/9$	$w_4=0.2154$

表4-19　二级指标构权统计表

指标名称	重要性比值R_i	绝对权重值m_i	相对权重值w_i
B1预期目标	$R_1=1$	$m_1=1$	$w_1=0.4500$
B2计划目标	$R_2=11/9$	$m_2=11/9$	$w_2=0.5500$
B3足球管理工作	$R_3=1$	$m_3=1$	$w_3=0.1184$
B4足球课程建设	$R_4=11/9$	$m_4=11/9$	$w_4=0.1447$
B5校长领导力	$R_5=1$	$m_5=11/9$	$w_5=0.1447$
B6班主任支持力	$R_6=9/11$	$m_6=1$	$w_6=0.1184$
B7足球师资状况	$R_7=3/2$	$m_7=3/2$	$w_7=0.1776$
B8安全保障	$R_8=2/3$	$m_8=1$	$w_8=0.1184$
B9足球场地状况	$R_9=3/2$	$m_9=3/2$	$w_9=0.1776$
B10足球课程设置	$R_{10}=1$	$m_{10}=1$	$w_{10}=0.1257$
B11足球课堂教学	$R_{11}=3/2$	$m_{11}=3/2$	$w_{11}=0.1886$
B12足球课外活动	$R_{12}=1$	$m_{12}=3/2$	$w_{12}=0.1886$

（续表）

指标名称	重要性比值R_i	绝对权重值m_i	相对权重值w_i
B13足球班级联赛	$R_{13}=9/11$	$m_{13}=27/22$	$w_{13}=0.1543$
B14足球文化节	$R_{14}=1$	$m_{14}=27/22$	$w_{14}=0.1543$
B15足球队建设	$R_{15}=11/9$	$m_{15}=3/2$	$w_{15}=0.1886$
B16成果评价	$R_{16}=1$	$m_{16}=1$	$w_{16}=0.2857$
B17特色评价	$R_{17}=1$	$m_{17}=1$	$w_{17}=0.2857$
B18增幅评价	$R_{18}=3/2$	$m_{18}=3/2$	$w_{18}=0.4286$

表4-20 三级指标构权统计表

指标名称	重要性比值R_i	绝对权重值m_i	相对权重值w_i
C1五年目标	$R_1=1$	$m_1=1$	$w_1=0.2683$
C2三年目标	$R_2=3/2$	$m_2=3/2$	$w_2=0.4024$
C3年度目标	$R_3=9/11$	$m_3=27/22$	$w_3=0.3293$
C4学生体质目标	$R_4=1$	$m_4=1$	$w_4=0.2477$
C5足球技能目标	$R_5=1$	$m_5=1$	$w_5=0.2477$
C6足球人口目标	$R_6=11/9$	$m_6=11/9$	$w_6=0.3028$
C7比赛成绩目标	$R_7=2/3$	$m_7=22/27$	$w_7=0.2018$
C8领导小组	$R_8=1$	$m_8=1$	$w_8=0.2500$
C9管理制度	$R_9=3/2$	$m_9=3/2$	$w_9=0.3750$
C10评价制度	$R_{10}=1$	$m_{10}=3/2$	$w_{10}=0.3750$
C11课程模式	$R_{11}=1$	$m_{11}=1$	$w_{11}=0.3103$
C12教材选择与应用	$R_{12}=2/3$	$m_{12}=2/3$	$w_{12}=0.2069$
C13常规教学文件	$R_{13}=7/3$	$m_{13}=14/9$	$w_{13}=0.4828$
C14对校园足球前瞻力	$R_{14}=1$	$m_{14}=1$	$w_{14}=0.2466$
C15对校园足球决策力	$R_{15}=11/9$	$m_{15}=11/9$	$w_{15}=0.3014$
C16对校园足球执行力	$R_{16}=3/2$	$m_{16}=33/18$	$w_{16}=0.4521$
C17对校园足球的参与力	$R_{17}=1$	$m_{17}=1$	$w_{17}=0.4500$
C18对学生的引导力	$R_{18}=11/9$	$m_{18}=11/9$	$w_{18}=0.5500$
C19教师周均课时量	$R_{19}=1$	$m_{19}=1$	$w_{19}=0.2025$

（续表）

指标名称	重要性比值R_i	绝对权重值m_i	相对权重值w_i
C20 D级教练员教师数量	$R_{20}=11/9$	$m_{20}=11/9$	$w_{20}=0.2475$
C21 教师课酬满意度	$R_{21}=11/9$	$m_{21}=121/81$	$w_{21}=0.3025$
C22 教师招聘培训计划与实施	$R_{22}=9/11$	$m_{22}=11/9$	$w_{22}=0.2475$
C23 安全教育机制	$R_{23}=1$	$m_{23}=1$	$w_{23}=0.4020$
C24 意外伤害应急机制	$R_{24}=9/11$	$m_{24}=9/11$	$w_{24}=0.3289$
C25 保险保障机制	$R_{25}=9/11$	$m_{25}=81/121$	$w_{25}=0.2691$
C26 场地面积与质量	$R_{26}=1$	$m_{26}=1$	$w_{26}=0.4000$
C27 场地调配措施与效果	$R_{27}=3/2$	$m_{27}=3/2$	$w_{27}=0.6000$
C28 开设班级	$R_{28}=1$	$m_{28}=1$	$w_{28}=0.1529$
C29 周开课时数/班	$R_{29}=1$	$m_{29}=1$	$w_{29}=0.1529$
C30 编班人数	$R_{30}=11/9$	$m_{30}=11/9$	$w_{30}=0.1868$
C31 教学督导	$R_{31}=11/9$	$m_{31}=121/81$	$w_{31}=0.2283$
C32 教学质量反馈	$R_{32}=11/9$	$m_{32}=1331/729$	$w_{32}=0.2791$
C33 教学目标	$R_{33}=1$	$m_{33}=1$	$w_{33}=0.1555$
C34 教学内容	$R_{34}=11/9$	$m_{34}=11/9$	$w_{34}=0.1900$
C35 教学方法	$R_{35}=11/9$	$m_{35}=121/81$	$w_{35}=0.2322$
C36 教学组织	$R_{36}=1$	$m_{36}=121/81$	$w_{36}=0.2322$
C37 课堂评价	$R_{37}=9/11$	$m_{37}=11/9$	$w_{37}=0.1900$
C38 制度建设与执行	$R_{38}=1$	$m_{38}=1$	$w_{38}=0.4000$
C39 课外活动参与人数比例	$R_{39}=3/2$	$m_{39}=3/2$	$w_{39}=0.6000$
C40 联赛制度建设与实施	$R_{40}=1$	$m_{40}=1$	$w_{40}=0.2466$
C41 参与场次/班/年	$R_{41}=11/9$	$m_{41}=11/9$	$w_{41}=0.3014$
C42 联赛参与人数比例	$R_{42}=3/2$	$m_{42}=33/18$	$w_{42}=0.4521$
C43 活动方案设计与实施	$R_{43}=1$	$m_{43}=1$	$w_{43}=0.4000$
C44 文化节参与人数比例	$R_{44}=3/2$	$m_{44}=3/2$	$w_{44}=0.6000$
C45 足球队制度建设	$R_{45}=1$	$m_{45}=1$	$w_{45}=0.1588$
C46 队伍种类与数量	$R_{46}=11/9$	$m_{46}=11/9$	$w_{46}=0.1941$
C47 训练计划的制订与执行	$R_{47}=3/2$	$m_{47}=33/18$	$w_{47}=0.2912$

（续表）

指标名称	重要性比值R_i	绝对权重值m_i	相对权重值w_i
C48对外交流	$R_{48}=11/9$	$m_{48}=363/162$	$w_{48}=0.3559$
C49学生体质健康测试	$R_{49}=1$	$m_{49}=1$	$w_{49}=0.3103$
C50足球技能测试	$R_{50}=1$	$m_{50}=1$	$w_{50}=0.3103$
C51足球人口比例	$R_{51}=11/9$	$m_{51}=11/9$	$w_{51}=0.3793$
C52创新模式	$R_{52}=1$	$m_{52}=1$	$w_{52}=0.4500$
C53创新效果	$R_{53}=11/9$	$m_{53}=11/9$	$w_{53}=0.5500$
C54体质健康测试优良率年增长比率	$R_{54}=1$	$m_{54}=1$	$w_{54}=0.2477$
C55足球技能测试达标率年增长比率	$R_{55}=1$	$m_{55}=1$	$w_{55}=0.2477$
C56足球人口比率年增长比率	$R_{56}=11/9$	$m_{56}=11/9$	$w_{56}=0.3028$
C57足球人才输送年增长比率	$R_{57}=2/3$	$m_{57}=22/27$	$w_{57}=0.2018$

三、校园足球特色学校评价指标综合权重的合成

（一）综合权重合成的原理

如上文所述，各位专家依据个人的知识和经验通过环比商式构权法完成对各指标权重的赋值，综合评价指标体系中单一指标权重系数的确定就是建立在各专家所赋权重值的基础上，再通过对其进行加权综合的方式来获得。加权的目的是区分专家判断意见对群组意见的贡献程度，贡献程度越高权重值越大，反之越小。

常见的确定专家权重的方式有两种，一种称先验权重，另一种称后验权重。先验权重通常依据专家的学历、职称、以往的评价业绩等"先验信息"来赋值，而后验权重则是通过专家本次评价的质量来赋予。而衡量评价质量是依据本次评价实际的偏离程度经反馈计算得到的，反映专家对最终评价结果的影响程度[1]。基于以上对确定专家权重的了解并结合本研究

---

[1] 周宇峰，魏法杰.一种综合评价中确定专家权重的方法[J].工业工程，2006，9（5）：23-27.

的需要，决定采用后验权重法。那么如何判断专家意见的贡献程度或影响程度呢？从理论上看，如果各位专家在对指标的重要程度进行判断时，对于评价目的的认识、评价目标的理解和判断尺度的把握上是一致的话，那么各位专家的意见就与群组意见之间具有高度的一致性，但现实中经常出现由于各专家认知的差异造成判断意见不一致的现象，我们认为专家意见与群组判断意见的一致性越高，则该专家的意见具有越高的贡献度，应该赋予较高的权重值，反之越小。这样对于专家意见贡献程度的判断就转化成了各专家意见与群组意见一致性的检验，即通过专家意见与群组意见两者间相关系数的检验来完成。

（二）综合权重合成的方法

依据校园足球特色学校评价指标权重确定的整体思路的设想，要获得关于校园足球特色学校评价指标体系各指标的综合权重值，首先必须获得各位专家对评价指标的权重值，其次依据各位专家的权重值对于"群组意见"的贡献程度获得该专家权重值的"贡献系数"，最后根据各专家的"权重值"与"贡献系数"合成评价指标的综合权重值。

（三）群组专家权重值的获取

依据上文中环比构权法的步骤和方法，通过专家问卷的形式获得了7位专家关于指标权重的有效信息，经过计算统计获得了基于CIPP的北京市校园足球特色学校评价指标的权重值，如表4-21所示。

表4-21 专家权重统计表

指标名称	专家1	专家2	专家3	专家4	专家5	专家6	专家7
A1发展目标	0.1750	0.18	0.1385	0.1237	0.1677	0.1314	0.1953
A2资源保障	0.2625	0.22	0.3231	0.2885	0.2515	0.3066	0.2930
A3组织执行	0.3938	0.33	0.3231	0.3527	0.4192	0.4599	0.3581
A4发展成果	0.1688	0.27	0.2154	0.2351	0.1617	0.1022	0.1535
B1预期目标	0.5	0.45	0.45	0.4	0.3	0.4	0.45

（续表）

指标名称	专家1	专家2	专家3	专家4	专家5	专家6	专家7
B2计划目标	0.5	0.55	0.55	0.6	0.7	0.6	0.55
B3足球管理工作	0.1167	0.1104	0.1184	0.099	0.0634	0.1206	0.0958
B4足球课程建设	0.0955	0.0736	0.1447	0.121	0.0775	0.0986	0.1171
B5校长领导力	0.1432	0.1104	0.1447	0.1478	0.1163	0.148	0.1431
B6班主任支持力	0.1172	0.135	0.1184	0.121	0.1421	0.1211	0.1171
B7足球师资状况	0.1758	0.2025	0.1776	0.1814	0.2132	0.1816	0.1756
B8安全保障	0.1758	0.1656	0.1184	0.1484	0.2132	0.1486	0.1756
B9足球场地状况	0.1758	0.2025	0.1776	0.1814	0.1744	0.1816	0.1756
B10足球课程设置	0.1705	0.1722	0.1257	0.1257	0.144	0.1166	0.0785
B11足球课堂教学	0.1705	0.2584	0.1886	0.1886	0.176	0.1749	0.1831
B12足球课外活动	0.1705	0.1722	0.1886	0.1543	0.176	0.1749	0.1831
B13足球班级联赛	0.1395	0.1409	0.1543	0.1543	0.144	0.1431	0.1498
B14足球文化节	0.2093	0.1409	0.1543	0.1886	0.216	0.2147	0.2248
B15足球队建设	0.1395	0.1153	0.1886	0.1886	0.144	0.1757	0.1806
B16成果评价	0.2857	0.3284	0.2857	0.2105	0.2691	0.2308	0.2857
B17特色评价	0.2857	0.2687	0.2857	0.3158	0.3289	0.3462	0.2857
B18增幅评价	0.4286	0.403	0.4286	0.4737	0.402	0.4231	0.4286
C1五年目标	0.2683	0.2857	0.2683	0.3014	0.2687	0.2308	0.2308
C2三年目标	0.4024	0.4286	0.4024	0.4521	0.403	0.3462	0.3462
C3年度目标	0.3293	0.2857	0.3293	0.2466	0.3284	0.4231	0.4231
C4学生体质目标	0.2122	0.2867	0.2477	0.2115	0.2222	0.2414	0.3025
C5足球技能目标	0.2594	0.2867	0.2477	0.2115	0.2222	0.2414	0.2475
C6足球人口目标	0.317	0.2346	0.3028	0.3173	0.3333	0.3621	0.2475
C7比赛成绩目标	0.2114	0.1919	0.2018	0.2596	0.2222	0.1552	0.2025
C8领导小组	0.2683	0.25	0.25	0.2691	0.2308	0.2308	0.2105
C9管理制度	0.4024	0.375	0.375	0.3289	0.3462	0.3462	0.3158
C10评价制度	0.3293	0.375	0.375	0.402	0.4231	0.4231	0.4737
C11课程模式	0.3284	0.3103	0.3103	0.2857	0.2466	0.2308	0.2105

（续表）

指标名称	专家1	专家2	专家3	专家4	专家5	专家6	专家7
C12教材选择与应用	0.2687	0.2069	0.2069	0.2857	0.3014	0.2308	0.3158
C13常规教学文件	0.403	0.4828	0.4828	0.4256	0.4521	0.5385	0.4737
C14对校园足球前瞻力	0.2691	0.2466	0.2466	0.2105	0.2857	0.2466	0.2466
C15对校园足球决策力	0.3289	0.3014	0.3014	0.3158	0.2857	0.3014	0.3014
C16对校园足球执行力	0.402	0.452	0.4521	0.4737	0.4256	0.4521	0.4521
C17对校园足球的参与力	0.5	0.45	0.45	0.5	0.4	0.5	0.5
C18对学生的引导力	0.5	0.55	0.55	0.5	0.6	0.5	0.5
C19教师周均课时量	0.234	0.2222	0.2025	0.1978	0.1804	0.2	0.1739
C20D级教练员教师数量	0.1915	0.2222	0.2475	0.1978	0.2205	0.2	0.1739
C21教师课酬满意度	0.2872	0.3333	0.3025	0.2418	0.2696	0.3	0.2609
C22教师招聘培训计划与实施	0.2872	0.2222	0.2475	0.3626	0.3295	0.3	0.3913
C23安全教育机制	0.2691	0.4286	0.402	0.3333	0.2466	0.2105	0.2683
C24意外伤害应急机制	0.3289	0.2857	0.3289	0.3333	0.3014	0.3158	0.4024
C25保险保障机制	0.402	0.2857	0.2691	0.3333	0.4521	0.4737	0.3293
C26场地面积与质量	0.4	0.5	0.4	0.45	0.4	0.5	0.45
C27场地调配措施与效果	0.6	0.5	0.6	0.55	0.6	0.5	0.55
C28开设班级	0.1749	0.1667	0.1529	0.1406	0.1667	0.1452	0.1803
C29周开课时数/班	0.1749	0.1667	0.1529	0.1719	0.1667	0.1452	0.1803
C30编班人数	0.1749	0.1667	0.1868	0.1719	0.1667	0.1774	0.1475
C31教学督导	0.2138	0.25	0.2283	0.2578	0.25	0.2661	0.2213
C32教学质量反馈	0.2613	0.25	0.2791	0.2578	0.25	0.2661	0.2705
C33教学目标	0.1684	0.1538	0.1555	0.1606	0.1555	0.1077	0.1486
C34教学内容	0.1684	0.1538	0.19	0.1606	0.19	0.1609	0.223
C35教学方法	0.2058	0.2308	0.2322	0.2409	0.2322	0.1968	0.223
C36教学组织	0.2058	0.2308	0.2322	0.2409	0.2322	0.2406	0.223
C37课堂评价	0.2516	0.2308	0.19	0.1971	0.19	0.294	0.1824
C38制度建设与执行	0.5	0.5	0.4	0.45	0.4	0.45	0.45
C39课外活动参与人数比例	0.5	0.5	0.6	0.55	0.6	0.55	0.55

（续表）

指标名称	专家1	专家2	专家3	专家4	专家5	专家6	专家7
C40联赛制度建设与实施	0.2105	0.2691	0.2466	0.2105	0.25	0.25	0.2105
C41参与场次/班/年	0.3158	0.3289	0.3014	0.3158	0.375	0.375	0.3158
C42联赛参与人数比例	0.4737	0.402	0.4521	0.4737	0.375	0.375	0.4737
C43活动方案设计与实施	0.4	0.45	0.4	0.5	0.45	0.5	0.4
C44文化节参与人数比例	0.6	0.55	0.6	0.5	0.55	0.5	0.6
C45足球队制度建设	0.2	0.2018	0.1588	0.2	0.2114	0.18	0.2
C46队伍种类与数量	0.3	0.3028	0.1941	0.3	0.317	0.27	0.3
C47训练计划的制订与执行	0.3	0.2477	0.2912	0.3	0.2594	0.33	0.3
C48对外交流	0.2	0.2477	0.3559	0.2	0.2122	0.22	0.2
C49学生体质健康测试	0.3333	0.2857	0.3103	0.2857	0.2691	0.25	0.2857
C50足球技能测试	0.3333	0.2857	0.3103	0.2857	0.3289	0.375	0.2857
C51足球人口比例	0.3333	0.4286	0.3793	0.4286	0.402	0.375	0.4286
C52创新模式	0.45	0.4	0.45	0.4	0.45	0.5	0.45
C53创新效果	0.55	0.6	0.55	0.6	0.55	0.5	0.55
C54体质健康测试优良率年增长比率	0.2588	0.2122	0.2477	0.2414	0.2066	0.2122	0.2414
C55足球技能测试达标率年增长比率	0.2118	0.2594	0.2477	0.2414	0.2525	0.2594	0.2414
C56足球人口比率年增长比率	0.3176	0.317	0.3028	0.3621	0.3787	0.317	0.3621
C57足球人才输送年增长比率	0.2118	0.2114	0.2018	0.1552	0.1623	0.2114	0.1552

（四）群组专家权重系数的获取

本研究通过数学建模的方式来核算专家偏好与群组意见之间的相关系数，即各专家意见对群组意见的"贡献程度"，据此对专家意见赋予"权重系数"，再对专家意见进行合成得到最终的综合权重值。步骤如下：

假设在一个专家群组中有m个专家参与对n个指标的赋权工作，令 $a_t = (w_t^1, w_t^2, \Lambda, w_t^n)^T (0 \leqslant a_j \leqslant 1, \sum_{j=1}^{n} a_j = 1)$，$a_t$表示专家$e_t$对$n$个指标所赋的权重值。

①假设$s(a_t, a_j)$表示专家e_t和e_j的权重值a_t和a_j的相似性。

$$s(a_t, a_j) = \frac{Cov(a_t, a_j)}{\sigma(a_t)\sigma(a_j)}$$

上式中，$Cov(a_t, a_j)$ 表示两个向量的协方差矩阵，$\sigma(a_t)$ 和 $\sigma(a_j)$ 表示两个向量的标准差。$a_t = (a_t^1, a_t^2, \Lambda, a_t^n)^T$，$a_j = (a_j^1, a_j^2, \Lambda, a_j^n)^T$。可以求解任意一位专家 $e_t(t=1,2,\Lambda,m)$ 与其余专家间的相似度 $s(a_t, a_j)$ 的权重 λ_t。

②计算专家 e_t 与其余专家间相似度的和，表示该专家与其余专家相比意见的可靠程度。$s(a_t) = \sum_{j=1, j \neq t}^{m-1} s(a_t, a_j)$

③以专家 e_t 意见的可靠程度作为专家权重的测度依据，得到专家 e_t 在群组的权重 λ_t。$\lambda_t = \dfrac{s(a_t)}{\sum_{j=1}^{m} s(a_t)}$

依据上文关于群组专家权重系数的计算原理和方法，以各层级指标为分类标准来计算专家权重系数，获得的专家权重系数如表4-22所示。

表4-22 群组专家权重系数表

指标名称	专家1	专家2	专家3	专家4	专家5	专家6	专家7
一级指标权重λ_1	0.153	0.117	0.138	0.146	0.151	0.152	0.144
二级指标权重λ_2	0.142	0.141	0.144	0.145	0.138	0.145	0.145
三级指标权重λ_3	0.144	0.142	0.142	0.145	0.144	0.140	0.143

（五）综合权重值的合成

每位专家对校园足球特色学校各评价指标所赋的权重值和群组各专家权重统计表根据以下公式求得基于CIPP的北京市校园足球特色学校评价指标体系各指标的权重值。

$$\begin{Bmatrix} a_1^1 & a_2^1 & \Lambda & \Lambda & a_{m-1}^1 & a_m^1 \\ a_1^2 & a_2^2 & & & a_{m-1}^2 & a_m^2 \\ a_1^3 & a_2^3 & & 0 & a_{m-1}^3 & a_m^3 \\ M & M & & & M & M \\ a_1^n & a_2^n & \Lambda & \Lambda & a_{m-1}^n & a_m^n \end{Bmatrix} \times \begin{Bmatrix} \lambda_1 \\ \lambda_2 \\ \lambda_3 \\ M \\ \lambda_m \end{Bmatrix} = \begin{Bmatrix} w^1 \\ w^2 \\ w^3 \\ M \\ w^n \end{Bmatrix}$$

四、校园足球特色学校评价指标综合权重表

基于CIPP的北京市校园足球特色学校评价指标权重见表4-23。

表4-23 基于CIPP的北京市校园足球特色学校评价指标权重表

目标	一级指标	二级指标	三级指标
基于CIPP的北京市校园足球特色学校评价指标权重表	A1发展目标（0.1584）	B1预期目标（0.4219）	C1五年目标（0.2650）
			C2三年目标（0.3975）
			C3年度目标（0.3375）
		B2计划目标（0.5781）	C4学生体质目标（0.2462）
			C5足球技能目标（0.2451）
			C6足球人口目标（0.3020）
			C7比赛成绩目标（0.2067）
	A2资源保障（0.2794）	B3足球管理工作（0.1037）	C8领导小组（0.2443）
			C9管理制度（0.3556）
			C10评价制度（0.4001）
		B4足球课程建设（0.1043）	C11课程模式（0.2748）
			C12教材选择与应用（0.2598）
			C13常规教学文件（0.4651）
		B5校长领导力（0.1364）	C14对校园足球前瞻力（0.2502）
			C15对校园足球决策力（0.3052）
			C16对校园足球执行力（0.4446）
		B6班主任支持力（0.1244）	C17对校园足球的参与力（0.4714）
			C18对学生的引导力（0.5286）
		B7足球师资状况（0.1866）	C19教师周均课时量（0.2015）
			C20D级教练员教师数量（0.2076）
			C21教师课酬满意度（0.2848）
			C22教师招聘培训计划与实施（0.3060）
		B8安全保障（0.1633）	C23安全教育机制（0.3084）
			C24意外伤害应急机制（0.3281）
			C25保险保障机制（0.3635）

（续表）

目标	一级指标	二级指标	三级指标
基于CIPP的北京市校园足球特色学校评价指标权重表	A3组织执行（0.3797）	B9足球场地状况（0.1812）	C26场地面积与质量（0.4426）
			C27场地调配措施与效果（0.5574）
		B10足球课程设置（0.1330）	C28开设班级（0.1611）
			C29周开课时数/班（0.1656）
			C30编班人数（0.1702）
			C31教学督导（0.2410）
			C32教学质量反馈（0.2621）
		B11足球课堂教学（0.1913）	C33教学目标（0.1502）
			C34教学内容（0.1781）
			C35教学方法（0.2232）
			C36教学组织（0.2293）
			C37课堂评价（0.2192）
		B12足球课外活动（0.1742）	C38制度建设与执行（0.4500）
			C39课外活动参与人数比例（0.5500）
		B13足球班级联赛（0.1466）	C40联赛制度建设与实施（0.2352）
			C41参与场次/班/年（0.3324）
			C42联赛参与人数比例（0.4324）
		B14足球文化节（0.1927）	C43活动方案设计与实施（0.4428）
			C44文化节参与人数比例（0.5572）
		B15足球队建设（0.1621）	C45足球队制度建设（0.1932）
			C46队伍种类与数量（0.2836）
			C47训练计划的制订与执行（0.2897）
			C48对外交流（0.2335）
	A4发展成果（0.1835）	B16成果评价（0.2706）	C49学生体质健康测试（0.2887）
			C50足球技能测试（0.3148）
			C51足球人口比例（0.3965）
		B17特色评价（0.3024）	C52创新模式（0.4427）
			C53创新效果（0.5574）
		B18增幅评价（0.4270）	C54体质健康测试优良率年增长比率（0.2316）
			C55足球技能测试达标率年增长比率（0.2447）
			C56足球人口比率年增长比率（0.3369）
			C57足球人才输送年增长比率（0.1868）

五、基于CIPP的北京市校园足球特色学校评价指标体系的理论分析

在指标体系构建完成之后和开始实证检验之前要对其进行理论上的分析，这是因为评价体系是根据特色学校未来发展计划以及评价体系要具有前瞻性、普适性和综合性等战略和功能导向而构建的，首先从理论上对评价体系是否符合设计的初衷进行以定性为主的考察；其次对指标权重进行考察，查看有无不合理的情况出现；最后对指标的属性和特点做出评判。

（一）权重分析

从表4-22可见四个一级指标的权重值分别是：发展目标0.1584，资源保障0.2794，组织执行0.3797，发展成果0.1835。组织执行是整个体系的重中之重和根本归宿，权重值最高也充分反映了它的地位；资源保障位居次席也比较合理；发展成果与发展目标分列三四位，既不过分突出它的重要性又没有丧失其基础性地位，所以从一级指标的权重分配来看它符合设计的初衷且主次分明。从二级指标来看，在组织执行部分，面向普及层面的内容（足球文化节、足球课堂教学、足球课外活动、足球班级联赛）权重值占0.7048，着实体现了小学阶段校园足球的实施重点即以面向普及层面为主且注重活动形式的多样性和覆盖学生比例的考察；在资源保障部分师资、场地和安全是核心占权重值的0.5311，突出了对学校在已有基础上发挥主观努力的考察（C22和C27）；在发展成果部分着重强调增幅和特色评价，激励校方发挥能动性积极探索发展足球的新模式注重发挥示范效应，重点衡量足球对学校（体质、技能、人口）带来变化的评价，并与计划目标前后照应；发展目标部分计划目标占0.5781，反映了对三年目标的前瞻性、指导性和可操作性的重视。

（二）属性分析

因果逻辑关系：指标体系以发展性学校评价理论为指导、CIPP模式为

模板，围绕特色学校的发展战略和现实基础制定，符合前瞻性、导向性和全面性的原则，体现了对"学校增值性原理"的重视，由"背景评价—发展目标、输入评价—资源保障、过程评价—组织执行和结果评价—发展成果"组成，符合特色学校发展战略的内在逻辑关系链条。

指标全面数量合理：从"目标—资源—过程—结果"四个维度构建，既有前瞻性指标、基础性指标，又有过程性指标和成果性指标，四个维度分别包含7、20、21、9个三级指标，总指标数量适中，符合指标设计中的简约性原则。

定量与定性结合：定性分析是研究的前提和归宿，定量分析是研究的手段和深化，避免"轻定性、重定量"，力争做到"量性结合"。在57个三级指标中定性指标与定量指标数量比例为31∶26，比较合理地做到了定性与定量的结合。

综上所述，本研究构建的"基于CIPP的北京市校园足球特色学校评价体系"，在理论上基本满足科学性、合理性和简明性的要求，其具体评价实践中的可操作性、评价结果的合理性和有效性需经过实证研究部分进一步验证。

本章小结

本章从校园足球特色学校评价的分析程序入手，在对校园足球特色学校评价指标体系构建的基础、原则和方法进行系统阐述的基础上，经过初拟、优化和赋权等工作构建了"基于CIPP的北京市校园足球特色学校评价指标体系"，并对指标体系进行了理论分析，从而在理论层面对指标体系的科学性和合理性做出评判，为下一章校园足球特色学校评价的实证研究提供工具支持。

第五章 基于CIPP的北京市校园足球特色学校评价的实证研究

  对构建的基于CIPP的北京市校园足球特色学校评价体系进行实证研究的主要目的是验证该体系的可操作性、科学性和合理性。首先，考察构建的评价体系在校园足球特色学校实施评价的过程中是否能够顺畅实施，如果不能实施，即使是设计得再完美的评价体系也是徒劳的；其次，考察评价结果能否客观综合地反映某所校园足球特色学校与足球教学质量相关的各个环节的优势与不足，据此可为该校后续的改进工作提供具有针对性的建议；最后，通过对多所学校实施评价，来看考察评价结果排序的合理性，目的是对评价体系的科学性和有效性做出判断。只有评价是可操作的，评价结果是科学的、合理的，才能说明构建的评价指标体系是成功的，否则就要对其进行必要的修改。

  为了达到本书实证研究部分预设的目的，充分考虑北京市校园足球特色学校发展的实际情况，综合运用判断抽样与定额抽样相结合的方式，选取了5所北京市校园足球特色学校作为实证研究部分的样本。学校选取依据以下三点：一是以某所学校校园足球开展的质量与水平作为判断依据，将同行"认可度"较高且具有"层次性"差异的学校列入样本，同时又兼顾"同一层次"且"伯仲难辨"的学校；二是兼顾多个区域，目前北京市延庆区、海淀区和丰台区已成为北京市校园足球综合改革实验区，因此在每个实验区选取一所学校，同时又兼顾其他区县；三是充分考虑信息获取的有效性、经济性和便捷性，尽量考虑与首都体育学院"高参小"项目有合作关系的学校。综合考虑以上因素，最终确立了5所学校作为本研究实证部分的调查样本。

  5所试点学校的具体情况如下：5所学校分属于不同的区县，其中城区4所、郊区1所。A小学和K小学为2015年批准的全国青少年校园足球特色学校，C小学、Z小学为2016年批准的全国青少年校园足球特色学校，M小学为2016年批准的北京市校园足球特色学校、2017年批准的全国青少年校园足球特色学校，5所试点学校特点各异，除K小学为效区小学外，其余四所小学均为城区小学。其中A小学和K小学在被评为全国青少年校园足球特色学校之前具有较好的足球传统，但侧重点不同；C小学、Z小学和M小学都是在被评为全国青少年校园足球特色学校之后才开始发展足球的，三所学校中C小学、Z小学经过近两年的发展成效显著。

第一节　校园足球特色学校实施评价的步骤与方法

一、校园足球特色学校评价的实施步骤

步骤是指事情进行的程序或次第，任何领域的评价一般都按照以下五个步骤展开，即明确评价目的、确定评价对象与评价者、确定评价类型、建立评价指标体系及其权重、选择评价方法和得出评价结果[1]。在本研究的实证部分，校园足球特色学校评价的实证部分在前文构建的基于CIPP的北京市校园足球特色学校评价指标体系的基础上按照以下步骤展开，首先，以构建的评价指标体系的三级指标来衡量学校各个部分的"表现"，按照一定的统计方法得出该校各个部分的得分值；其次，依次分类汇总得出相应的上一级指标的得分值，直至得出关于该校的最终的评价结果；最后，撰写关于某某校园足球特色学校的评价报告。

二、校园足球特色学校评价的实施方法

（一）评价数据的信息采集方法与说明

评价实施的具体内容以构建的基于CIPP的北京市校园足球特色学校评

---

[1] 冯平.评价论[M].北京：东方出版社，1997：113.

价指标体系的三级指标为依据，三级指标的信息采集途径主要有以下四种方式：文献资料法、专家访谈法、问卷调查法和课堂观察法。例如，本研究中发展性指标（如预期目标和计划目标）、定性指标（如课堂评价和创新模式）的判定依据是前期北京市教委组织专家对该特色学校复核评价阶段的反馈信息，结合后期与校园足球特色学校的校长、体育组长和足球教师访谈综合获取，在文本分析的基础上获得该指标的评价等级与分值；基础性指标（如学生体质健康测试结果、制度建设、学生参与比例等）则通过查阅学校教务部门和体育部门的相关活动记录表获得；增幅性指标（场地调配措施与效果、足球技能测试达标率年增长比率等）则通过对校长、教师和学生的访谈、问卷调查的统计结果及相关数据指标的前后对比获得。以下主要对课堂观察法和问卷调查法进行说明。

1. 课堂观察是实施评价的主要依据之一

课堂教学在构建的基于CIPP的北京市校园足球特色学校评价指标体系中占有一定的比重，对课堂教学的情况做出评价则需要通过课堂观察的方法来实现。课堂观察是指研究者或观察者带着明确的目的，凭借自身（如眼、耳等）及有关辅助工具（观察记录表、录音、录像仪器设备等），从课堂情境中收集资料并依据资料做相应研究的一种教育科学研究方法，它具有目的性、系统性、理论性、选择性和情境性等特点[1]。根据不同的分类标准，课堂观察可以划分为自然观察与实验观察，直接与间接观察，参与与非参与观察，非结构、准结构与结构观察，开放式与聚焦式观察，定性与定量观察等类型[2]。根据获取指标所需"实际值"的现实路径，本研究中主要采用非参与式观察和聚焦式观察两种形式，非参与式观察是指研究者不介入被观察者的活动，而只是作为一个"旁观者"的身份置身于他所研究的课堂情境之外所进行的观察，这种观察方式的优点在于观察者极少影响被观察者，观察结果客观、公允，其不足之处在于观察易停留于表面，难以深入；聚焦式观察是在开放式观察的基础上带着非常具体明确的问题进入课堂进行有目的地观

---

[1] 陈瑶. 课堂观察指导[M]. 北京：教育科学出版社，2002：1-9.
[2] David Hopkins. A Teachers Guide to Classroom Research[M]. North Londom: Open University Press, 1993: 90-114.

察，围绕问题并结合所观察到的实际情况筛选出有效信息作为赋值的依据，由此不难看出聚焦式观察的着眼点较小、针对性强、效果可靠。

具体到本研究中，由于课堂观察是一种以人为研究对象的现场研究活动，尽管采用非参与式观察的方式进入课堂不会对师生正常的教学活动产生直接的影响，但不可否认的是会或多或少地对课堂教学产生某种影响，尤其重要的是会引起被观察者的戒备心理，而这种戒备心理会对观察的结果产生消极的作用，进而使评价结果"失真"。为获取真实而有效的信息，需要在事前与被观察者进行沟通，如实告知课堂观察的目的和意义，消除不必要的担心和疑虑，并经被观察者同意后进入课堂观察的现场，针对评价指标体系中有关课堂教学部分的具体且明确的问题，如教学目标、教学内容、教学方法、组织形式和课堂评价等展开有针对性的聚焦式的观察，并做好相应的记录。

评价等级与分值的赋予，尽管一位专家的"评价结果"可能具有"主观性"，但多位专家的"评价结果"则具有"客观性"，该部分指标最终"评价结果"的赋予依据前期北京市教委组织相关专家对特色学校评价的反馈意见和后期调研综合获得。

2. 问卷内容是实施评价的主要依据之一

调查问卷的内容和信息是本研究采用的又一信息采集的主要方式之一，因为调查问卷的结构设计、内容选择、调查对象的确定都是紧密围绕着三级指标来展开的，以调查对象的不同作为分类标准将问卷划分为校长问卷、教师问卷和学生问卷；此外对于某些不能直接量化的三级指标，可以转化成相关具体问题来收集质性信息，然后再对信息进行处理，赋予分值。

（1）问卷的编制与信度效度检验

调查问卷的编制方法依据构建的基于CIPP的北京市校园足球特色学校评价指标体系的三级指标所对应的问题展开，依据获取指标信息所属调查对象的不同进行分类转化，进而形成校长问卷、教师问卷和学生问卷。

（2）问卷的信度效度检验

信度是指调查结果反映调查对象实际情况的可靠程度，效度是指调查结果说明调查所说明的问题的正确程度；信度是效度的基础，效度是信度的目的，只有做到信度和效度的统一，才是科学的调查问卷[1]。本研究采用重测法对问卷进行了信度检验，在2017年5至6月间，选取北京市校园足球特色学校的校长8人、足球教师15人、学生40人，首次发放校长问卷8份、教师问卷15份、学生问卷40份，三种问卷分别回收8份、15份、40份，回收率均为100%，其中有效问卷分别为7份、13份、37份，有效率为87.50%、86.67%、92.50%；进行首次问卷测试后三周再次进行测试，第二次测试分别发放校长、教师和学生问卷6份、12份、37份，三种问卷分别回收6份、11份、37份，回收率为100%、91.67%、100%，其中有效问卷分别为6份、9份、34份，有效率为100%、92.22%、91.89%，经过数据统计后得到校长、教师和学生问卷前后两次测量结果的皮尔逊相关系数为0.76、0.70和0.81，可见调查问卷具有较好的信度。

问卷的效度则通过专家效度检验的方法来检验，选取7位在学校体育和校园足球研究领域有建树的专家对设计的校长问卷、教师问卷和学生问卷进行效度检验，关于问卷内容效度和结构效度的专家检验结果如表5-1、表5-2所示，由其统计结果可见，问卷具有较好的结构效度和内容效度。

表5-1 问卷内容效度专家检验结果统计表

类型/名称	很合适	比较合适	基本合适	不合适	很不合适
校长问卷	2	4	1	0	0
教师问卷	2	3	2	0	0
学生问卷	1	4	2	0	0

表5-2 问卷结构效度专家检验结果统计表

类型/名称	很合适	比较合适	基本合适	不合适	很不合适
校长问卷	3	3	1	0	0
教师问卷	2	4	1	0	0
学生问卷	2	3	2	0	0

---

[1] 骆秉全.实用体育科研方法[M].北京：民族出版社，2003：237-238.

（二）校园足球特色学校评价标准的制订

一套完整的评价系统由评价指标、评价权重和评价标准三部分组成。前一章已经完成了评价指标的构建和评价权重的确定工作，而评价标准是评价主体在评价活动中应用于评价客体的价值尺度和界限，它是构成评价方案的核心组成部分，评价标准如同标尺上的评价刻度一样会对评价结果产生至关重要的作用。

本研究所构建的基于CIPP的北京市校园足球特色学校评价指标体系由57个三级指标构成，要想获得对某个校园足球特色学校的整体评价结果，就必须对"全貌"中所包含的57个指标全部进行量化运算求和，这就遇到了如何将不同属性的指标间的"实际值"进行合成的问题。例如在本研究中所构建的校园足球特色学校评价指标体系中，有反映目标设计合理性程度的定性指标，还有反映班级人数和反映教师周课时量的定量指标，显然定性指标与定量指标之间无法直接进行运算求和，退一步讲，即使同是定量指标之间由于量纲和单位的不同也不能直接进行运算求和，如教师周课时量与参与人数比例指标，前者是绝对数指标，后者是相对数指标，显然同是定量指标两者也不能简单相加，这就需要对不同属性甚至是相同属性的指标之间进行无量纲化处理，无量纲化处理是指消除各个具体指标由于计量单位不同而带来的不可加性，通过无量纲化处理或消除量纲影响使其转化成为可以直接相加减的数值的方法[1]，即完成各评价指标由"实际值"向"评价值"的转换，明确指标属性是对指标进行无量纲化处理的前提条件。

1. 定性指标的标准化处理

定性指标是指无法直接通过数据计算分析评价内容，需要对评价对象进行客观描述和分析来反映评价结果的指标。在本研究中对于定性指标的标准化处理，首先确定定性指标的评定等级，评定等级以实地走访、现场

---

[1] 陈正伟.综合评价技术及应用[M].成都：西南财经大学出版社，2013，24.

观察、相关访谈以及复核专家组对该校的反馈信息为依据进行综合判定，然后在确定的评价等级的基础上结合相关人员访谈信息与问卷调查的结果对该项指标进行赋值。定性指标的评价等级分为好，一般和差三个等级，评定等级为"好"的赋值范围介于0.8至1之间，包括0.8，评定等级为"一般"的赋值范围介于0.6至0.8之间，包括0.6，评定等级为"差"的赋值范围介于0至0.6之间[1]。

2. 定量指标的无量纲化处理方法

定量指标是指可以用数据准确定义和精确衡量的指标，它通常有绝对数、相对数和平均数等表现形式，比如在本研究中构建的编班人数指标、C级、D级教练员教师数量指标、场地面积指标都是绝对数指标，而参与人口比例指标、增幅评价指标则是相对数指标，学生体质测试优良率和技能达标率指标则是平均数指标，对于同一属性的不同形式的定量指标也需要进行无量纲化处理，将各评价指标的"实际值"转换为可以直接进行运算的"评价值"。常用的对定量指标无量纲化处理的方法有直线型、折线型和曲线型三种，在本研究中应用到了直线型和折线型两种类型的处理方法。

直线型无量纲化处理方法是指用无量纲指标的评价值与实际值之间的线性关系对定量指标进行处理的方法，[2]它包括阈值比较法、均值法、极差正规化法、标准值法和比重法。本研究采用极差正规化法对部分指标进行处理，计算公式为：

$$y = \frac{\chi - \chi_{\min}}{\chi_{\max} - \chi_{\min}}$$

式中，y表示该评价指标经无量纲化处理后的"评价值"；χ表示该指标的"实际值"；$\chi_{\max}$表示该类指标实际值中允许出现的最大值；$\chi_{\min}$表示该类指标实际值中允许出现的最小值，从公式所反映的意义不难看出，这种对定量指标无量纲化处理的方法实际上是求各评价指标的"实际值"在该指

---

[1] 王书彦.学校体育政策执行力及其评价指标体系实证研究——以黑龙江省普通中学为例[D].福州：福建师范大学，2009：103.

[2] 陈正伟.综合评价技术及应用[M].成都：西南财经大学出版社，2013：30.

标全距中所处位置的比率,评价值y的实质是一个介于0到1之间的"相对值"。在本研究所构建的指标中编班人数等指标要通过此方法来进行无量纲化处理。

折线型无量纲化处理的方法是指通过用分段函数的形式建立"评价值"与"实际值"之间的对应关系来消除量纲影响的方法。在综合评价实践中常遇到这种情况,即当评价指标的"实际值"在不同区间变化时,评价对象的"评价值"是不一样的,低于某一值,该指标不影响被评对象的评价值,高于某一值,该指标对被评价对象的作用不再增加,而该指标在某区间内变化时对被评事物的影响是等量递增的,此时就要采用折线型无量纲化处理方法将指标的"实际值"转化成指标的"评价值"。

$$y = f(x) = \begin{cases} 0 & (x \geqslant b) \\ \dfrac{x-a}{b-a} & (a < x < b) \\ 1 & (x \leqslant a) \end{cases}$$

式中,y表示经无量纲化处理后的"评价值";x表示该指标的"实际值";a和b分别代表相应指标属性值的"下阈值"和"上阈值"。当指标的实际评价值高于"上阈值"时,此指标的结果为0,当指标的实际评价值低于"下阈值"时,此指标的结果为1,当指标"实际值"介于a与b之间时,其"评价值"经计算获得。在本研究所构建的指标中教师周均课时量指标、参与人数比例指标、对外交流等指标要通过这种方法进行无量纲化处理。

3. 三级指标评价标准细则

评价标准细则是对三级指标如何进行赋值的规定性说明,是末级评价指标进行评分的具体操作方法和基本要求,本研究实证部分的评价标准细则的制订依据《学校体育工作条例》《国家学校体育卫生条件试行基本标准》《教育部关于校园足球重点督查工作的通知》的文件精神,参照中小学学校体育评估指标体系、北京市中小学贯彻《学校体育工作条例》评估方案,并根据北京市校园足球特色学校(小学阶段)开展的实际情况综合制订,三级指标的评价标准细则如表5-3所示。

表5-3 校园足球特色学校三级指标评分细则及说明

指标名称	评价标准细则及方法说明	调查对象	获取方式
C1五年目标	Ⅰ.着眼于学生的全面发展和学校的长远发展,将校园足球发展纳入学校整体发展规划,详细陈述学校未来五年以校园足球为特色创建的整体水平和程度,目标具有良好的前瞻性、导向性和全面性,在宏观层面对校园足球工作具有明确的指导作用 Ⅱ.目标具有较好的前瞻性、导向性和全面性,对校园足球工作具有一定的指导作用 Ⅲ.未将校园足球列入学校整体发展规划,校园足球发展的目标模糊不清 评价重点:目标的前瞻性、导向性和全面性	校长 副校长 体育组长 足球教师	访谈法 文献法 文本分析
C2三年目标	Ⅰ.目标内容涉及校园足球工作的各个层面,包括体质目标、技能目标、参与人口目标和竞赛成绩目标等多个方面,目标具有良好的指向性和可操作性,在微观层面对校园足球的各项具体工作具有良好的指导作用 Ⅱ.目标内容较全面,具有较好的可实现性,对具体工作有一定的指导作用 Ⅲ.三年目标的全面性和可操作性较差或未制订具体可实现的三年目标 评价重点:衡量三年目标内容的全面性、目标的可实现性和对实际工作的指导性	校长 副校长 体育组长 足球教师	访谈法 文献法 文本分析
C3年度目标	Ⅰ.年度目标重点突出、层次分明、衔接有序,符合校园足球发展的普遍规律和学校体育工作发展的实际状况,对实践工作具有明确详细的指导作用 Ⅱ.目标重点较突出,对实践工作有一定的指导作用 Ⅲ.年度目标重点不突出、层次不清晰,或未制订年度目标 评价重点:衡量年度目标对三年目标的贯彻性、层次性和合理性	校长 副校长 体育组长 足球教师	访谈法 文献法 文本分析

（续表）

指标名称	评价标准细则及方法说明	调查对象	获取方式
C4学生体质目标	Ⅰ.根据已有学生体质测试的数据结果制订学生体质测试整体目标，目标科学合理、可实现性强，且对学校体育工作具有明确的指导作用 Ⅱ.制订学生体质测试整体目标，目标较合理，对学校体育工作具有一定的导向作用 Ⅲ.学生体质目标的合理性和可实现性较差，或未制订学生体质目标 评价重点：目标的合理性和对学校体育工作的指导性	体育组长 足球教师	文献法 访谈法
C5足球技能目标	Ⅰ.制订学生足球技能测试整体目标，目标科学合理、可实现性强，对校园足球的课堂教学和课外活动实践具有明确的指导作用 Ⅱ.制订学生足球技能目标，目标较合理，对校园足球工作实践有一定的指导作用。 Ⅲ.学生足球技能目标的基础性和可实现性较差，或未制订学生足球技能目标 评价重点：目标的合理性和对校园足球工作的指导性	体育组长 足球教师	文献法 访谈法
C6足球人口目标	Ⅰ.制订学生足球人口目标，目标科学合理、可实现性强，对部署整个学校的校园足球活动的种类、数量和侧重点具有明确的导向作用 Ⅱ.制订学生足球人口目标，目标较合理，对学校的足球活动具有一定的导向作用 Ⅲ.标的合理性较差或未制订学生足球人口目标 评价的重点：目标的合理性和对校园足球工作的指导性	体育组长 足球教师	文献法 访谈法

（续表）

指标名称	评价标准细则及方法说明	调查对象	获取方式
C7比赛成绩目标	Ⅰ．制订校园足球代表队的比赛成绩目标，目标科学合理，对学校足球队的梯队建设、训练计划的制订与实施、训练方法和手段的选择具有明确的指导作用 Ⅱ．制订校园足球代表队的比赛成绩目标，目标较合理，对足球队建设具有一定的指导作用 Ⅲ．未制订比赛成绩目标 评价重点：目标的合理性和对该校足球代表队建设及训练工作的指导性	体育组长 足球教师	文献法 访谈法
C8领导小组	Ⅰ．成立由校长或副校长任组长，教务、后勤、体育等部门负责人任成员的校园足球领导小组，机构建制完整、成员分工明确、权责清晰、协同配合良好，切实开展工作 Ⅱ．校园足球领导小组机构建制较完善，成员分工较明确，工作执行状况有待提高 Ⅲ．未成立校园足球领导小组 评价重点：领导小组建制的完善性和实效性	校长 副校长 体育组长	文献法 访谈法 问卷法
C9管理制度	Ⅰ．针对校园足球的各项具体工作，建立完善的管理制度，制度健全、合理、可执行性强，依据制度要求开展各项工作，管理有据 Ⅱ．建立了相应的管理制度，制度的健全性、合理性和可执行性有待提高 Ⅲ．未建立相应的管理制度 评价重点：制度的健全性、合理性和可执行性	校长 副校长 体育组长	文献法 访谈法 问卷法
C10评价制度	Ⅰ．建立了涵盖学生体质、足球技能、足球人口和足球特色与成果等多方面内容相结合的衡量校园足球开展质量与水平的评价制度，制度全面合理，具有良好的调节和导向作用 Ⅱ．建立相应的评价制度，但制度的全面性、合理性和实效性有待提高 Ⅲ．未建立相应的评价制度 评价重点：制度涵盖内容的全面性、合理性和对校园足球工作指导的实效性	校长 副校长 体育组长	文献法 访谈法

（续表）

指标名称	评价标准细则及方法说明	调查对象	获取方式
C11课程模式	Ⅰ.将足球课堂教学、课外活动、班级联赛、文化节活动、代表队训练与竞赛等多种形式的足球活动融为一体，建立与学校实际发展相适应、有利于本校足球发展的"课内外一体化"的课程模式 Ⅱ.建立涵盖部分足球活动形式与本校实际发展相适应的"课内外一体化"课程模式 Ⅲ.未成立"课内外一体化"的课程模式 评价重点：涵盖形式的多样性、安排的合理性和实际的可操作性	校长 副校长 体育组长	文献法 观察法 访谈法
C12教材选择与应用	Ⅰ.选用教育部指定的《中小学校园足球教材》并结合学校实际制订符合本校实际、有利于足球教学的校本教材，校本教材编写科学合理，具有良好的逻辑性、指导性和可操作性 Ⅱ.选用教育部指定的《中小学校园足球教材》并制订校本教材，校本教材的可操作性和实效性有待提高 Ⅲ.选用指定教材，未形成校本教材	体育组长 足球教师	文献法
C13常规教学文件	Ⅰ.依据体育与健康课程标准的要求设计校园足球的学年、学期、单元和课时教学计划等文件，文件齐全、设计科学、衔接合理、内容翔实、及时更新、格式规范 Ⅱ.校园足球的学年、学期、单元和课时教学计划等相关文件基本齐全、设计较合理 Ⅲ.校园足球的学年、学期、单元和课时教学计划等相关文件不齐全、管理不规范、内容更新缓慢 评价重点：文件的齐备性、科学性和规范性	副校长 体育组长	文献法

（续表）

指标名称	评价标准细则及方法说明	调查对象	获取方式
C14对校园足球前瞻力	Ⅰ.对校园足球具有的功能和价值具有全面独到的见解，能够根据国家出台的相关政策文件对其未来的发展作出富有远见的判断 Ⅱ.对校园足球的功能价值有一定的了解，能判断发展的大致方向 Ⅲ.对校园足球的功能价值认识模糊，难以对其发展作出判断 评价重点：前瞻的正确性和深刻性	副校长 体育组长 足球教师	访谈法
C15对校园足球决策力	Ⅰ.校长能够依据有关校园足球的文件快速结合学校实际，迅速制订将文件或政策内容转化成现实结果的执行计划和行动方案，执行计划目的明确、逻辑层次清晰、行动方案科学可行 Ⅱ.执行计划逻辑性和层次性较好，行动方案具有较好的可执行性 Ⅲ.执行计划和行动方案不合理、可执行性差 评价重点：执行方案的目的性、计划性和可行性	副校长 体育组长 足球教师	访谈法 文献法
C16对校园足球执行力	Ⅰ.依据执行计划和行动方案的部署，校长发挥了卓有成效的领导、监督和协调作用，充分保障校园足球发展所需资源优先充足配给，确保行动方案落到实处，得到理想的效果 Ⅱ.依据执行计划和行动方案的部署，校长发挥了积极的领导、监督和协调作用，校园足球发展所需资源的配给较充足，得到较好的效果 Ⅲ.依据执行计划和行动方案的部署，校长的领导、监督和协调作用不明显 评价重点：解决问题的实效性	副校长 体育组长 足球教师	访谈法 观察法

（续表）

指标名称	评价标准细则及方法说明	调查对象	获取方式
C17对校园足球的参与力	Ⅰ.班主任对学校和班级举办的多种形式的足球活动能够全程参与，对活动的筹划、组织、执行、总结的各个环节予以充分关注 Ⅱ.班主任对学校和班级举办的多种形式的足球活动能够部分参与，对活动的各环节予以较多关注 Ⅲ.班主任对学校和班级举办的各项足球活动较少参与	校长 体育组长 足球教师	访谈法
C18对学生的引导力	Ⅰ.针对学生在参与校园足球活动中遇到的各种实际问题，班主任能够因势利导，献言献策，帮助学生分析问题、战胜困难，在解决困难的过程当中注重发挥班主任的引导和教育作用。教师立场明确、分析合理、方法得当，得到理想的效果 Ⅱ.针对学生遇到的各种实际问题，班主任积极引导，立场明确、方法较得当，得到较理想的效果 Ⅲ.针对学生遇到的各种实际问题，班主任的引导方式与方法有待提高	校长 体育组长 足球教师	访谈法 问卷法
C19教师周均课时量	$$y = f(x) = \begin{cases} 1 & (x \leq 16) \\ \dfrac{22-x}{6} & (17 < x < 22) \\ 0 & (x \geq 22) \end{cases}$$ 注：此处课时为体育课堂教学课时，不包括早操、课间操、课外活动、业余训练、体育竞赛等折算课时	体育教师 足球教师	文献法 问卷法
C20 C级、D级教练员教师数量	Ⅰ.学校拥有D级教练员资质的教师数量不低于2人或1人为C级、1人为D级 Ⅱ.学校拥有D级教练员资质的教师数量1人 Ⅲ.学校尚没有D级教练员资质的教师	足球教师	文献法 访谈法

第五章 基于CIPP的北京市校园足球特色学校评价的实证研究

（续表）

指标名称	评价标准细则及方法说明	调查对象	获取方式
C21教师课酬满意度	Ⅰ.将体育教师组织的早操、课间操、课外活动、业余训练、体育竞赛、学生体质健康测试等形式的工作按照合理的比例计入教师总工作量，体育教师与其他学科教师享有同等待遇，总工作量不存在打折或变相打折的行为，教师对课时薪水具有很高的满意度 Ⅱ.仅将体育教师参与的多种形式的工作部分计入工作量，总工作量不存在打折或变相打折的行为，教师对课时薪水具有较高的满意度 Ⅲ.体育教师工作量存在变相打折或不能与其他学科教师享有同等待遇的行为，教师对课时薪水的满意度差	体育组长 体育教师	文献法 问卷法 访谈法
C22教师招聘培训计划与实施	Ⅰ.依据学校发展校园足球的实际需求制订教师招聘与培训计划，招聘计划与实施科学合理、执行严格、落实有序，培训计划与实施能够确保教师及时有效地获得与校园足球发展相关的知识与技能，确保足球教师数量与质量不断提升，能够充分满足学校开展足球教育教学活动的需求 Ⅱ.制订教师招聘与培训计划，计划较科学合理，执行较严格，教师数量与质量基本能够满足学校开展各项足球教育教学活动的需求 Ⅲ.未制订教师招聘与培训计划或有计划但执行不严格，教师数量与质量未有实质性变化	校长 体育组长 足球教师	文献法 访谈法 观察法

199

（续表）

指标名称	评价标准细则及方法说明	调查对象	获取方式
C23安全教育机制	Ⅰ.牢固树立"安全高于一切"的理念，面向全体学生，定期开展以提高学生体育安全意识、增强健身安全知识和掌握正确锻炼方法为目的的专题教学活动，教师出色地将体育安全的理念、知识和方法落实到每节体育课和每次体育活动的实践中，帮助学生形成健康正确的体育行为习惯 Ⅱ.树立"安全高于一切"的理念，开展以提高学生安全意识、增强健身知识和掌握正确锻炼方法为目的的专题教学活动，教师能较好地将体育安全的理念、知识和方法落实到每次体育活动实践中，具有较好的实效性 Ⅲ.对学校体育安全工作重视不够，未开展针对性的教育教学活动，体育教师落实安全教育的理念和方法不明显，实效性差	校长 副校长 体育组长	文献法 观察法
C24体育伤害应急机制	Ⅰ.建立学校体育运动伤害综合预案和处理机制，针对本校体育伤害事故发生的特点和规律，成立学校体育意外伤害应急处理小组，人员齐备、权责明晰，建立针对性的应急救助预案和事故处理预案，预案健全、科学合理、可操作性强 Ⅱ.成立学校体育运动伤害应急处理小组，人员较齐备、应急救助预案和事故处理预案较健全合理 Ⅲ.未成立学校体育意外伤害应急小组，相关预案不健全	校长 副校长 体育组长	文献法 访谈法

（续表）

指标名称	评价标准细则及方法说明	调查对象	获取方式
C25保险保障机制	Ⅰ．学校为每一位学生购买体育运动意外伤害险，同时积极购买校方责任险和校方无过失责任险，三个险种齐全，并不断完善相关险种的保险和保障机制，意外伤害险覆盖率达到100% Ⅱ．三个险种齐全，意外伤害险覆盖率大于等于70% Ⅲ．三个险种不齐全且意外伤害险覆盖率低于70%	校长 副校长	文献法 访谈法
C26场地面积与质量	Ⅰ．足球场地面积符合《国家学校体育卫生条件试行基本标准》（教体艺〔2008〕5号）的要求，质量上乘（天然草皮或人工草皮），能够充分满足学校开展校园足球活动的各项需求 Ⅱ．足球场地面积符合《国家学校体育卫生条件试行基本标准》（教体艺〔2008〕5号）的要求，质量较好，基本满足开展校园足球各项活动的需求 Ⅲ．足球场地面积与质量不能满足学校开展校园足球活动的基本需求	副校长 体育组长 足球教师	观察法
C27场地改善措施与效果	Ⅰ．根据学校已有场地的实际情况和开展校园足球活动的需求，在已有场地的基础上，采取改建、扩建、租赁、调整使用时间等手段，有效弥补场地不足的短板。改善调配措施科学务实、方法得当、实效性高，经调配后场地能完全满足学校开展校园足球活动的各项需求 Ⅱ．根据学校已有场地的实际情况和开展校园足球活动的需求，经学校努力调配后场地基本能满足学校开展校园足球活动的需求 Ⅲ．在学校场地的实际情况不能满足足球活动开展需求的情况下，校方未采取有效的改善措施和方法	校长 副校长 足球教师	访谈法 观察法

（续表）

指标名称	评价标准细则及方法说明	调查对象	获取方式
C28班级开课率	Ⅰ．校园足球开课班级覆盖全校所有班级，足球课班级开课率达到100% Ⅱ．校园足球开课班级覆盖全校的2/3以上班级，足球课班级开课率不低于67% Ⅲ．足球课班级开课率低于67% 注：足球课必须作为单独设课内容，且有足球专业教师任教	体育组长 足球教师	文献法 访谈法
C29周开课时数/班	Ⅰ．周开课时数≥1学时 Ⅱ．周开课时数＜1学时	足球教师 学生	文献法 访谈法
C30编班人数	$y = f(x) = \begin{cases} 1(x \leqslant 30) \\ \dfrac{40-x}{10}(30 < x < 41) \\ 0(x \geqslant 41) \end{cases}$	体育教师	文献法 测验法
C31教学督导	Ⅰ．学校成立由校长或副校长任组长的学校体育教学督导小组，采取检查、听课、调研、评价等形式开展督导工作，组长听课次数不少于4节/学期，组员不少于6节/学期，听课记录内容详实，书写规范，评价合理，足球课占有适当比例，将监督指导的作用落到实处 Ⅱ．成立学校体育教学督导小组，对督导小组成员的听课次数有明确规定，听课记录较翔实，评价较合理 Ⅲ．未开展学校体育教学督导工作或督导效果较差	校长 副校长 体育组长	文献法 访谈法
C32教学质量反馈	Ⅰ．开展由专家测评、领导测评、教师测评和学生测评相结合的校园足球教学质量评价与反馈工作，通过全面的信息收集与处理，形成评价结果与建议，有效指导教学实践 Ⅱ．开展校园足球教学质量评价与反馈工作，组员与信息构成较单一，反馈结果不佳 Ⅲ．未开展任何形式的校园足球教学质量评价与反馈工作	校长 副校长 体育组长	文献法 访谈法

（续表）

指标名称	评价标准细则及方法说明	调查对象	获取方式
C33 教学目标	Ⅰ．贯彻以"通过运动技能的学习促进学生健康"为主旨的课堂教学目标，服务于课程目标的实现，教学目标从认知、技能、情感三个维度对促进体质健康、掌握运动技能、健全人格三个目标进行制订。课堂教学目标主旨明确，涵盖内容全面具体、重点突出、表述清晰，能够与教学内容、学生实际、教师特点、场地资源等要素积极地融合在一起，对课堂教学和课堂评价具有良好的指导性和可操作性 Ⅱ．课堂教学目标主旨明确，内容较全面、表述较清晰，具有一定的指导性 Ⅲ．课堂教学目标主旨模糊，涵盖内容片面、表述混乱，指导作用不明显	体育组长 足球教师	文献法 问卷法 访谈法 观察法
C34教学内容	Ⅰ．围绕教学目标的主旨、学生身心特点、教学条件等因素对教材内容进行精选优化，形成课时教学内容难度适中、衔接合理、重难点处理得当、能够很好地服务于教学目标的实现，具有良好的针对性和创造性 Ⅱ．课时教学内容的选择较合理，较好地服务于实现教学目标，具有较好的针对性 Ⅲ．课时教学内容安排的合理性差	体育组长 足球教师	文献法 观察法 问卷法 访谈法
C35教学方法	Ⅰ．教师能够灵活熟练地运用各种教学方法出色地完成教学任务、顺利地实现教学目标，且教学方法的选择能够体现出很高的丰富性、趣味性、针对性、启发性和高效性，得到理想的效果 Ⅱ．教师能够较熟练地运用各种教学方法完成教学任务，基本实现教学目标，效果较好 Ⅲ．教师能够完成教学任务，但教学方法单一、教学效果较差	体育组长 足球教师	文献法 观察法

（续表）

指标名称	评价标准细则及方法说明	调查对象	获取方式
C36教学组织	Ⅰ.队形的组织与队伍的调动科学合理，场地、器材等资源的利用率高，课堂气氛活跃、学生练习的趣味性和积极性高，课堂练习密度适中，运动负荷合理 Ⅱ.队形的组织与队伍的调动较合理，资源利用率、学生练习的积极性较高，运动负荷较合理 Ⅲ.队形的组织与队伍的调动不合理，资源利用率、学生练习的积极性较差	体育组长 足球教师	观察法 访谈法
C37课堂评价	Ⅰ.任课教师积极开展以提升课堂教学质量为目的的课堂评价，立足于学生的全面发展，坚持采用发展性与激励性相结合的评价原则，运用多种评价方式对"教与学"的结果与过程进行评价，评价客观公允，切实发挥评价的导向和激励作用，对促进教学质量的提升具有显著作用 Ⅱ.积极开展课堂评价，评价的目的、原则、方式恰当，对提升课堂教学质量具有一定的促进作用 Ⅲ.未开展课堂评价或课堂教学评价作用不明显	体育组长 足球教师	观察法 访谈法
C38制度建设与执行	Ⅰ.依据校园足球管理制度的要求，针对校园足球课外活动，建立了足球课外活动的目标体系、内容和组织体系、评价与管理体系，常年将足球项目列入学校课外活动大课表且每周不少于2次，面向全体学生开展，保障有力，责任到人，严格执行，记录翔实 Ⅱ.常年将足球项目列入学校课外活动大课表1次/周，或阶段性地开展足球课外活动，保障有力，记录较翔实 Ⅲ.未将足球项目列入课外活动课表	校长 副校长 体育组长	文献法 访谈法

（续表）

指标名称	评价标准细则及方法说明	调查对象	获取方式
C39课外活动参与人数比例	Ⅰ．每周以中等或中等以上强度参加足球课外活动2次及以上，且每次不少于40分钟的人数比例高于33% Ⅱ．每周参加足球课外活动2次及以上且每次不低于40分钟的人数比例为20%～33% Ⅲ．每周参加足球课外活动2次及以上且每次不低于40分钟的人数比例低于20%	足球教师 学生	问卷法 访谈法 测验法
C40联赛制度建设与实施	Ⅰ．依据管理制度的要求，面向全体学生，常年开展足球班级联赛，每学年2次，联赛制度建设合理、保障有力、严格执行、记录翔实 Ⅱ．面向部分学生，常年或阶段性的开展足球班级联赛，制度较合理、执行较严格 Ⅲ．足球班级联赛制度的落实情况较差	体育组长 足球教师	文献法 访谈法
C41参与场次/班/年	$y = f(x) = \begin{cases} 1 & (x \geqslant 10) \\ \dfrac{x-4}{6} & (4 < x < 10) \\ 0 & (x \leqslant 4) \end{cases}$ 注：x表示每班每年参与班级联赛的平均场次数量	学生 足球教师	文献法 访谈法
C42联赛参与人数比例	Ⅰ．以球员身份上场参与比赛的学生比例占全班总人数的50% Ⅱ．以球员身份上场参与比赛的学生比例占全班总人数的30%～50% $y = f(x) = \dfrac{x - x_{\min}}{x_{\max} - x_{\min}}$ Ⅲ．以球员身份上场参与比赛的学生比例低于全班总人数的30% 注：y表示此项指标的"评价值"，x表示以球员身份上场参与比赛的人数与全班总人数的比值即"实际值"	学生 班主任	问卷法 测验法 访谈法

（续表）

指标名称	评价标准细则及方法说明	调查对象	获取方式
C43活动方案设计与实施	Ⅰ．依据校园足球管理制度的要求，面向全校学生定期开展主题鲜明、目的明确、内容丰富、形式多样的校园足球文化节活动，活动方案设计科学合理、保障有力、执行严格、记录翔实，收到广泛好评 Ⅱ．面向全校学生定期开展内容较丰富、形式较多样的校园足球文化节活动，方案设计较合理、执行较严格、记录较翔实 Ⅲ．活动内容简单、形式单一，或未开展校园足球文化节活动	副校长 足球教师	文献法 访谈法
C44文化节参与人数比例	$y=f(x)=\begin{cases}1(x=100\%)\\\dfrac{x-50\%}{50}(50\%<x<100\%)\\0(x\leqslant 50\%)\end{cases}$ 注：y为该校参与文化节的人数百分比，每人每参加1个节目的活动记作1次，可累加，不封顶	足球教师 学生 班主任	问卷法 测验法 访谈法
C45足球队制度建设	Ⅰ．依据校园足球管理制度的要求，在校足球代表队成员的纳新、训练、竞赛、文化辅导、退出机制上建立明确的制度和规则保障，制度规则涵盖内容全面、合理，可执行性强 Ⅱ．依据校园足球管理制度的要求建立相应的规章制度，制度内容较全面合理，具有一定的可执行性 Ⅲ．未针对校足球代表队建立相应的规章制度	足球教师	文献法 访谈法
C46队伍种类与数量	Ⅰ．学校成立校级男子、女子足球代表队，三年级及以上年级成立年级足球代表队，且各班级具有班级代表队。队伍种类齐全，各队人员相对稳定、数量可观 Ⅱ．学校成立校级男子足球代表队和年级代表队（四年级及以上），各队人员稳定、数量可观 Ⅲ．学校仅成立校级男子足球代表队	足球教师	文献法 访谈法

（续表）

指标名称	评价标准细则及方法说明	调查对象	获取方式
C47训练计划的制订与执行	Ⅰ．制订校级足球代表队的学期和周训练计划，训练目标明确、内容科学全面、方法手段得当、负荷合理。训练计划具有良好的目的性、层次性和可操作性，依据训练计划开展训练，严格执行、成效显著 Ⅱ．制订足球代表队的学期和周训练计划，计划具有较好的目的性、层次性和可操作性，依照训练计划开展训练，执行较严格 Ⅲ．未制订训练计划	足球教师	文献法 访谈法
C48对外交流	Ⅰ．积极参加由市、区教育部门组织的各项足球赛事，同时为提高校级足球代表队的竞技水平，积极通过组织或参加邀请赛、友谊赛、约赛等形式的比赛与兄弟学校交流。每年校级足球代表队参与校际间足球比赛平均场次不低于12场 Ⅱ．每年参与校际间足球比赛场次介于8～12场 $$y = \frac{x - x_{\min}}{x_{\max} - x_{\min}}$$ Ⅲ．每年参与校际间足球比赛场次不足8场	足球教师	文献法 访谈法 测验法
C49学生体质健康测试	Ⅰ．有关学生体质健康测试的规章制度健全，测试仪器符合教育部规定标准，定期开展、专人负责、测试工作规范有序，积极上报测试结果，且根据测试结果出台针对性的措施干预学生体育锻炼 Ⅱ．学生体质健康测试的规章制度较健全，测试工作较规范，能够根据测试结果出台干预措施，效果有待提高 Ⅲ．未建立学生体质健康测试的规章制度，权责不清、测试工作欠规范	副校长 体育组长	文献法 访谈法

（续表）

指标名称	评价标准细则及方法说明	调查对象	获取方式
C50足球技能测试	Ⅰ.面向全体学生，依据教育部出台的《学生足球运动技能等级评定标准（试行）》的要求，定期开展足球技能测试工作，测试工作规范有序，且根据测试结果针对性地干预足球教学与训练工作，成效显著 Ⅱ.面向部分学生，依据《学生足球运动技能等级评定标准（试行）》的要求，开展足球技能测试工作，根据测试结果干预足球教学与训练工作，效果有待提高 Ⅲ.未开展足球技能测试工作	体育组长 足球教师	文献法 访谈法
C51足球人口比例	Ⅰ.学生足球人口比例不低于30% Ⅱ.学生足球人口比例介于20%~30% Ⅲ.学生足球人口比例低于20% 注：足球人口是以中等及以上运动强度每周参加3次及以上，每次不少于40分钟，每周累计不少于120分钟的以足球项目为活动内容的人数	足球教师 学生	文献法 问卷法 测验法
C52创新模式	Ⅰ.学校积极将课堂教学、课外活动、校代表队训练与竞赛等多种形式的足球教育教学活动融为有机整体，打造与学校发展实际相适应的"课内外一体化"或"校内外一体化"的教学模式，模式业已成形，表现在资源利用充分合理、组织规范有序、执行严格到位的局面，受到广大师生和家长的一致好评 Ⅱ.打造适合学校发展实际的"课内外一体化"或"校内外一体化"的教学模式，模式逐渐成形，表现在资源利用较充分、组织较规范、执行较严格的局面 Ⅲ.未打造适合学校发展实际的"课内外一体化"的教学模式	校长 副校长 体育组长 足球教师 学生	观察法 访谈法 问卷法

(续表)

指标名称	评价标准细则及方法说明	调查对象	获取方式
C53创新效果	Ⅰ.在全校师生的共同努力下，与校园足球相关的物质、精神、制度、行为文化业已形成，表现在已形成人人会踢球、班班有球队、月月有活动、周周有比赛的良好局面，校园足球文化氛围浓郁、育人效果卓越，对外示范辐射效应明显 Ⅱ.与校园足球活动相关的多种形式的足球活动的组织实施工作逐渐系统化、制度化、规范化，校园足球文化基本形成，育人效果逐渐彰显 Ⅲ.足球活动的组织实施工作未形成制度，工作开展的规范性、有序性较差，育人效果不明显	校长 副校长 体育组长 体育教师 学生	观察法 访谈法
C54体质测试优良率年增长率	Ⅰ.学生体质健康测试结果中优良率保持良好增长态势，近两年优良率增长率均大于10% Ⅱ.学生体质健康测试结果中优良率保持较好增长态势，近两年优良率增长率为5%~10% Ⅲ.学生体质测试优良率或及格率增幅不明显，出现停滞或负增长	体育组长 体育教师	文献法 测验法
C55足球技能测试达标率年增长率	Ⅰ.近两年学生足球技能测试达标率年增长率呈现理想增幅 Ⅱ.近两年学生足球技能测试达标率年增长率呈现较理想增幅 Ⅲ.近两年学生足球技能测试达标率年增幅不明显	体育组长 足球教师	测验法 访谈法 文献法
C56足球人口年增长率	Ⅰ.近三年学生足球人口比例年增长率呈现理想平稳的增长态势 Ⅱ.近三年学生足球人口比例年增长率呈现较理想增幅 Ⅲ.近三年学生足球人口比例年增长率增幅不明显或停滞	体育组长 足球教师	文献法 访谈法

（续表）

指标名称	评价标准细则及方法说明	调查对象	获取方式
C57足球人才输送年增长率	Ⅰ.近三年向更高一级学校输送足球人才数量可观且逐年增多，呈现理想平稳的增长态势 Ⅱ.近三年向更高一级学校输送足球人才数量逐年增多，增长态势较理想 Ⅲ.近三年向更高一级学校输送足球人才数量增幅不明显	体育组长 足球教师	文献法 访谈法

三、校园足球特色学校综合评价的合成方法

综合评价法是对多指标进行合成的一系列有效方法的总称，它通过分类、加权、求和的方式对所有指标进行处理，评价结果具有很高的科学性、客观性和可比性[1]，被广泛地应用于综合评价的实践中。具体操作步骤如下：首先，将反映各单因素的指标量化形成各单因素的评价值；其次，将单因素的评价值与其相应的权重值求积；然后，对乘积进行累计求和并依次向上一级指标汇总；最后，直至完成对一级指标的加权求和即可得到关于该校的综合评价值。

第二节 校园足球特色学校评价的验证

一、A校评价内容、分值和依据汇总

首先，问卷调查结果是三级指标赋值的重要依据。调查问卷共分为三类，校长问卷由校长或主管体育工作的副校长填写，教师问卷由本校体育教师（含外聘教师）填写，学生问卷则在全校各年级间抽样调查，每个年级随

---

[1]余道明.体育现代化理论及其指标体系研究——以首都体育现代化研究为例[D].福州：福建师范大学，2007：175-176.

机抽两个班，每班2人，学生问卷总数不少于20份。根据不同群体在三级指标评价中作用的不同，将其重要性程度确定为教师问卷统计结果、校长问卷统计结果和学生问卷统计结果，并会依据具体评价指标的差异而有所区别。

其次，依据调研材料的计算结果获得每一个三级指标的"实际值"，然后对照评价标准进而获得该三级指标的"评价值"，用该三级指标的"评价值"分别乘该指标对应的权重值，得出该项指标的"得分值"，再将同属于上一级指标（某二级指标）的其他三级指标最后得分求和即为对应的该二级指标的得分值；以此类推，最终获得关于某个校园足球特色学校的最终得分值。在计算的过程中可以根据分析的需要获得校园足球特色学校在发展目标、资源保障、组织执行和发展成果四个一级指标的得分值及相应的二级指标的得分值，这些都是分析校园足球特色、学校足球教育教学开展质量与水平及存在问题的切入点。

下面以A学校为例举例说明基于CIPP的北京市校园足球特色学校评价的具体步骤、评价依据、等级判定、分值赋予和计算方法。

（一）发展目标部分

某校园足球特色学校发展目标部分评价内容、等级、分值和主要判断依据汇总表见表5-4。

表5-4 A校发展目标部分评价内容、分值和依据汇总表

二级指标	三级指标（评价内容）	评定等级与分值	主要判断依据
B1预期目标	C1五年目标	好 1	基础：东城区"传统体育文化特色学校"、区教委、体育局认定的"三大球"项目网点校中足球网点校的组长校、北京市田径项目传统校、"体育达标甲级校"三连冠、"区体育达标"标兵校，该校的女子足球队曾连续七次获得全国冠军，2015年获得"全国青少年校园足球特色学校"称号

(续表)

二级指标	三级指标（评价内容）	评定等级与分值	主要判断依据
	C2三年目标	好 0.9	目标：以争做"全国青少年校园足球特色示范校"为目标，力争在校园足球的教育教学、业余训练与竞赛方面形成成熟的模式，各项考核指标进入全市同行前列 判断依据：发展目标立足于学校基础，着眼于学校的长远发展，陈述了学校以校园足球为特色所要达到的整体水平和程度，发展目标具有良好的前瞻性、导向性和可实现性，据此认为该校此项指标评定等级为"好" 目标：建立并完善校园足球的各项规章制度，主要抓好课程建设和业余训练工作。课程建设，将北京大学"3C脑体双优"课程理念、意大利少儿足球训练原则、身体功能训练前沿知识和方法融合于校园足球的教学训练的实践中，打造适合小学生自主发展的足球精品校本课程。校本课程取得阶段性成果，全校常年参加足球业余训练的人数突破百人，编写一部校园足球推广指导手册，带领本组足球项目网点学校的足球教学训练工作再上新台阶 判断依据：以面向普及的课程建设和提高的业余训练为核心目标，对阶段目标所涵盖的范围、要实现的程度表述清晰合理，对校园足球具体工作的开展具有明确的指导意义。据此认为该校此项指标评定等级为"好"

（续表）

二级指标	三级指标（评价内容）	评定等级与分值	主要判断依据
	C3 年度目标	好 0.9	年度重点：2015年校园足球进课程、进课堂，每班每周保证一节足球课，足球课班级开课率达到100%；开展多种形式的校园足球文化节活动，使不低于60%的学生参与除课堂教学以外的多种形式的校园足球活动中；2016年，在全校范围内开展班级联赛，使不低于30%的学生能够上场参与比赛；足球列入课外活动大课表，强化足球课外兴趣活动小组的学习与训练，吸引更多学生参与业余训练中，成为本校的足球人口；2017年形成良好的校园足球文化氛围，作用开始彰显，表现在足球课堂教学、文化节、班级联赛、业余训练与竞赛等相关制度建设完备，执行有力，运转良好 判断依据：年度目标整体上具有较好的系统性和层次性，各个年度目标重点突出、设置合理，符合校园足球特色学校的发展规律和学校体育的发展规律。据此认为该校此项指标评定等级为"好"以上有关预期目标的相关信息从查阅学校的校园足球发展规划（2015—2020年）、2015—2018年某某学校校园足球特色学校建设方案和对相关负责人的访谈录音梳理总结获得（录音编号20171117）

(续表)

二级指标	三级指标（评价内容）	评定等级与分值	主要判断依据
B2计划目标	C4学生体质目标	好 0.9	在保证学生体质健康测试合格率96%和优良率75.14%的基础上，力争使学生体质健康测试合格率达到100%，优良率每年以不低于1个百分点的速度增长 判定依据：校方提供了2015、2016年体质测试的数据，认为该目标符合学校的实际，可实现性和可操作性强。据此认为该校此项指标评定等级为"好"
	C5足球技能目标	一般 0.6	在高年级的班级和校级男子、女子代表队中实行足球技能测试工作，高年级学生足球技能测试达标率达到一定比例，校级男子女子足球代表队足球技能测试达标率达到100% 判断依据：《学生足球运动技能等级评定标准（试行）》是教育部在2016年6月出台的文件，之前该校没有开展过相关的测试工作，足球技能目标的基础性不得而知，该技能目标仅对高年级和校队同学的测试工作做了要求，具有指导性意义，可操作性和可实现性尚不能确定。综合以上几点考虑，足球技能目标评定等级为"一般"
	C6足球人口目标	好 1	使学校足球人口比例在现有的11%的基础上，力争使常年参加足球业余训练的足球人口突破百人，足球人口比例达到20% 判断依据：足球人口目标的基础性和可实现性强，指出为实现此目标要加强足球兴趣小组和社团的活动，重视足球课外活动的组织开展工作，以兴趣为吸引，扩大规模。据此认为该校此项指标评定等级为"好"

（续表）

二级指标	三级指标（评价内容）	评定等级与分值	主要判断依据
	C7比赛成绩目标	好 0.9	男足成绩在原有东城区前两名的基础上，力争实现东城区冠军，进入市级比赛前六；女足在北京市运动会女子丙组足球比赛冠军的基础上，继续保持，力争在全国比赛中进入前三 判断依据：比赛成绩目标具有较好的基础性和可实现性，提示校足球队的建设不仅要重视现有球队的训练和建设，更要注重后备人才的培养，努力保持比赛成绩的稳定，重视训练的系统性和科学性，加强梯队建设，注重足球氛围的延续。据此认为该校此项指标评定等级为"好"

依据评价步骤的要求，现将A学校各项三级指标的"评价值"结合前一章统计获得的基于CIPP的北京市校园足球特色学校评价指标体系权重表，计算A小学一级指标发展目标部分的得分。

具体计算方法如下：用三级指标的"评价值"分别与其相应的权重值相乘，得出该项三级指标的"得分值"，把同属于某二级指标的所有三级指标的"得分值"相加，得出该二级指标的最后"得分值"，以此类推得出一级指标的"得分值"，最后对一级指标的得分值进行求和获得该学校的最终得分值。

以B1预期目标为例，它由三个三级指标构成，分别是C1五年目标、C2三年目标和C3年度目标，则B1预期目标的得分值= C1评价值×C1权重值＋C2评价值×C2权重值＋C3评价值×C3权重值，即：

B1预期目标的得分值=1×0.2650＋0.9×0.3975＋0.9×0.3375=0.9265

B2计划目标的得分值=0.9×0.2462＋0.6×0.2451＋1×0.3020＋0.9×0.2067=0.85667

以此类推：A1发展目标的得分值=B1预期目标的得分值×B1权重值+B2计划目标的得分值×B2权重值

A1发展目标的得分值=0.9265×0.4219+0.85667×0.5781=0.886131

（二）资源保障部分

A校资源保障部分评价内容、分值和依据汇总见表5-5。

表5-5 A校资源保障部分评价内容、分值和依据汇总表

二级指标	三级指标（评价内容）	评定等级与分值	主要判断依据
B3足球管理工作	C8领导小组	好 0.9	问卷调查显示有100%的被调查者认为该校的校园足球领导小组的组织机构设置合理从实地调研了解到该校的校园足球领导小组由校长任组长、足球教师任执行组长、每个体育教师负责1~2个年级，班主任与行政人员配合工作的校园足球领导小组。据此认为该校此项指标评定等级为"好"
	C9管理制度	好 1	从对足球教师和俱乐部教练员的调查可见，89%的被调查者认为管理制度合理务实，可操作性强，对实际工作具有很高的指导性从实地调研查看该校的有关校园足球的管理制度的文本可知，建立的与校园足球有关的管理制度包括：足球课课堂常规与安全措施、室内足球课教学内容汇编、足球建设计划学习手册（教练员）、财物管理制度、兴趣小组招生、业余训练管理规定、应急救助与事故处理预案、档案管理制度、器材场地管理办法、教练员奖惩办法等，由此可见管理制度健全、分类明确，且已执行多年。据此认为该校此项指标评定等级为"好"

（续表）

二级指标	三级指标（评价内容）	评定等级与分值	主要判断依据
	C10评价制度	一般 0.6	从查阅学校相关的规章制度发现，学校建立了涵盖体育课堂教学、大课间和课外活动、体育兴趣小组和社团开展质量与水平为内容的评价制度，但评价制度的内容细则较为宽泛，对学校体育实践工作虽有一定的指导作用，但实效性有待提高。据此认为该校此项指标评定等级为"一般"
B4足球课程建设	C11课程模式	好 1	采用"课内外与校内外一体化"的教学模式，教学模式基本成熟 通过实地调研和现场采访观察得知，在保证每班每周一节足球课的基础上，面向全校学生在每周的周一、周三、周五的课外活动时间开设足球兴趣小组，由足球专职教师负责，校足球代表队与恒安青少年足球俱乐部合作，在每周的周一、周三、周四、周五的课外活动时间到地坛体育中心进行训练，周末通常组织一场比赛。据此认为该校此项指标评定等级为"好"
	C12教材选择与应用	好 0.9	通过对相关负责人的访谈得知，该校以《义务教育体育与健康课程标准》（2011版 北京师范大学出版社）、《中国青少年儿童足球训练大纲》（2013版 人民体育出版社）、《中小学校园足球》（2015版 人民教育出版社）和教育部颁布的《全国青少年校园足球教学指南（试行）》为指导和参照，吸收"3C脑体双优"课程理念和身体功能训练的知识与方法，结合本校学生实际制订了校园足球校本教材。据此认为该校此项指标评定等级为"好"

（续表）

二级指标	三级指标（评价内容）	评定等级与分值	主要判断依据
	C13常规教学文件	一般 0.7	通过查阅学校提供的1~6年级的春季和秋季学期的关于足球课程的学年、学期、单元、课时教学计划发现，该校的常规教学文件齐全，设计较合理
			课时教学计划的衔接性较好，规范性和更新性有待提高。据此认为该校此项指标评定等级为"一般"
B5校长领导力	C14前瞻力	好 1	调查问卷统计表明，有80%的受访者认为校长对校园足球具有良好的理解力，更可贵的是校长全力支持体育组发展校园足球活动
			从对校长的访谈中可见，校长对学校体育的价值和功能具有较客观理性的认识，对校园足球具有的作用、优势及目前校园足球在发展中出现的问题有清醒的认识，指出小学阶段校园足球的发展遵循"以普及为主、提高为辅，以扩大足球参与人口为核心"的发展原则，进一步指出课堂教学是基础、多种形式的足球兴趣活动是关键。据此认为该校此项指标评定等级为"好"
	C15决策力	好 0.9	依据教育部和市教委出台的发展校园足球的文件精神和对学校体育价值功能的认识，并结合本校的实际情况，在坚持"以普及为主、提高为辅，扩大足球参与人口为核心"的发展原则的指导下，进一步指出具体的操作方案，做出"保证每班每周一节足球课、足球文化节每学年开展一次、足球兴趣小组活动列入大课表、'晨光行动'、业余训练与校足球代表队竞赛常态化"的部署。据此认为该校此项指标评定等级为"好"

（续表）

二级指标	三级指标（评价内容）	评定等级与分值	主要判断依据
B6班主任支持力	C16执行力	好 0.9	问卷调查显示有100%的受访者认为校长对校园足球的执行力强，具体表现在：首先，强调制度建设的重要性，完善以校园足球活动开展为核心的各种规章制度建设，使各种活动的开展有据可依；其次，在资金保障、师资、场地设施调配上给予优先权；最后，校长参与足球课的听课与评课工作、每次班级联赛为年级的冠军班颁发奖杯和奖牌、出席校足球代表队获奖之后的总结与庆祝活动。据此认为该校此项指标评定等级为"好"
	C17参与力	一般 0.7	从对校长和足球教师的问卷调查可知，75%的受访者对班主任的参与力表示为比较满意及以上等级，由访谈得知班主任的参与力主要体现在足球文化节活动开展时班级作品的组织、指导；在班级联赛进行时对班主任到场观赛情况的调查中，有各占50%的受访者选择了多数场次到场观赛指导和较少到场观赛指导，由此可见，班主任在校园足球发展的参与力的预期目标与现实之间尚存在较大差距。据此认为该校此项指标评定等级为"一般"
	C18引导力	一般 0.6	从对学生的问卷调查可知，60%的受访者认为班主任在班级活动中较少提到校园足球，主要集中在通知的下达、安全意识的强调、校园足球活动参赛作品的指导与督促上 在对足球教师的访谈中得知，造成这种情况的原因有：小学阶段的任课教师中女教师数量约占80%，懂足球、爱足球的教师就更少，此外班主任教师对学生学习成绩的关注是第一位的，所以造成对校园足球的引导力较弱。据此认为该校此项指标评定等级为"一般"

（续表）

二级指标	三级指标（评价内容）	评定等级与分值	主要判断依据
B7足球师资状况	C19体育教师周均课时量	好 1	课时量13学时/周，6个年级，共计22个教学班，体育课每周共计76学时，6名体育教师。"高参小"项目由首都体育学院的3名足球专业的硕士研究生配合本校足球教师负责足球课外兴趣小组的各项活动，恒安青少年足球俱乐部和东城区体育运动学校的2名教练员配合本校教师负责校级男子和女子足球队的业余训练工作
	C20 C级、D级教练员数量	好 0.9	专兼职足球教师中共有1名D级教练员和1名C级教练员，依照评价标准要求，认为该校此项指标评定等级为"好"
	C21教师课酬满意度	好 0.9	由对教师的问卷调查可知，82%的受访者对课酬情况表示满意。从对体育教师的访谈中得知，校长非常重视体育教师的薪酬待遇问题，体育教师在职称评聘、工作量核算方面与其他学科教师享有同等待遇。该校早操（晨光计划）、课间操、课外兴趣小组活动、校队业余训练的折算系数分别为0.4、0.4、0.5、1，学生体质测试工作在年终工作量核算时追加8课时，体育教师对此普遍满意。据此认为该校此项指标评定等级为"好"
	C22教师招聘/培训计划与实施	好 1	常年与恒安青少年足球俱乐部、东城区体校、首都体育学院"高参小"项目合作；依据教师招聘计划的安排，在2016、2017年分别引进一名健美操和武术项目的体育教师；2017年元月，两名足球教师参加"北京市校园足球特色学校骨干教师培训班"并获合格证书，学年接受足球专业培训均达到48学时。据此认为该校此项指标评定等级为"好"

（续表）

二级指标	三级指标（评价内容）	评定等级与分值	主要判断依据
B8安全保障	C23安全教育机制	好 0.9	对学生问卷调查的统计结果显示80%的受访者对学校的安全教育机制表示认可。在对体育教师的访谈中了解到，教师认真贯彻《学校体育卫生工作条例》的精神，将增强学生体质健康和预防运动伤害事故的发生作为头等大事来抓，表现在专门制订了《学校体育运动风险防控办法》《体育教师教学训练安全指导手册》《某某小学体育活动安全制度》等；利用室内教学时间开展专题性的安全教育活动每学期不少于2学时；将安全教育融合于每次教学与训练目标的制订、内容的选择、学生个体差异的处理中，将健康锻炼的知识与方法、足球运动中自我保护意识与方法的培养等内容贯穿课堂教学与业余训练的始终。据此认为该校此项指标评定等级为"好"
	C24体育伤害应急机制	好 0.9	针对本校体育工作和校园足球发展的实际情况，制订了《某某小学体育运动意外伤害处置应急预案》，预案中对组织机制、引发事故原因分析、体育活动事故的预防、体育活动的事故处理等内容有明确的规定。例如确立了"宁失一球、勿伤一人"的安全指导思想，遵守"强化课堂常规、精密组织教学"的原则，对教学训练竞赛各个细节进行精心设计、严格组织，强化"自我保护与相互保护"的意识与方法训练，视伤害情况的差异采取相应的救助、通报、责任认定与赔偿工作
			通过与教师的访谈得知，自2003年起学校开展足球活动以来，学校未发生一起体育重大伤害事故，在遇到一般的突发运动伤害事故时，应急预案在实际工作中发挥了积极有效的作用，实践证明应急预案健全、科学有效。据此认为该校此项指标评定等级为"好"

(续表)

二级指标	三级指标（评价内容）	评定等级与分值	主要判断依据
	C25保险保障机制	一般 0.75	对学生的问卷调查统计显示有77%的学生购买了体育运动意外伤害险
			在与教师的访谈中得知北京市教委为每一所学校购买了校方责任险和校方无过失责任险；在此基础上学校支持每一位学生购买体育运动意外伤害险；鉴于足球项目的特点，体育组要求每一位参加足球兴趣小组、班级、年级和校级足球代表队的学生必须购买体育运动意外伤害险，但体育运动意外伤害险覆盖面未达到100%。据此认为该校此项指标评定等级为"一般"
B9足球场地状况	C26场地面积与质量	一般 0.6	标准7人制足球场地，人造草皮，面积3000平方米，生均场地面积5平方米，超过北京市教委规定的小学生生均活动面积不少于2.7平方米的最低标准
			根据《国家学校体育卫生条件试行基本标准》（教体艺〔2008〕5号）规定要求，小学阶段，24个教学班及以下应具有300米环形田径场地，300米6跑道环形田径场面积约9700平方米。据此认为该校此项指标评价等级为"一般"
	C27场地改善调配措施与效果	好 1	自2003年起学校与恒安青少年足球俱乐部合作开展青少年足球训练工作以来，为缓解校内场地不足的状况，经过区教育、体育部门的协商，校级足球代表队的业余训练工作设在地坛体育中心足球场，一方面有效地解决了校级足球队训练场地的问题，另一方面从另一个角度来说又为学校其他体育兴趣小组开展提供了场地资源，有效地缓解了学校体育场地使用紧张的问题
			注：学校毗邻地坛体育中心，步行距离450米，步行前往约需6~8分钟，地坛体育中心拥有11人制标准足球场地，校级男子、女子足球队每周4次的业余训练工作均设在此处。据此认为该校此项指标评定等级为"好"

依据上文中的计算方法,同理可计算获得其他指标的得分值。

B3=0.9×0.2443+1×0.3556+0.6×0.4001=0.21987+0.3556+0.24006=0.81553

B4=1×0.2748+0.9×0.2598+0.7×0.4651=0.2748+0.23382+0.32557=0.83419

B5=1×0.2502+0.9×0.27468+0.9×0.4446=0.2502+0.67482=0.92502

B6=0.7×0.4714+0.6×0.5286=0.32998+0.31716=0.64714

B7=1×0.2015+0.9×0.2076+0.9×0.2848+1×0.3060=0.2015+0.18684+0.25632+0.3060=0.95066

B8=0.9×0.3084+0.9×0.3281+0.75×0.3635=0.27756+0.29529+0.272625=0.845475

B9=0.6×0.4426+1×0.5574=0.82296

A2=0.81553×0.1037+0.83419×0.1043+0.92502×0.1364+0.64714×0.1244+0.95066×0.1866+0.845475×0.1633+0.82296×0.1812=0.084570461+0.087006017+0.126172728+0.080504216+0.177393156+0.1380660675+0.1491202352=0.8428328807

(三)组织执行部分

A校组织执行部分评价内容、分值和依据汇总见表5-6。

表5-6　A校组织执行部分评价内容、分值和依据汇总表

二级指标	评价内容 (三级指标)	评定等级 与分值	主要判断依据
B10足球课程设置	C28班级开课率	好 1	从查阅学校提供的最近三个学期的全校的班级课表获知:全校6个年级,22个教学班全部开设足球课,且足球课为独立授课内容,足球课班级开课率100%,据此认定该校此项指标评定等级为"好"
	C29周开课时数	好 1	从查阅该校2017—2018学年的全校各班级的课表可见,足球课保证1节/班/周,教师以年级为单位来划分体育课教学任务,此外,针对恶劣极端天气开发了适合在室内开展的校本足球课程,例如:学校体育安全教育、足球与成长、足球赛事鉴赏、足球与科技、足球"圆来如此"等适合小学生兴趣特点的足球内容

(续表)

二级指标	评价内容 (三级指标)	评定等级 与分值	主要判断依据
	C30编班人数	好 1	平均每班30人（每班人数27～33不等），足球课以自然班形式授课
	C31教学督导	一般 0.7	学校体育督导小组采用了检查教学文件、随堂听课、综合评价的形式对学校体育的实际工作进行监督指导，以2016—2017学年春季学期为例，校长听体育课6节，平均每名体育教师1节，其中田径、武术、体操、游戏课各1节，足球2节；组员听课4～6节不等，听课记录较翔实，评价较合理，并对任课教师的教学提出了改进建议 笔者在查阅已有的听课记录时发现，对教学中存在问题的描述较宽泛，分析不够透彻，提出的改进建议较为笼统，据此认为教学督导的实际效果尚不明显，督导作用有待提高，该校此项指标评定等级为"一般"
	C32教学质量反馈	好 0.8	在本校组织的教学督导和学生每学期对教师进行测评的基础上，充分利用作为区教委、体育局认定的"三大球"项目网点校中足球网点校的组长校的身份，邀请相关兄弟学校的专家、同行来校对学校体育的教学质量进行评价，对评价的总体状况进行分类汇总，提出修改建议，在下个学期的教学实践中逐步落实改正 从与教师的访谈中得知，以2016—2017学年秋季学期教学质量反馈为例，相关专家提出低年级学生的足球教学中游戏内容相对欠缺、趣味性不强的缺点，针对此问题，体育组迅速邀请并组织首都体育学院足球教研室的专家来校讲授与足球游戏相关的内容，并且要求每名教师熟练掌握30种足球游戏的组织，亲自设计10种足球游戏，经过近一年的努力，足球教学中游戏内容偏少、趣味性差的缺点得到有效改善，学生学习兴趣和学习效果得到明显好转

(续表)

二级指标	评价内容（三级指标）	评定等级与分值	主要判断依据
B11足球课堂教学	C33教学目标	差 0.5	从查阅足球课的学期教学计划中发现，足球课堂教学目标贯彻以"通过运动技能的学习和掌握来促进学生身心健康"为主旨的思想，将运动技能的学习与掌握作为课堂教学的核心目标，教学目标重点较突出，但教学目标内容空泛、不具体，教学目标的表述缺乏规范性，教学目标具有一定的可操作性但可评价性差，存在教学目标与教学任务相互混淆的现象。据此认为教学目标的实际指导作用有待提高，该校此项指标评定等级为"差"
	C34教学内容	一般 0.7	教学内容的选择符合学生身心发展和运动技能掌握的规律和特点，对重点和难点教学内容的设置合理，但课时教学计划所设计的教学内容偏多，在实际的教学中难以全部完成 听取了4位教师的6节足球课，对照课时教学计划发现教师通常严格按照课时教学计划规定的进度进行授课，但近三分之一的教师未能完成课时教学计划预设的任务，表现在不能进行到课时计划的最后一项教学内容或练习的频次明显少于课时教学计划预设的练习次数。据此认为该校此项指标评定等级为"一般"
	C35教学方法	一般 0.7	服务于教学目标的实现，针对不同的教学内容和教学对象的特点，教师能够较灵活娴熟地综合运用多种教学方法的优点来完成教学任务，具有较高的针对性和实效性，但随着学生对技术掌握熟练程度的增加或练习条件难度的增加，教师的相应的练习方法和手段略显匮乏 在某位教师组织的"短传"课堂练习中，在学生熟练地掌握原地传球技术后，未能及时恰当地增加练习难度将技术升级到行进间或小范围的跑动传球练习。据此认为教师在足球课的教学方法和手段上有待提高，该校此项指标评定等级为"一般"

(续表)

二级指标	评价内容（三级指标）	评定等级与分值	主要判断依据
	C36教学组织	一般 0.7	教师能够根据人员与器材、时间与空间的差异较灵活地选择合理的教学组织形式，但教学组织形式的整合性和实效性有待提高 在某位教师组织的足球课的"带球过杆"技术练习中，采用分组练习的组织形式，每组7人，行进方向有8个障碍物，一位同学往返一次的平均耗时约90秒，这样计算下来，每个学生每约8分钟才能练习一次，据此认为这节课的时间利用效率较低、练习密度偏小、运动负荷量度偏小，教学组织形式的运用有待提高，该校此项指标评定等级为"一般"
	C37课堂评价	一般 0.7	教师一般能够遵循发展性与激励性相结合的原则展开课堂评价，通常从教学任务的完成情况、教学目标的实现情况、学生参与的积极性和班级的纪律性来展开。但课堂评价以教师评价为主体，缺少学生评价，此外，教师未能以教学目标为尺度来进行课堂评价，且从以往的听课记录和教师课时教学计划的对照发现，教师对课后的反思重视不够、改进作用有待提高。据此认为该校此项指标评定等级为"一般"
B12足球课外活动	C38制度建设与实施	好 0.9	学校将足球项目列入大课表，面向全校学生利用课外活动时间开展足球兴趣小组活动，每周一、三、五下午两节课后开展，每次时长45分钟，有相应的活动内容，且有教师专门负责组织与监管工作，有记录。据此认为该项指标评定等级为"好"
	C39课外活动参与人数比例	一般 0.75	对学生的问卷调查统计结果显示，31%的受访者表示每周能参加2次及以上且每次不少于40分钟的足球课外活动，对照制订的评价标准，认为该校此项指标评定等级为"一般"

（续表）

二级指标	评价内容（三级指标）	评定等级与分值	主要判断依据
B13足球班级联赛	C40制度建设与实施	好 0.8	每学年组织1次，由各年级专职体育教师负责，在教师的帮助下高年级足球队小队员为低年级学生的"班级联赛"担任裁判工作，校方能够提供比赛日程表和记分表 在与教师的访谈中得知，该校的足球班级联赛在每年4月中旬开始、5月下旬结束，采用的比赛形式为1~2年级采用游戏或3V3的形式，3~4年级采用5V5的形式，5~6年级采用8V8的形式，比赛时间为上下半场各15分钟，中场休息10分钟。对照评价标准认为该校此项指标评定等级为"好"
	C41参与场次/班/年	一般 0.75	通过学校提供的班级联赛日程表统计得知，每班每年平均参加7场比赛 从与教师的访谈中得知，首先采用小组赛积分制，然后再争冠亚军，一个年级有4个班的年级，每个班平均参与8场比赛（男女各4场），一个年级有3个班的年级，每个班平均参与6场比赛（男女各3场），与评价标准对照，凡介于6~10场/学年认定为"一般"等级
	C42联赛参与人数比例	一般 0.67	以2016—2017学年的"班级联赛"为例，对两个年级的学生进行了问卷调查，调查统计结果显示有41%的同学曾经以球员身份代表本班参与班级联赛。据此认为该校此项指标评定等级为"一般"
B14足球文化节	C43活动方案设计与实施	好 0.9	每学年春季学期（4~6月）开展以"争做健康人，球圆来如此"为主题的足球文化节活动，通过查阅该校的校园足球文化节活动方案和与校长、教师的访谈得知，该校校园足球文化节活动每学年开展一次，除足球班级联赛以外，还包括足球啦啦操比赛、足球摄影与绘画比赛、足球小记者采访活动、"谁是球王"单项竞技、足球小裁判知识竞答、"足球明星在我心中"、足球新说演讲比赛、家庭亲子趣味足球比赛等。形式多样、设计合理、记录翔实。据此认为该校此项指标评定等级为"好"

(续表)

二级指标	评价内容（三级指标）	评定等级与分值	主要判断依据
	C44文化节参与人数比例	好 1	对学生的问卷调查统计结果显示，以2016—2017学年春季学期的足球文化节活动为例，有20%的受访者表示曾参加过校园足球文化节中的一个或若干个不等的节目。据此认为该校此项指标评定等级为"好" （注：参加一个节目按照一人计算）
B15足球队建设	C45制度建设	好 1	班级和年级足球队在招生、后勤保障、文化辅导、训练与竞赛、退出机制上有明确的规定，内容全面、合理、可操作性强 说明：学校自2003年以来与恒安青少年足球俱乐部合作，在此方面的制度建设非常完善，比如任课教师或班主任反映近期小球员文化成绩出现下降的情况，首先停训对其进行文化辅导，待成绩有所好转且经过任课教师或班主任同意后方可恢复日常训练，对进行文化辅导尚不能使成绩恢复的要通知家长，情况仍不见好转的则勒令退出足球队。据此认为该校此项指标评定等级为"好"
	C46队伍种类与数量	好 0.9	校级、年级和班级男子、女子代表队齐全，人员稳定、数量可观 校级男子、女子足球代表队（5~6年级）各队人数20人，共计40人；1~4年级的年级代表队中，男队员24人，女队员21人，共计45人。班级足球队中高年级（4~6年级）的人员稳定性高于低年级（1~3年级），但低年级人员数量多于高年级。以上信息由学校提供的某某小学足球代表队人员名单统计获得。据此认为该校此项指标评定等级为"好"

（续表）

二级指标	评价内容 （三级指标）	评定等级 与分值	主要判断依据
	C47训练计划 制订与执行	好 0.9	自2003年起恒安青少年足球俱乐部负责该校校级足球代表队的业余训练工作，从相关负责人仅能提供的校级足球代表队以周训练计划安排可见，整个学期训练计划采用基础性训练与专题性训练相结合的指导原则，周训练计划目标明确，训练指导思想与方法体系相对成熟、运动负荷合理。足球兴趣小组的训练计划相对简单，教师主要发挥组织和监督作用，3~4年级以自组织的小比赛为主，1~2年级以游戏类内容为主 由以上可见针对足球兴趣小组的课外活动未建立明确的目标体系、内容组织体系和管理评价体系，据此认定该指标评定等级为"好"
	C48对外交流	好 1	该校甲组、乙组的男子、女子代表队，每队每年参加校际间比赛平均场次不少于12场，每年参与总量不少于50场，以上数据统计自2015年被评为全国青少年校园足球特色学校至今，该校的甲组、乙组的男女代表队共四支队伍参与校园足球比赛场次总和的年平均值。以2017年为例，截至2017年11月，该校参加了"阳光体育2017年东城区中小学生校园足球赛""阳光体育东城区第五届快乐少年"足球节、2017首都体育学院"高参小"杯足球挑战赛等，共计3次比赛，累计38场。据此认为该校此项指标评定等级为"好"

B10=1×0.1611+1×0.1656+1×0.1702+0.7×0.2410+0.8×0.2621=0.87528

B11=0.5×0.1502+0.7×0.1781+0.7×0.2232+0.7×0.2293+0.7×0.2192=0.66996

B12=0.9×0.45+0.75×0.55=0.8175

B13=0.8×0.2352+0.75×0.3324+0.67×0.4324=0.727168

B14=0.9×0.4428+1×0.5572=0.95572

B15=1×0.1932+0.9×0.2836+0.9×0.2897+1×0.2335=0.94267

A3=0.87528×0.1330+0.66996×0.1913+0.8175×0.1742+0.727168×0.1466+0.95572×0.1927+0.94267×0.1621=0.8305609678

（四）发展成果部分

A校发展成果部分评价内容、分值和依据汇总见表5-7。

表5-7　A校发展成果部分评价内容、分值和依据汇总表

二级指标	评价内容（三级指标）	评定等级与分值	主要判断依据
B16成果评价	C49学生体质健康测试	好 1	以2015、2016年学生体质测试抽测结果为例，及格率都为100%，优良率分别为76.39%和80.13%。针对学生体质健康测试工作成立某某小学《国家学生体质健康标准测试》预案，规章制度健全、权责清晰、责任到人；测试仪器完全符合国家规定标准，测试流程及测试方法科学规范；按照区教委要求每年11月1日起开展体质测试工作，11月20日完成体测数据统计和上报工作 以该校2017年《国家学生体质健康标准测试》预案为例，针对此次体测工作，在测前动员、测试项目分工、测前热身、重点学生的监护、测后身体状况的监控、缓测学生的安排、医护救助及学生秩序管理等事项上有明确的分工，责任到人。据此认为该校此项指标评定等级为"好"

（续表）

二级指标	评价内容（三级指标）	评定等级与分值	主要判断依据
B17特色评价	C50足球技能测试	差 0.5	该校的足球技能测试工作依照2016年6月教育部出台的《学生足球运动技能等级评定标准（试行）》的要求仅对校级男子、女子足球队的学生展开，且仅测试了其中的折线运球、多向绕杆跑等内容，针对测试结果开展了针对性的训练，但覆盖范围小。对照评定标准认为，该校此项指标评定等级为"差"
	C51足球人口比例	一般 0.75	对学生问卷的调查统计结果显示，有28%的受访者表示每周能够参加3次，每次不低于40分钟，即每周累计不少于120分钟的以足球项目为活动内容的身体运动依据制订的校园足球特色学校三级指标评价细则的要求，学生足球人口比例介于20%～30%，该项指标的评定等级为"一般"
	C52创新模式	好 0.9	学校创建的"课内外、校内外一体化"的教学模式业已成熟，多种形式的足球教育教学活动有效融合、资源利用充分、组织规范有序。对校长和体育教师的调查问卷统计结果显示，受访者中有84%的人认为学校的校园足球发展模式处于成熟及以上等级；2017年该校的足球教学模式曾被北京体育广播FM102.5《快乐小足球》栏目进行报道，该校的发展模式在2017年6月份由北京市教委组织、各区教委体卫科参与的针对北京市的全国青少年校园足球特色学校复核工作的反馈报告中得到相关专家的认可。据此评价该项指标的评定等级为"好"

(续表)

二级指标	评价内容（三级指标）	评定等级与分值	主要判断依据
	C53创新效果	一般 0.7	多种形式的校园足球活动的组织实施系统化、制度化、规范化，校园足球文化氛围基本形成，育人效果逐渐彰显，这一点是值得肯定的；目前学校的足球参与人口的实际数量与目标相比尚有一定距离，足球课堂教学与课外活动的组织教学质量有待提高，"人人会踢球、班班有球队"的目标已经达到，"周周有比赛、月月有活动"的目标尚未完全实现。据此认为该校此项评价指标的评定等级为"一般"
B18增幅评价	C54体质测试优良率年增长率	好 0.9	按照《国家学生体质健康标准》，以东城区教委对全区中小学生体质测试的抽测结果为依据，该校2016年合格率100%，优良率80.13%，在全区63所小学中排名第9，近两年学生体质测试优良率实现年均2.5个百分点的增速，学生肥胖检出率出现年均近10%的降幅（由该校2014、2015、2016年体质测试抽测结果统计获得）。据此认定该校此项指标评定等级为"好"
	C55技能测试达标率年增长率	差 0.5	《学生足球运动技能等级评定标准（试行）》是2016年6月底由教育部提供的旨在评估学生足球运动技能掌握情况、评价各校园足球特色学校开展状况的重要依据。此次实地调研时间为2017年9月，两时间点间时长为一学年，尚无法对足球技能测试达标率及年增长率做出统计，校方仅对校队的学生做过部分测试，据此认定该指标评价等级为"差"。建议保留该项指标，笔者推测经过2～3学年以后，此项指标的统计数据健全以后，该指标的评价作用才能够充分发挥出来

（续表）

二级指标	评价内容（三级指标）	评定等级与分值	主要判断依据
	C56足球人口年增长率	好 1	2017年9月，对该校学生的问卷调查统计结果显示，有21%的受访者符合足球人口的标准，从与教师的访谈中得知，在2015年及以前学校仅有校足球队的学生常年参加业余训练，人数稳定在50~60人，经过近两年的发展，该校校级足球队、年级队、班级队和兴趣小组的同学长期参加足球业余训练的人数稳定在130人左右，足球人口实现了翻番，近两年足球人口增长率实现5个百分点的增速。据此认定学校该项指标的评定等级为"好"
	C57足球人才输送年增长率	好 0.8	近三年向更高一级学校例如五十四中、汇文中学等输送有足球特长的学生共计8人，数量可观、增势平稳

$B16=1\times0.2887+0.5\times0.3148+0.75\times0.3965=0.743475$

$B17=0.9\times0.4427+0.7\times0.5574=0.78861$

$B18=0.9\times0.2316+0.5\times0.2447+1\times0.3369+0.8\times0.1868=0.81713$

$A4=0.743475\times0.2706+0.78861\times0.3024+0.81713\times0.4270=0.788574509$

A学校最终得分=A1得分值×A1权重值+A2得分值×A2权重值+A3得分值×A3权重值+A4得分值×A4权重值

A学校最终得分$=0.886131\times0.1584+0.8428328807\times0.2794+0.8305609678\times0.3797+0.788574509\times0.1835=0.83591807914274$

二、A校的评价结果与分析

对于被评价学校，在接受完评价以后，最想获得的是关于该校在校园足球发展上的真实、直观、可靠的评价报告，通过报告的反馈可以清晰地知晓学校取得的成绩与尚存的不足，为今后的改进工作指明努力的方向。为达到此目的评价反馈时按照以下思路展开论述：①将各项各级指标的评价值结合评价标准中评价等级判定的要求，对各项指标的评价结果进行分类汇总，便于对评价结果的定性归纳和分析；②通过一级指标得分贡献率对照表、二级指标得分雷达图和三级指标等级判定比例图来综合反映A学校的成绩与不足；③对A学校的评价结果进行解读，在解读的过程中注意结合学校评价的实证基础，注意挖掘评价结果背后的影响因素，增加评价报告的可解读性。

（一）一级指标得分诊断

A学校的最终评价得分为0.835918分，综合评价等级为"好"，四个一级指标也都处于"好"的等级，由此可见整个学校的发展均衡，没有明显的短板（图5-1）。说明A学校在构建的发展目标、资源保障、组织执行和发展成果四个维度方面形成了良性的发展关系循环，具备了一定的可持续发展的能力，成绩是值得肯定的，这与学校的原有基础和后期付出的努力是分不开的。

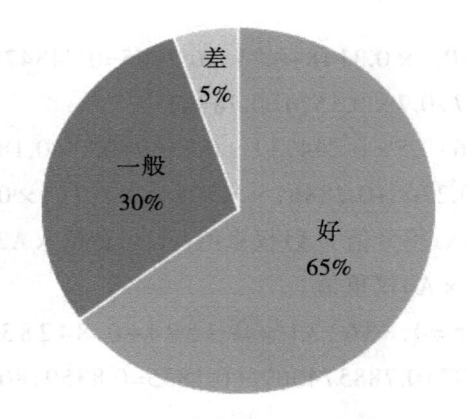

图5-1　A校三级指标得分等级汇总图

在本研究构建的基于CIPP的北京市校园足球特色学校评价的57个三级指标中有31个定性指标，26个定量指标，分别占54.4%和45.6%，实现了定性与定量的有机结合。严格按照评价等级的判定和赋分细则的要求，A学校57项三级指标评价的得分等级汇总中，有37个指标判定等级为"好"，17个指标判定等级为"一般"，3个指标判定等级为"差"，分别占65%、30%和5%。

此外，为了获得更深层次的研究结论，我们可以依据四个一级指标的实际得分与其相应的理论值（指标权重值）进行对比来反映四个一级指标得分的优劣情况，从统计表5-8可知，A1发展目标和A2资源保障两部分的实际贡献率与理论贡献率的比值大于1，而A3组织执行和A4发展成果两部分的实际贡献率与理论贡献率的比值小于1，说明A学校的优势在发展目标和资源保障部分，弱势在组织执行和发展成果部分。这要引起A学校的高度重视，由于四个一级指标之间及两个相邻的发展周期之间存在环环相扣的关系，本周期表现较差的组织执行和发展成果不仅会影响该校本周期校园足球发展的整体效益，还会波及下一个发展周期发展目标与发展计划的制订，为了防止两个周期衔接之间出现断层，影响A学校校园足球发展的长远效益，改善当前"头重脚轻"的局面，A学校下一步应着重加强组织执行和发展成果部分的建设。

表5-8　A校一级指标得分贡献率对比情况一览表

名称	理论贡献值	理论贡献率	实际贡献值	实际贡献率	实率/理率
发展目标	0.1584	15.84%	0.1404	16.82%	1.0622
资源保障	0.2794	27.94%	0.2355	28.23%	1.0103
组织执行	0.3797	37.97%	0.3137	37.60%	0.9903
发展成果	0.1825	18.25%	0.1447	17.35%	0.9452
总计	1	100%	0.8343	100%	0.8343

（二）二级指标得分雷达图诊断

为深入诊断A学校校园足球当下发展的现实状态，笔者以二级指标的得分制作了雷达诊断图，它能够更直观、细致地反映出A学校某项具体工作开展的优劣情况。

如图5-2所示，从A学校的二级指标雷达诊断图可见，A学校当前的发展尚未完全实现各项指标"均衡且优秀"的发展，而是表现出"优劣分明、存有潜力"的特征，即优势环节、潜优势环节和劣势环节并存。优势环节是得分高于0.8分的二级指标，坐落在A学校二级指标得分雷达图上的最外围的两层区域，即介于0.8~1.0维度。从图5-2可知，该学校处于优势环节的指标主要是发展目标、校长领导力、安全保障、课程设置、足球文化节、足球队建设和增幅评价部分，优势环节指标共有13个，占全部二级指标数量的72.22%，说明该校发展目标设计合理、对实践工作具有良好的指导意义；资源保障部分能够满足教学和业余训练的各项需求，组织执行部分课程设置与足球队建设执行效果良好，该校在本发展周期内取得了较为理想的增幅，发展势头良好。潜优势环节是得分介于0.7~0.8的指标，位于得分雷达图中间层的位置，潜优势环节指标有3个，占全部二级指标数量的16.67%，有足球班级联赛、成果评价和特色评价三个二级指标，如果此三项指标得到重视，则可以在有限的时间内获得一定幅度的提升，发展成为该校的优势项目，成为学校新的得分增长点，反之，如果不能引起重视则很可能退化成为降低整个学校得分和影响学校发展的新的劣势环节。处于劣势环节的指标是指得分低于0.7的二级指标，位于得分雷达图最靠近圆心的部分即最内围的两层，有2个指标，分别是班主任支持力和足球课堂教学指标，占全部二级指标数量的11.11%，该两项指标在对整个学校评价中扮演了"落后者"的角色，起了"拖后腿"的作用。

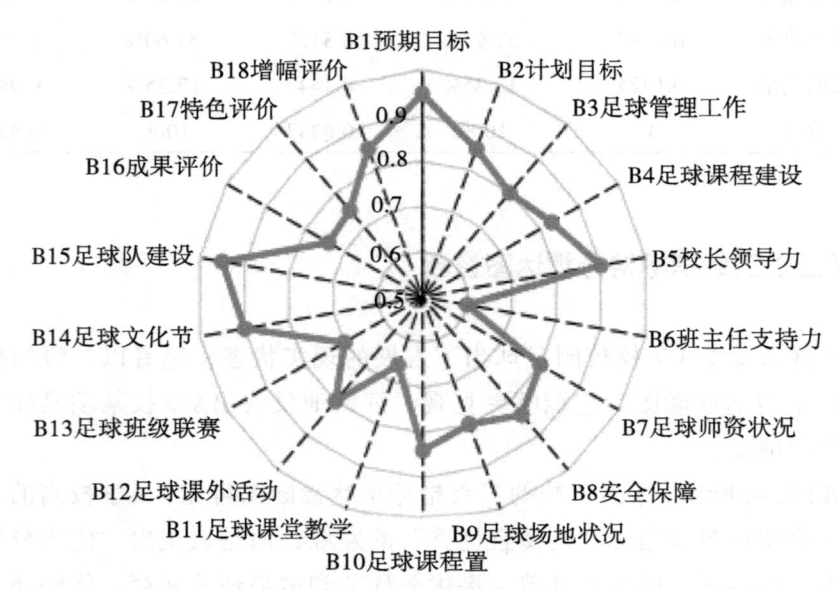

图5-2　A校二级指标得分雷达诊断图

（三）A学校评价结果及原因分析

1. 优势环节

A学校的发展目标和资源保障部分得分的实际值高于理论值，可以认为该环节达到"优秀"等级，该校整体得分较高的原因归于以下几点：首先，得益于好政策的出台和有利的资源配给方式；其次，受益于校方选择的有利于自身发展的正确道路；最后，校方领导的高度重视和扎实肯干的体育教师的配合，三者相辅相成相得益彰，经过多年的发展，A校形成了具有自身特色的体育文化传统。足球在A学校有近二十年的发展历程（始于1998年），过去学校仅有一名从北京市足球队退役的足球专项教师，且学校的足球场地面积仅有2400平方米，教师源于对足球的热爱和对教育的执着，尝试着在学校开展足球，考虑到学校开展足球所需师资场地"短缺"的实际情况，开始积极寻求外部资源的帮助，首先选择了"校内外一体化"的发展模式，与恒安青少年足球俱乐部和东城区体校展开合作，这样既解决了师资短缺的问题又保证了业余训练的质量，与此同时，利用与地坛体育中心距离较近的优势，采用租赁的方式实现了与社会资源的互利共享，两大核心问题的妥善解决为该校足球队的发展扫清了障碍，实践证明"校内外一体化"的发展模式是正确高效的，经过多年的发展，该校女子足球队连续七次获得全国冠军。

学校自获批全国青少年校园足球特色学校以来，着眼于学生的全面发展和学校的长远发展，在综合考虑学校原有的体育传统和足球氛围的基础上，以争做"全国青少年校园足球特色示范校"为目标，迅速转变思想观念，明确了以"争做健康人"为全校师生的奋斗目标，以"志、搏、礼、悦、和"为校园足球文化的核心，继续坚持并完善"校内外一体化"的发展模式，着重夯实校内足球普及工作的指导思路，转变过去的"重提高、轻普及"的做法，向"普及与提高齐头并进"的方向发展，快速做出部署。首先，完成足球课程建设，利用2014年北京市启动的高校、社会力量参与小学体育美育发展工作（简称"高参小"项目）提供的有利契机，积极引进北京大学"3C脑体双优"课程理念和首都体育学院"身体功能训练理论"与校园足球课程建设实践合作，创建校园足球校本课程，实现足球进课堂的目标，保证每班每周一节足球课；其次，寻求首都体育学院高端优势人才的帮助，完善业余训练制度和文化节建设，最大限度地为学生提供接触和参与足球活动的机会；再次，完善资金保障与安全保障，在确保校园足球专项经费专款专用的基础上，争取学校教育经费的合理优先支持，确保资金充裕；此外，在完善保险保障与应急救助的前提下，着重加强安全教育工作，多年来学校未发生较大的体育伤害事故。综上所述，校园足球发展两年多来，A校在学生体质、足球人口、竞赛成绩方面取得了理想的成绩，这一点在2017年6月教育部组织的全国青少年校园足球特色学校复核工作中得到相关专家的普遍认可。

2. 潜优势环节

校园足球班级联赛被认为是在小学生中最适宜开展的竞赛形式，是足球课外活动的主要形式，也是足球教学"第二课堂"的主要内容。A校现在的做法是每学年组织一次，每班每年平均参赛6场，上场人数占全班总人数的41%；此外，以足球为内容的课外活动每周有三次，但足球课外兴趣小组的活动形式开展弹性较大，参与人数比例较低（31%），且课外活动的目标内容与组织管理尚未形成体系，未能与课堂教学、班级联赛、文化节等形式形成有效的补充。总体来看，A校存在班级联赛呈现组织频次数量有限、班级平均参与场次偏少、参与人数比例低的问题，未能与多种形式的足球教学活动形成有效的"组合拳"，组织执行环节执行力度不够，足球的育人效果有待提高，这也直接导致二级指标特色评价中创新效果指标得分较低。

成果评价是A校的潜优势环节之一，失分的主要原因在于学校未能在全校或部分学生中有效地开展足球技能测试，不能提供任何相关的测试数据，对学生的足球技能掌握的总体情况难以做出判断，进而影响对该项指标的评价。这一方面与《学生足球运动技能评定标准》出台较晚（2016年6月出台）有关，但主要还是与体育教师的利益诉求有关，在无故增加工作量在没有任何"利益回报"的前提下，多会选择消极执行，更何况这仅是校园足球教学的指导性文件，不是强制性文件。

3. 劣势环节

A学校的劣势环节集中在班主任支持力和足球课堂教学两项二级指标上。班主任支持力的两项三级指标的"评价值"得分分别是0.64714和

0.66995，可见班主任对校园足球的支持力度明显不足，与班主任教师对校园足球的利益诉求和认知能力水平有关，一方面是由于小学阶段的班主任教师有80%是女教师，在我国传统的文化背景下，女性恐怕对足球有一种天生的陌生感，这种参与和引导更多的是外力的督促而非兴趣的使然，勉强为之；另一方面又与班主任教师的利益诉求联系紧密，这与体育教师选择消极执行技能测试原因雷同。

课堂教学部分三级指标得分普遍较低，这与足球专项教师的数量和足球专项教学的基本能力息息相关，目前根据A学校共有6名体育教师，其中2名专业足球教师，22个教学班的实际情况考虑，从理论上分析A校完全可以实行类似高校体育选修课的任课方式，即由专业足球教师来完成足球课的教学任务，但事实上A校未能执行以教师专长为标准来划分教学任务的做法，而是采用了所有教师以年级为单位进行条块分割的方式，这样就造成了良好的足球教师资源不能充分发挥作用的局面，造成足球师资资源的某种浪费，足球课堂教学部分得分普遍较低。

综上所述，A校的最终评价分值为0.835918分，评价等级为"好"，可见发展目标、资源保障、组织执行和发展成果已形成相互依赖、相互促进的较为良好的发展势头，但A校的优势在发展目标和资源保障环节，劣势在组织执行和发展成果环节，突出表现为班级联赛和足球文化节组织频次低，班级参与场次和参与人数比例低的特点，多种形式的足球教育教学活动未能与足球课堂教学形成有效的补充，组织执行环节的力度不够，育人效果有待提高。

三、A校的发展建议

（一）把握方向立德树人

从以上关于A校的实证分析结果并结合专家组反馈意见，A校发展目标部分的不足在计划目标部分，在计划目标包含的四项三级指标中，有两项（学生体质目标和比赛成绩目标）是学校的基础性指标，而足球技能目标和人口目标是新设性指标，分别从"质"和"量"两个维度对普及层面的校园足球育人效果做了预设，技能目标具有指导意义，但其具体的履行措施和实施效果未能兑现，反映出计划目标的定向统筹作用存在不足，进一步折射出校方对校园足球发展目的认识的局限和实施策略存在的盲点。

因此在发展方向上有两点需澄清。第一，进一步明确足球普及与提高的关系，将两者的实施工作放在科学合理的位置。尽管A校的足球教学已覆盖全校所有班级并成立了足球兴趣小组开展业余训练，但还是能体会到学校对校足球队的高度重视，这与新一轮校园足球所倡导的"面向全体、强健体魄"的发展理念存在"出入"；第二，进一步明确育人与教学、比赛和训练的关系。校园足球"育人是根本、教学是基础、竞赛是关键"，其中课堂教学和第二课堂的训练竞赛活动是基石，业余训练和班级联赛是第二课堂的重点活动形式，进一步明确各种活动形式的角色和作用，积极谋划统筹安排是当前和未来A校校园足球工作的重点。

（二）立足优势补齐短板

A校在资源保障部分的突出优势在于校长的领导力和足球教师的状况，而其明显的短板在于班主任支持力有限、场地面积受限和评价制度尚不健全。建议A校立足优势（包括资源优势和精神优势），补齐短板（资源短板和制度短板），寻求突破。

对资源保障部分建议如下：第一，A学校拥有良好的体育文化传统和耀眼的足球冠军头衔，应继续发挥学校的"荣誉感"和教师团队的"使命感"的感召作用，调动校长、教师和学生的积极性，在已有成绩的基础上动态恰当地调整发展目标，使优异的竞赛成绩成为引领和推动足球普及的动力源，使普及与提高成为连贯、渐进的统一体，切实落实发展目标的"引领"作用，实现更高层次的超越；第二，应继续完善资源保障，尽管A校场地面积符合《国家学校体育卫生条件试行基本标准》的规定，但仅能达到最低限要求，教学训练活动中场地不足的问题依然突出，建议乘着校园足球普及行动、足球人才专业化培养计划、足球场地设施重点建设工程的东风[1]，争取国家扶持，努力解决仅仅依靠自身努力难以克服的困难和问题；第三，校园足

---

[1] 中华人民共和国国家发展和改革委员会. 中国足球中长期发展规划（2016—2050年）的通知. [EB/OL]. （2016-06-06）[2017-12-03]. http://www.ndrc.gov.cn/zcfb/zcfbtz/201604/t20160411_797782.html.

球是培养青少年集体主义、协作精神的良好载体,但小学生由于身体和心理的特点,需要教师特别是班主任教师在比赛中"因赛制宜"地引导激励(指导内容包括己方球队所处的具体态势、战术思维意识、行动贯彻能力、球员拼搏精神、团队配合意识、情绪控制能力等),只有及时恰当地引导才能充分挖掘出足球比赛构建的"拟合场景"背后的育人内涵,彰显校园足球的育人效果,因此要通过完善制度建设与实施激励措施争取班主任教师的有力支持。

(三)优化配给强化执行

组织执行是A校的薄弱环节,A校在组织执行部分存在的不足在于课堂教学和班级联赛两项二级指标,这反映出教师基本教学技能有待提高,学校可提供的场地、教师的资源供给难以满足开展比赛活动需要,进一步折射出学校对资源的调配和执行存在不足的现象。

尽管多种形式的校园足球活动业已开设,但开设只是前提和基础,提升质量和效益才是目的,采取手段突破传统"场域—惯习"的束缚,形成新的"场域—惯习"是关键,因此在有限的资源条件下通过合理的调配使之发挥最大效益是A校在该部分需重点考虑和应对的问题,建议如下:第一,以A校拥有2名专业足球教师、18个教学班和每班每周一节足球课的现实为例,完全可以做到由专业足球教师承担足球教学工作,做到"专业的人做专业的事",这对提高课堂教学的效果是显而易见的;第二,班级联赛的开展集中于春季学期的4月中下旬至5月中下旬,时间过于集中,致使比赛时间较短、上场人数比例受限,建议延长比赛开展时间或每学期举办一次,在此基础上增加班级参赛人数数量和比赛场次;第三,课外活动部分的内容、组织形式和练习重点要与课堂教学部分的总体进度相一致,使第二课堂巩固和扩大教学效果的作用落到实处,使以足球为载体的多种活动形式之间形成有效的"组合拳"。

(四)开拓视野扩大成果

发展成果是A校的薄弱环节,其中的成果评价和特色评价两项指标的得分均处于"一般"的评价等级,明显的不足在于反映普及层面校园足球开展质量的足球技能测试结果缺失和创新效果不明显,折射出校方视野受限、创新性手段缺乏的弊端。

建议如下：第一，"他山之石，可以攻玉"，积极学习借鉴域外足球发达国家的先进经验与做法，探索在当前和未来形势下适合本市或本校实际的校园足球发展的新模式。目前A校校园足球特色学校"组长校""示范校"的角色作用不明显，但A校积极探索的以"网点校"为中心的训练模式与英国精英球员成长计划（EPPP）中的小球员培养方式有异曲同工之妙，且更符合北京市校园足球特色学校的实际情况，该探索值得肯定，下一步应积极寻求相关部门的支持，较早地付诸于实践，为校园足球能够在更广泛的区域内产生更大规模的区域联动效应献计献策；第二，努力提升教师的业务水平，积极将教师出国学习所得的新方法新经验积极应用教学实践中，努力提高教师教学和训练的科学化和系统化水平，使发展宗旨和育人理念等"宏观概念"能够通过一系列的目的性明确、趣味性浓厚、成效性显著的教学方法和手段落到实处；第三，牢固树立"立德树人"的育人宗旨，遵循学校体育的发展规律和足球人才的成长规律，提高对校园足球发展理念中若干对辩证关系的认识水平，把握方向、全面统筹、细节把控，当务之急是落实足球技能测试工作并完善数据填报。通过优化学校的发展目标、完善学校的资源保障、强化学校的组织执行、扩大学校的发展成果等手段，积极稳步推进校园足球特色学校办学质量的提升。

第三节 校园足球特色学校整体评价结果分析

依据本研究构建的基于CIPP的北京市校园足球特色学校评价指标体系，通过信息采集、分值判定、加权统计等步骤和手段得出了5所试点学校的最终评价结果。首先，对整体的评价结果进行说明；其次，为了验证评价结果的科学性和合理性，以2017年6月北京市教委组织相关专家采用教育部出台的《全国青少年校园足球特色学校复核指标体系》对以上学校的评价结果为参照，并结合5所学校的实际情况进行对比说明。对由两套评价指标体系获得的评价结果的分值和排序进行对比的目的不是证明孰优孰劣，而是以《全国青少年校园足球特色学校复核指标体系》为参照从另一个角度对本研究构建的评价指标体系的科学性和合理性作出判断；最后，对排序产生差异性的原因进行阐释。见表5-9试点学校的最终得分情况（详见附件7），校园足球特色学校的得分呈现以下特点：首先，依据最终得分按照由高到低排列获得的次序是与该小学被确定为校园足球特色学校的时间顺序相一致的，即学校越早确立校园足球作为本校的发展项目，发展时间越长，则整体发展效果也就越好，这与市教委组织相关专家对校园足球特色学校复核期间得出的最终结论相一致；第二，在四个评价层面，四所学校分别获得不同发展维度的最高分，可见在四个维度层面四所学校成绩各异，这也间接反映出该评价系统能够对不同学校不同环节的发展程度作出甄别，据此判断该校的优势与薄弱环节，是为学校提供发展建议的参考依据。

一、试点学校评价结果汇总

试点学校一级指标得分汇总见表5-9。

表5-9 试点学校一级指标得分汇总表

名称	A小学	K小学	Z小学	C小学	M小学
发展目标	0.8861428	0.8280912	0.8316188	0.8090275	0.7952401
资源保障	0.8428630	0.8763345	0.8212066	0.7994446	0.7288094
组织执行	0.8305974	0.7985073	0.8060200	0.8348756	0.7170942
发展成果	0.7885853	0.7872543	0.7913489	0.7169410	0.6672109
最终得分	0.8359442	0.8236719	0.8124318	0.8000757	0.7243093

二、新旧评价体系的保序性检验结果

北京市教委在对北京市的全国青少年校园足球特色学校进行复核时，考虑到学校数量多、范围广、时间短、任务重的特点，为克服以上难题，提高工作效率，节约工作成本，组委会决定采用分组评价的方式来进行，即以"分组、分片、就近"为原则来实施，全市共分为8个独立平行的审核组，每组由来自不同区县的4～6位专家组成，对各组名下的学校进行复核评价，复核结束后汇总评价意见形成评价报告上交相应主管部门。由于本研究选择的5所试点学校分布在5个不同的区县，评价结果不可避免地来自5个不同的组别，这样就出现了一个问题，即由于不同组别之间对评判标准的把握不同造成评价结果之间难以直接进行对比的问题，如果直接对评价结果进行合成则违背了公平裁量的评价思想，有违规范性和科学性的要求。因此为了实现不同组别间评价结果可进行比较的目的，本研究通过修正不同组别间评价结果的平均值和标准差的思路来实现不同组别间评价结果的标准化处理，即完成评价基准的统一化处理，实现不同组别间评价结果的可比性。步骤如下：

假设一个评价个体有i个评价个体和k个评价单元

调整不同组别间标准差：

$$S_j=\sqrt{\frac{1}{i\times k}\sum_{k=1}^{k}\sum_{i=1}^{i}(X_{ijk}-K_j)^2}$$

X_{ijk}表示群组j（$j=1,2\Lambda j$）中专家i对k的评价值，调整其他群组标准差，满足$X_{ijk}=\dfrac{S_j}{S_2}$，调整不同组别间平均值：

$$\bar{x}_j=\sum_{j=1}^{j}\sum_{i=1}^{i}X_{ijk}$$

以$\bar{x}_j$为基准值调整群组均值$\bar{x}$，满足：

$$\bar{x}=X_{ijk}\frac{\bar{x}_j}{x_2}$$

计算标准化结果，获得组间可比性意见。

采用以上计算方法，获得的关于5所学校在旧评价体系下的分值排序和新评价体系分值排序（见附件7）对照情况如表5-10所示。

表5-10 两套评价体系下5所试点学校评价结果对照表

名称	旧体系得分	旧体系排序	新体系得分	新体系排序
A学校	94	1	0.8359	1
Z学校	92	2	0.8124	3
K学校	91	3	0.8237	2
C学校	90	4	0.8001	4
M学校	86	5	0.7243	5

从整体的评价结果来看，5所学校在旧评价体系和新评价体系中的得分和排序如表5-10所示。为了证明新评价体系的科学性和合理性，从得分排序和得分差距两个方面来分析。首先，从排序来看，A学校凭借在各方面的突出表现在两套评价体系中得分最高，均位列第一，C学校和M学校在两套评价指标体系中得分较低，排名靠后且名次前后一致未发生任何变化，这说明新的评价体系能够如实反映总体表现有层次性差异的学校，仅有Z学校和K学校的排序发生了变化。下文将对形成原因进行分析。

（一）保序性检验的依据

统计学上常用保序性检验对新建指标体系的合理性作出评价；为了更好地理解保序性参数，有必要对逆序数进行说明，逆序是在一个排列中，如果一对数的前后顺序与大小相反，即前面的数大于后面的数，那么他们就称为一个逆序，一个排列中逆序的总数称为这个排列的逆序数。保序性检验是在逆序数的基础上提出来的，保序性参数检验公式为 $\delta = \dfrac{r}{r_{\max}} = \dfrac{2r}{n(n-1)}$，其中，$r_{\max} = C_n^2 = \dfrac{n(n-1)}{2}$，即在原评价指标体系对各个学校的评价结果的排序与新评价指标体系得到的新排序，两列排序数据的"逆序"数量。如果两列排序顺序完全相反则最多能产生$\dfrac{n(n-1)}{2}$个逆序，将实际产生的"逆序数"与最大逆序数求商作为保序性检验参数δ，当δ介于10%~15%时都属于可接受的范围，认为新指标体系的保序性良好。[1]

（二）保序性检验的结果

依据以上计算方法，在新评价体系中仅有Z学校和K学校的排序有所变化，因此逆序数为"1"，新评价体系排序中最大逆序数为"10"，所以新建指标体系的保序性参数$\delta=10\%$，依照前文所述保序性的检验标准，认为新建的基于CIPP的北京市校园足球特色学校评价指标体系保序性良好。此外，

---

[1] 周弈.中国乒乓球后备人才训练单位绩效评估研究[D].北京：北京体育大学，2017：150.

从每个学校的具体得分情况来看，新的评价结果能够客观公正地反映不同学校之间的差距，这从另一个角度表明本研究构建的基于CIPP的北京市校园足球特色学校评价指标体系能够准确客观地反映评价客体的表现，评价结果与实际情况相符。

三、新旧评价体系产生差异性的对比分析

（一）评价重点相同但权重不同

在原评价指标体系《全国青少年校园足球特色学校复核指标体系》中，突出强调了学校的执行情况，有两点可以证明：一是可以从指标体系为各个特色学校划出的三条"红线"可见一斑，"未能确保每周一节足球课""《国家学生体质健康标准》优良率连续两年下降"和"未开展校内班级联赛活动"，触碰其中的任何一条即一票否决，三条红线中两条强调执行情况，一条强调执行结果；二是依照新构建的评价指标体系对资源保障和组织执行的划分方法，原指标体系中资源保障部分（组织领导、条件保障）占37%，组织执行部分（教育教学、训练竞赛）占60%，人才培养占3%。在新建的评价指标体系中发展目标占15.84%，资源保障占27.94%，组织执行占37.97%，发展成果占18.25%，从两套评价指标体系的内容及权重分配不难发现，与原评价指标体系相比有两点突出变化，一是新指标体系的评价内容有所扩充，即新增了发展目标的内容并进一步扩充了发展成果的内容，二是原指标体系资源保障与组织执行占权重的97%，而在新指标体系中这一权重值降为65.91%。

（二）评价细则存在差异

相较于原评价指标体系，新评价指标体系在评价内容和评分细则上更加详细、区分性更强，以每周一节足球课和班级联赛两项内容为例来进行说明。在原指标体系中强调在义务教育阶段把足球作为体育课的必修内容（2分），每周每班不少于1节足球教学课（3分）；在新评价指标体系中将关于足球课堂教学的部分分成了两项二级指标即足球课程设置和足球课堂教学，课程设置

将班级开课率、周开课时数/班、编班人数等列入评价指标，课堂教学部分针对教学目标、内容、方法、组织等展开评价，可见评价内容更加具体。此外，评分细则的区分性更强。对同一所学校的"相同表现"而言，依照两套评分细则评分结果相差悬殊，以A学校为例（详情可见前文关于A校评价内容、分值和依据汇总部分），A学校在全校1～6年级的每个班每周都开设了1节足球课，在原指标体系中就能轻易地获得"义务教育阶段把足球作为体育课的必修内容（2分），每周每班不少于1节足球教学课（3分）"，共计5分，得分率100%，但在新指标体系中未必能获得满分，甚至很低。A校周开课时数指标达到每周1节课，同时要想在二级指标足球课堂教学部分得到理想的得分，要力争做到两点，一是将足球课（40分钟）作为独立的授课内容，防止与其他项目"综合成"一节课，二是保证这节课由专业的足球教师来指导，专业与非专业的教师针对同一节课，在教学目标、教学内容、教学方法、教学组织等方面存在较大差异，教学质量的优劣悬殊较大，二级指标足球课堂教学部分主要反映足球课的教学质量，这与是不是专业足球教师任课有直接的关系。A校尽管将足球课作为独立授课内容且每周开设一节，但由于尚不能做到由专业足球教师来指导，在对足球课的随堂听课中，课堂教学部分的各项指标得分仅能在0.7分左右。可见相同的评价内容在原指标体系中获得满分5分、得分率100%，而在新指标体系中仅能得到0.06474分，占七个三级指标（C28、C29、C33、C34、C35、C36、C37）满分值0.08913的72.63%。

与比赛相关的内容在原评价体系中，班级联赛部分要求"制定足球竞赛制度（1分），每年组织校内足球班级联赛（2分），每个班级参与比赛场次每年不少于10、5场（分别给2、1分），积极参加区域内校园足球联赛（2分）"，A校获得7分，得分率100%。而在新评价体系中与此内容相对应的评价指标包括C40联赛制度建设与实施、C41参与场次/班/年、C42联赛参与人数比例和C48对外交流，依照评分标准A校以上四项三级指标的得分为0.05485，占四项三级指标（C40、C41、C42、C48）满分值0.0700的78.36%。

综上所述，相较于原评价体系而言，新评价体系的变化主要体现在四个方面：第一，评价内容有所扩充，表现在新增了发展目标一个一级指标，并将发展成果扩充为成果评价、特色评价和增幅评价三个二级指标；第二，两套评价体系的评价重点都在资源保障和组织执行两个方面，但由于新评价体系评价内容的增加，使资源保障和组织执行部分在新指标体系中的权重值相对于原指标体系而言有所降低；第三，针对同一所学校相同内容的"相同表现"而言，在新评价体系的得分值和得分率远低于原评价体系的得分值和得分率；第四，评分细则上原评价体系较多地体现出"非是即否"的"二选一"的特点，而新评价体系则体现了"对号入座"的"多选一"的特点，评分细则的层次性和区分性有所增强。

（三）Z学校与K学校排序位置变化原因分析

在原评价体系中Z学校比K学校高1分，以微弱优势排在前面，可以认为两所学校实力相当，但在新评价体系中K学校的资源保障优势发挥得淋漓尽致，若转化成百分制，K学校有5.41分的优势，这主要归因于校长领导力、足球师资状况和足球场地状况的优势。K学校自2009年开始重视学校足球的发展，校长当时基于对中国足球发展前景的考量和对体育教育的热爱并结合农村学校的现实情况，最早提出了"小足球，大教育"的理念，并在这一理念的指引下确立了"以球润德、以球健体、以球启智、以球育美"的校园足球目标，将"人人会踢球、班班有球队、周周有比赛、月月有活动"和"每周一节足球课"作为执行目标，是当时极少数明确以足球为发展特色的学校之一，此后不断完善师资和场地建设，截至2017年10月学校拥有8300平方米的塑胶田径场一块（内嵌人造草皮足球场地），6名专职体育教师中有3人拥有足球特长，且其中1人取得了亚足联和中国足协认定的C级教练员认证资格，2人取得D级教练员认证资格，此外特聘1位B级教练员作为该校足球队的总指导且担任该校女足的教练。

面对K学校如此雄厚的资源保障条件，Z学校的资源保障条件则相形见绌、逊色不少。Z学校自2015年起开始发展校园足球，确立了以"享受足球带来的快乐"为最高目的的发展理念，以"兴趣培养、多元发展"为实施原则，确定以"课堂教学促'面'，业余训练促'点'，抓普及、促提高、求发展"的指导思想，将最大限度地"提升学生参与人数比例"作为举办足球各项活动的执行目标。基于以上认识，在师资场地资源略显匮乏的情况下（足球场地面积仅有2400余平方米，有2名具有足球特长的教师），学校通过与区体校展开合作，并借助"高参小"的有利时机，成功地解决了足球师资短缺的难题，同时通过定点（15:30—18:00）租借隔壁单位的室内场馆的方法来缓解场地不足的情况，得到了一定的效果。

在努力加强并完善资源保障条件的同时，Z学校着力加强组织执行环节，突出强调覆盖范围广的课堂教学、课外活动和文化节开展三种形式的足球活动，积极动员班主任教师和学生家长的参与热情，从活动前的宣传动员、文明参赛、打造精品到赛后积极引导学生挖掘各项活动的教育意义入手办好每项活动，截至2017年10月，Z学校足球社团人数突破180人，校足球代表队常年参加业余训练人数为72人（两个男队、一个女队），文化节参与人数比例达到248%（以班级为单位，1人参加1种形式的足球活动记作1次，可累计，不封顶），即每次足球文化节每人平均参加2.48次不同形式的足球活动。由以上阐述可见，Z学校的优势在组织执行环节。

由于原指标体系中突出强调执行环节的比重占60%，而资源保障环节占37%，因此Z学校在执行环节较好的表现为其增色不少，能超越K学校位居第二，而在新指标体系中尽管组织执行部分比重（37.97%）和资源保障部分比重（27.94%）相较于原指标体系中的比重都有所下降，但组织执行环节比重降幅高于资源保障部分，可以认为组织执行环节比重"相对下降"而资源保障环节比重"相对上升"，使Z学校组织执行环节的得分优势下降而资源保障"先天不足"的劣势暴露无遗，因此总分有所降低，名次从第二名滑落至第三名，而K学校凭借整体的综合优势得分增加名次上升，也在情理之中。

综上所述，新建的"基于CIPP的北京市校园足球特色学校评价体系"的优势主要体现在以下几点：第一，评价指标更加全面，将学校的发展目标列入评价内容，形成"目标—基础—过程—结果"四个维度的评价指标体系，使评价内容更加完善；第二，注重学校的努力程度及取得的效果，在资源保障和发展成果部分特设"增幅性指标"，体现了CIPP模式"重在改进"的评价宗旨；第三，评价标准具有更高的包容性、层次性和甄别性，使各三级指标的多种发展结果在评价标准中都能"对号入座"，增强了评价结果的说服力和权威性。

第四节 校园足球特色学校存在的问题

从对5所校园足球特色学校评价二级指标的得分来看（详见附件7，二级指标B1~B18部分），校园足球特色学校主要存在以下问题：

一、发展目标方面存在的问题

从整体来看，5所校园足球特色学校预期目标得分普遍高于计划目标得分，由此可见：第一，校园足球特色学校普遍制订了具有良好前瞻性和指导性的预期目标，校园足球作为该校的主要发展项目受到重视，思想认识和行动的改变值得肯定。第二，计划目标对预期目标的贯彻性衔接性不强，这是发展目标部分存在的突出问题。校园足球特色学校应重点思考在该校预期目标指引下、在结合本校实际情况的基础上采取哪些措施、如何更好地贯彻预期目标的主旨，制订更加具体、切实可行的计划目标，使预期目标的统领作用一步步地落到实处。第三，学生体质、足球技能、足球人口和比赛成绩四个方面发展不均衡，依然存在重视比赛成绩和学生体质、轻视足球人口和足球技能的状况，这也说明以往的"抓少数、放多数"的传统做法虽有改观但仍存有孑遗，相关领导和教师应继续改善思想认识转变行动方式。

二、资源保障方面存在的问题

从资源保障部分的得分情况可以反映出以下四个问题：第一，与校园足球开展紧密相关的足球场地状况与足球师资状况依然薄弱，两者相比较而言，前者得分情况普遍低于后者，这也反映出当前校园足球的发展短板依然是场地问题，且城区学校受场地面积制约的现象更明显；第二，与校园足球发展相关的人员之间存在程度不等的"两头热、中间冷"的局面，即校长和足球教师热、班主任中间冷的局面，如何调动班主任的积极性是学校管理层应积极思考的问题；第三，学生的安全工作受到校园足球特色学校的普遍重视，相应的安全教育、应急机制和保险机制建设相对充分完善；第四，校园足球课程建设薄弱是目前校园足球特色学校普遍存在的问题，突出表现在课程建设中常规教学文件中教案的科学性、合理性、规范性和更新性差，这提示提升体育教师教学能力建设迫在眉睫。

三、组织执行方面存在的问题

从组织执行部分的得分情况可以发现：第一，足球课程建设、足球队建设、文化节建设是组织执行部分的优势环节，充分说明足球的普及工作在校园足球特色学校已广泛开展。各学校能够做到全员参与，确保每班每周一节足球课，并建立了相应的督导与质量反馈制度；足球队建设方面较成熟完善，且长期拥有足球传统的学校开展效果优于新建学校，从制度建设、训练计划的制订执行方面来看，学校与俱乐部的合作模式优于学校自我发展模式；在足球文化节开展方面，各小学根据学生的身心发育特点开展了内容丰富、形式多样的足球活动，学生参与人数比例较理想，该活动形式受到小学生的普遍欢迎。第二，班级联赛和课堂教学是组织执行部分相对薄弱的环节。不可否认班级联赛已成为各特色学校春季学期的重大体育活动形式，该活动的开展已制度化、规范化，但受到班级数量、比赛时间和场地的影响，致使班级参与比赛场次受限、自然班内以球员身份参与比赛的学生人数比例偏低，这是目前存在的突出问题。第三，课堂教学部分得分普遍偏低，这反映出学生需求与教师供给之间存在严重的不足，这主要是由足球项目较高的专项性要求、教学对象的特殊性和授课教师提供教学服务质量不高共同决定的，这提示加强教师教学能力建设的迫切性和长期性。此外，需要指出的是尽管足球专项教师资源相对稀缺，但目前特色学校尚不能以教师的项目特长为依据来安排教学任务，造成有限的教师资源在某种程度上的浪费，这种情况是各校园足球特色学校应极力避免的。

四、发展成果方面存在的问题

发展成果是试点学校四项一级指标中得分最低的部分，一方面与校园足球特色学校发展至今时间相对较短有关，另一方面与足球技能测试的成绩无法作出判断有关。该部分存在的问题有：第一，有政策难执行是首要问题。教育部于2016年6月发布了《学生足球运动技能等级评定标准（试行）》，并在2017年元月举办的北京市校园足球特色学校骨干教师培训班上对参与培训的教师进行了重点培训，但由于各种原因特色学校均未能提供有效的测试数据佐证，可以判定特色学校未开展相关的足球技能测试工作。第二，校园足球特色学校足球人口比例尚不理想，尽管增长态势良好。目前试点学校的足球人口比例稳定在25%～30%，与理想状态尚有一定差距，特别是新批准的特色学校这一点更明显。第三，课内外一体化教学模式逐渐成型但在校际间存在较大的差异性，具体而言即发展时间越长的学校该模式越成熟，但效果尚不明朗。笔者认为，特色学校发展时间较短和部分执行方案仅停留于文件层面而未能充分有效地实施是主要原因。

本章小结

本章首先从校园足球特色学校实施评价的步骤与方法入手，简要介绍了试点学校选取的依据，并对实施评价的方法进行了重点论述，制定了详细的评价标准；其次，以A校评价结果的获取为例论证了评价实施的全过程，进一步对A校评价结果的产生原因进行了分析并提出其未来发展的建议；然后，在利用新评价体系获得5所学校评价结果的基础上，以北京市教委于2017年6月依照教育部制定的《校园足球特色学校复核标准》对5所学校的复核结果为参照，对新的评价结果进行了保序性检验，并对5所学校的新旧排序的差异性进行了对比分析。研究认为新的评价体系科学有效，能够客观地反映特色学校发展的实际状况；最后，对试点学校的整体评价结果进行了分类汇总，依据汇总情况指出目前校园足球特色学校存在的突出问题。

第六章 研究结论与展望

一、研究结论

本书以校园足球特色学校评价指标为研究对象，在对校园足球发展历程、当前我国学校评价的特点与发展趋势、校园足球特色学校评价研究进行系统归纳提炼的基础上，提出当前校园足球特色学校宜采用发展性教育评价理论为指导并采用"1+N"周期循环评价模式的观点，在此认识的基础上构建了基于CIPP的北京市校园足球特色学校评价指标体系并进行了实证检验，得出以下结论：

①遵循概念界定、指标构建、实证检验的整体思路，构建了以发展性教育评价理论为宏观指导、以CIPP模式为中观指导、以评价指标体系构建理论为微观指导的"基于CIPP的北京市校园足球特色学校评价体系"。该体系符合校园足球特色学校发展战略的内在逻辑关系链，三个层次的理论衔接紧密，能够胜任从宏观到微观的校园足球特色学校的评价研究，使该项工作既有雄厚的理论基础，又有扎实的实践支撑。

②基于CIPP的校园足球特色学校评价模型与CIPP模式的四个组成部分相对应的依次是发展目标、资源保障、组织执行和发展成果，评价范围涉及"目标—资源—过程—结果"四个维度；发展性教育评价理念主要体现在评价指标兼顾前瞻性与现实性、过程性与结果性、努力性与增幅性的原则；评价过程遵循"平等、协商、对话"的原则，在行政、校方和师生共同参与下进行，使学校的主体地位和师生利益得到尊重，且评价结果兼顾多方利益诉求。

③"基于CIPP的北京市校园足球特色学校评价指标体系"由发展目标、资源保障、组织执行和发展成果4个一级指标及18个二级指标和57个三级指标构成，一级指标的权重值分别为0.1584、0.2794、0.3797、0.1835，评价标准依据《学校体育工作条例》《国家学校体育卫生条件试行基本标准》

《教育部办公厅关于组织开展加快发展青少年校园足球重点督查工作的通知》的文件精神，并结合北京市校园足球特色学校开展的实际情况综合制定。

④通过采用"基于CIPP的北京市校园足球特色学校评价指标体系"对5所学校实施评价，并将评价结果与采用教育部制定的《校园足球特色学校复核标准》的评价结果进行了对比，认为新建的评价体系从四个方面对学校展开评价是可行的，该评价指标体系具有良好的导向性和可操作性，评价结果能够更准确地反映某学校的整体发展程度、甄别该校的优势与薄弱环节。由此认为新建评价体系可以作为第三方评价机构对校园足球特色学校实施评价的工具。

⑤从对5所试点学校的整体评价结果来看，校园足球特色学校处于特色办学的孕育阶段，特色学校在价值导向上着眼于全员参与、培养兴趣，均以足球课程建设与实施为着力点，以提高校园足球活动形式的数量与质量为手段，取得的成绩值得肯定，反映出前期以规范办学行为为目的的初衷已经实现。同时存在的突出问题有：学校不同层次的发展目标之间存在程度不等的"断层现象"，致使发展目标的定向凝聚作用被削弱；师资、场地和课程建设依然是特色学校资源配给的短板；校园足球活动形式创新性不够、推进方式趋同化、学生参与人数比例受限是组织执行的薄弱环节；特色学校"课内外一体化"教学模式逐渐成型，但发展成果尚不显著。

二、发展建议

①本研究构建的评价体系主要针对北京市的第二、第三类校园足球特色学校，该体系依据此类特色学校的基础起点与发展措施进行构建，具有较强的普适性。建议教育行政部门对特色学校进行评价时参照该体系实施，在特色学校亟须"优化存量、发展增量"的背景下，充分利用本研究构建的评价工具提高该类特色学校的"示范与辐射"效应，更好地贯彻以特色推动普及的发展策略。

②本研究重视评价的实证基础，通过多种参与主体、多种角度、多种方法采集特色学校的真实信息，力求评价结果客观高效。本研究设计的校长问卷、教师问卷和学生问卷涵盖了该评价体系的所有指标，各级各类评价主体在使用该评价指标体系实施评价时建议与配套问卷一起使用，这有利于掌握

评价指标背后的影响因素，增强评价结果的说服力和可解读性，据此制订更具针对性和实效性的改进措施。

③本研究对校园足球特色学校评价体系的设计体现了"对学校增值性原理"的重视，评价指标和评价标准对校园足球特色学校未来的发展具有一定的引导作用，但要实现增值的效果需以科学的评价体系和长期稳定的评价机制为前提，因此建议校方每一年、第三方评价机构每两年、教育行政部门每四年应用该评价体系对特色学校实施一次评价，形成短期、中期和长期考核相衔接的评价机制，建立"学校发展档案"，提高特色学校的管理水平。

④实证研究阶段选取了5所特色学校作为实证对象，从对学校的总体评价状况来看评价结果不容乐观。实证对象选自2015—2017年被评为"北京市校园足球特色学校"的学校，如果该类"存量"学校的情况即是如此，其他类学校的情况也就可想而知。这进一步折射出当前校园足球特色学校发展中存在的隐患和亟待改进的必要性和迫切性，因此建议各特色学校运用或参考本研究构建的评价体系严格施评并依据评价结果整改落实。

三、研究不足

①由于校园足球特色学校的发展受到多种因素的影响和制约，受个人学识、时间和可接触资源的限制，仅以校园足球特色学校为微观系统进行了研究，对校园足球所处的宏观社会环境涉及有限，这是本研究的局限之一。

②由于目前校园足球特色学校发展处于起步阶段，本研究构建的评价体系是以第一个发展周期为时间跨度的，仅以北京市的校园足球特色学校（小学）的开展状况为对象，调查对象受时空范围及学段限制，这是本研究的局限之二。

四、研究展望

①从更广阔的视角来探索和解读足球、校园足球与社会发展之间存在的深层规律和联系，进而利用这种规律来指导足球、校园足球的发展实践，从更深的层次探索其发展的动力源泉并寻求制度保障。

②发展性学校评价的实施是一个动态的循环过程，校园足球特色学校的

发展也是一个长期的、渐进的优化过程，校园足球特色学校的评价体系也会随着社会发展、教育发展和学校体育整体的发展而变化，因此要利用网络分析法（ANP）建立指标、权重、标准的动态评价体系服务于特色学校的发展。

③校园足球特色学校的发展水平受区域经济、政治、文化等多种因素的影响，建议后续研究扩大区域、学段范围，增加样本量，选择不同背景的学校进行比较研究，积极探索适合不同层次的校园足球特色学校的评价方法与发展模式。

附录

附录1　校园足球特色学校评审专家访谈提纲

1. 自2015年3月《中国足球改革发展总体方案》和2016年4月《中国足球中长期发展规划（2016—2050）》公布以后，您认为校园足球倡导的主旨、强调的角色、目标和功能与之前相比产生了哪些有益变化，仍存在哪些不足？

2. 依据您长期从事学校体育研究工作的认识及参加全国青少年校园足球特色学校评审会获得的经验，面对国家为校园足球发展提供的一切向好条件，现实中仍有哪些不利因素制约其发展，相关教育行政部门应该从哪些方面寻求破解之道？此外，与普通学校相比，您认为校园足球特色学校在发展足球方面应扮演什么样的角色、发挥什么样的作用？

3. 如果以学段为单位，您认为全国青少年校园足球特色学校各学段的发展目标和主要任务有什么不同？以小学阶段为例，您认为该学段的校园足球特色学校应秉承什么样的发展理念？小学阶段校园足球开展的重点应放在哪个方面？学校应该重点开展哪些形式的内容来贯彻和回应这一发展理念？

4. 目前全国已有13381所学校获得全国青少年校园足球特色学校称号，如何提高各个特色学校的办学质量成为亟待解决的问题，在提升校园足球特色学校办学质量方面您有哪些好的建议或想法？您是否支持对校园足球特色学校采用评价的方式来提升质量？

5. 作为长期从事学校体育教学与研究工作的权威专家，您对当前我国学校体育评价采用的方式、涉及的领域、取得的成就与不足有何看法？您认为校园足球特色学校评价应该秉承什么样的理念、达到什么样的目的？

6. 向专家简要介绍域外教育发达国家学校评价的发展趋势（注重多方评价有机结合，学校自评受到重视；评价方式受管理体制影响，分权与集权逐渐融合；多种类型评价综合运用，学校的个体差异得到尊重；强调评价的改进功能等），并结合目前我国的学校体育评价存在的不足（以规范办学行为为主要目的、以行政性评价为主要手段、以鉴定性评价为主要功能、以面向过去的预定式评价为主），结合我国的国情分析研判后指出目前校园足球特色学校（小学）自身尚不具备学校自评的能力，应尽快转变行政性评价、建立依托第三方评价的观点，请专家对我的想法进行批评指正。

7. 基于以上对学校评价的理论研究状况和我国的发展现实的认识，拟采用发展性教育评价理论作为构建校园足球特色学校评价指标体系的主要指导思想，并借鉴CIPP模式从发展目标、资源保障、组织执行和发展成果四个方面对学校实施评价，结合《基于CIPP的北京市校园足球特色学校评价研究专家调查问卷（第一轮）》的框架，征求专家在目标层和准则层上关于指标构建的意见。

8. 作为全国青少年校园足球特色学校的校长代表，您如何理解新一轮校园足球"三个工程"与"四个目标"的角色定位和发展任务，这与以往的认识有哪些不同？

9. 作为全国青少年校园足球特色学校的校长代表，贵校在获批"全国青少年校园足球特色学校"称号之后制订了哪些与校园足球发展相关的预期目标？您认为经过三年的发展之后，贵校在校园足球上要达到什么程度？

10. 为实现学校发展的这一预期目标，学校制订了哪些更为具体详细的行为目标来实现这一宏观目标？在实际的执行过程中收获了哪些经验与教训？从资源保障和组织执行两个方面做了哪些积极的努力和尝试？

11. 作为全国青少年校园足球特色学校的校长（教师）代表，您如何理解普及与提高的辩证关系？在贵校开展的多种形式的校园足球活动中，除了每周一节足球课，面向普及层面还开展了哪些形式的足球活动？收效如何？尚有哪些不足需改进？

12. 作为全国青少年校园足球特色学校的校长（教师）代表，贵校在获批全国青少年校园足球特色学校称号之后获得了哪些益处？当前仍有哪些因素制约贵校校园足球的发展？您希望校园足球管理部门从哪些方面改进工作、相关研究人员从哪些方面寻求智力支持？

注：

第一次访谈时间：2017年4月23—27日，访谈地点：北京市海淀区西郊宾馆，北京市教委组织的2017年北京市校园足球特色学校评审会期间。

第二次访谈时间：2017年6月2—9日，访谈地点：首都体育学院招待所，教育部组织的2017年全国青少年校园足球特色学校评审会现场。

附录2　基于CIPP的北京市校园足球特色学校评价研究专家调查问卷

（第一轮）

尊敬的专家：

　　您好，首先感谢您在百忙之中抽出时间填写此问卷！

　　我是福建师范大学与首都体育学院联合培养的博士研究生，正在进行《基于CIPP的北京市校园足球特色学校评价研究》论文的相关撰写，本研究旨在通过构建全面、科学、客观、合理的北京市校园足球特色学校评价指标体系，发挥评价的导向和改良作用，为北京市校园足球特色学校的发展提供参考。

　　本研究通过对前期相关成果的归纳和梳理初步构建了校园足球特色学校的评价指标，并据此设计了专家问卷。专家意见征集采用德尔菲法分两轮次进行，通过对相关数据的分析来对初建指标进行检验和优化，您的意见是构建北京市校园足球特色学校评价指标体系的重要依据。

　　对您的指导和帮助再次表示衷心的感谢！

指导教师：×××教授

博士研究生：×××

联系电话：×××　　邮箱：×××

尊敬的专家：

　　您好，本轮问卷有两个目的：一是对四个一级指标和二级、三级指标的重要程度作出判断；二是对二级、三级指标提出修改意见。

　　请您在填写此问卷前，阅读CIPP模式背景资料和《基于CIPP的北京市校园足球特色学校评价研究》评价指标一览表（初建），然后回答以下问题。

一、专家个人信息部分

1. 您的年龄区间：
□31~35，□36~40，□41~45，□46~50，□51~55，□56~60，□60岁以上

2. 您的学历：□博士，□硕士，□学士

3. 您的职称或职务：_____

4. 您的工作性质（可多选）：□教学、□管理、□科研

5. 您的研究领域：_____

二、指标重要程度赋值说明

根据各个指标重要程度的不同将其划分为5个级别，按照重要程度由大到小的顺序依次为：非常重要、较为重要、一般、不太重要、很不重要，分别赋予5、4、3、2、1分值，请您对各一级指标的重要程度作出判断，您只需在相应位置划"√"即可。

一级指标重要程度赋值：

基于CIPP的北京市校园足球特色学校评价一级指标重要程度专家调查表

CIPP模式	一级指标	非常重要 5分	较为重要 4分	一般 3分	不太重要 2分	很不重要 1分
背景评价	发展目标					
输入评价	资源保障					
过程评价	组织执行					
结果评价	发展成果					

三、二级指标重要程度专家调查表（纸质版问卷请在相应位置划"√"即可，电子版问卷请将此处的"√"复制粘贴到相应位置即可）

基于CIPP的北京市校园足球特色学校评价二级指标重要程度专家调查表

一级指标	二级指标	非常重要（5分）	较为重要（4分）	一般重要（3分）	不太重要（2分）	很不重要（1分）
发展目标	预期目标					
	计划目标					
	行为目标					
修改意见：						
资源保障	足球工作规划					
	足球机构与制度建设					
	足球课程建设					
	校长领导力					
	班主任支持力					
	安全保障					
	足球师资状况					
	足球场地状况					
修改意见：						
实施过程	足球课程设置					
	足球课堂教学					
	足球课外活动					
	足球班级联赛					
	足球文化节					
	足球师资状况					
	足球场地状况					
	足球队建设					
修改意见：						
发展成果	成果评价					
	特色评价					
	增幅评价					
修改意见：						

您对二级评价指标的其他意见：

四、三级指标重要程度专家调查表（在相应位置划"√"即可）

基于CIPP的北京市校园足球特色学校评价三级指标重要程度专家调查表

一级指标	二级指标	三级指标	非常重要（5分）	较为重要（4分）	一般重要（3分）	不太重要（2分）	很不重要（1分）
发展目标	预期目标	五年目标					
		三年目标					
		年度目标					
	修改意见：						
	计划目标	学生体质目标					
		足球技能目标					
		足球人口目标					
		比赛成绩目标					
	修改意见：						
	行为目标	组织管理目标					
		足球课程目标					
		足球课外活动目标					
		足球文化节目标					
		足球训练与竞赛目标					
	修改意见：						
资源保障	足球工作规划	指导思想					
		发展规划					
		工作方案					
	修改意见：						
	足球机构与制度建设	领导小组					
		部门协同配合					
		管理制度					
		评价制度					
	修改意见：						

(续表)

一级指标	二级指标	三级指标	非常重要（5分）	较为重要（4分）	一般重要（3分）	不太重要（2分）	很不重要（1分）
	足球课程建设	课程理念					
		课程模式					
		教材选择与应用					
		常规教学文件					
		足球校本课程建设					
	修改意见：						
	校长领导力	对校园足球前瞻力					
		对校园足球决策力					
		对校园足球执行力					
	班主任支持力	对校园足球的认知力					
		对校园足球的参与力					
		对校园足球的影响力					
	修改意见：						
资源保障	安全保障	安全教育机制					
		风险防范机制					
		意外伤害应急机制					
		保险保障机制					
		法律保障机制					
	修改意见：						
	足球师资状况	足球师班比例					
		足球专兼职教师比例					
		学历职称结构					
		足球技能水平					
		足球教师周均课时量					
	修改意见：						
	足球场地状况	场地面积					
		场地质量					
		场地差额					
	修改意见：						

（续表）

一级指标	二级指标	三级指标	非常重要（5分）	较为重要（4分）	一般重要（3分）	不太重要（2分）	很不重要（1分）
实施过程	足球课程设置	周开课时数					
		编班人数					
		开课形式					
		教学管理					
		教学质量反馈					
	修改意见：						
	足球课堂教学	教学目标					
		教学内容					
		教法与学法					
		课堂教学组织运行					
		负荷量度					
	修改意见：						
	足球课外活动	足球课外活动制度建设					
		足球课外活动执行状况					
	修改意见：						
	足球班级联赛	联赛制度建设					
		联赛实施					
		参与场次/班/年					
		上场人数比例					
	修改意见：						
	足球文化节	文化节制度建设					
		文化节活动方案					
		参与人数比例					
	修改意见：						

（续表）

一级指标	二级指标	三级指标	非常重要（5分）	较为重要（4分）	一般重要（3分）	不太重要（2分）	很不重要（1分）
实施过程	足球师资发展	招聘计划的实施					
		培训计划的实施					
		训练、比赛、经费满意度					
		课酬与职称评聘满意度					
	修改意见：						
	足球场地调配	时间调配计划的实施					
		场地共享计划的实施					
		改建扩建计划的实施					
	修改意见：						
	足球队建设	足球队制度建设					
		队伍种类					
		各队队员数量					
		训练计划的制订					
		训练计划的执行					
		对外交流					
	修改意见：						
发展成果	成果评价	体质测试结果					
		足球技能测试结果					
		足球人口比例					
		校代表队比赛成绩					
		人才输送					
	修改意见：						
	特色评价	创新模式					
		创新效果					
		示范辐射效用					
	修改意见：						

（续表）

一级指标	二级指标	三级指标	非常重要（5分）	较为重要（4分）	一般重要（3分）	不太重要（2分）	很不重要（1分）
发展成果	增幅评价	体质测试优良率年增长比率					
		技能测试优良率年增长比率					
		足球人口年增长比率					
		生均足球经费年增长比率					
		科研成果年增长比率					
修改意见：							

您对三级评价指标的其他修改意见：

附录3　基于CIPP的北京市校园足球特色学校评价研究专家调查问卷

（第二轮）

尊敬的专家：

您好，首先感谢您在百忙之中抽出时间填写此问卷！

我是福建师范大学与首都体育学院联合培养的博士研究生，正在进行《基于CIPP的北京市校园足球特色学校评价研究》论文的相关撰写，本研究旨在通过构建全面、科学、客观、合理的北京市校园足球特色学校评价指标体系，发挥评价的导向和改良作用，为北京市校园足球特色学校的发展提供参考。

本研究通过对前期相关成果的归纳和梳理初步构建了校园足球特色学校的评价指标，并据此设计了专家问卷。专家意见征集采用德尔菲法分两轮次进行，通过对相关数据的分析来对初建指标进行检验和优化，您的意见是构建北京市校园足球特色学校评价指标体系的重要依据。

对您的指导和帮助再次表示衷心的感谢！

指导教师：×××教授
博士研究生：×××
联系电话：×××　　邮箱：×××

通过前面专家问卷的咨询已经确定了校园足球特色学校的评价指标，本轮专家问卷的目的是在前两轮确定的评价指标的基础上对各指标赋予权重值。权重确定方法的说明：

本研究对各级指标权重确定的顺序是按照先确定一级指标权重，然后依次确定相应的二级和三级指标权重的顺序来进行的；同级指标权重的确定方法采用相邻指标比较法，即通过对同一层级的指标按照排列顺序进行连环相比的方法获得相邻指标重要性的比值，然后经过归一化处理获得该级各指标的权重值。请专家按照评价指标序号的顺序，逐个对相邻两个指标的重要性进行比较判断。例如：同一层级指标中两相邻指标为X1和X2时，以指标X1=1为基准，评判X2相对于X1的重要性，若X2相对于X1"稍微重要"则两者为11/9，若X3相对于X2"明显不重要"则两者为2/3，以此类推，您只需将相应的比值填入指定位置即可。

R值	重要性比值定性判断	R值	重要性比值定性判断
1	χ_i与χ_{i-1}相比两者一样重要	1	χ_{i-1}与χ_i相比两者一样重要
11/9	χ_i与χ_{i-1}相比χ_i稍微重要	9/11	χ_i与χ_{i-1}相比χ_i稍微不重要
3/2	χ_i与χ_{i-1}相比χ_i明显重要	2/3	χ_i与χ_{i-1}相比χ_i明显不重要
7/3	χ_i与χ_{i-1}相比χ_i强烈重要	3/7	χ_i与χ_{i-1}相比χ_i强烈不重要
9/1	χ_i与χ_{i-1}相比χ_i极度重要	1/9	χ_i与χ_{i-1}相比χ_i比极度不重要

一级指标权重比较表

序号	指标名称	平均值±标准差	代码
A1	发展目标	3.9167 ± 0.6686	基准=1
A2	资源保障	4.6667 ± 0.4924	
A3	组织执行	5.0000 ± 0.0000	
A4	发展成果	4.5000 ± 0.6742	

二级指标权重比较表

一级指标	二级指标	平均值±标准差	比值
A1发展目标	B11预期目标	4.0000 ± 0.8528	基准=1
	B12计划目标	4.5000 ± 0.5222	
	B13行为目标	4.6667 ± 0.4924	
A2资源保障	B21足球工作规划	4.1667 ± 0.8349	基准=1
	B22足球管理工作	4.1667 ± 0.8349	
	B23足球课程建设	4.5000 ± 0.5222	
	B24校长领导力	4.8333 ± 0.3893	
	B25班主任支持力	4.2500 ± 0.4523	

（续表）

一级指标	二级指标	平均值±标准差	比值
A2资源保障	B26足球师资状况	5.0000±0.0000	
	B27安全保障	4.5833±0.6686	
	B28足球场地状况	5.0000±0.0000	
A3组织执行	B31足球课程设置	4.6667±0.4924	基准=1
	B32足球课堂教学	4.6667±0.4924	
	B33足球课外活动	4.5833±0.5149	
	B34足球班级联赛	4.7500±0.4523	
	B35足球文化节	3.7500±0.4523	
	B36足球队建设	4.5833±0.5149	
A4发展成果	B41成果评价	4.6667±0.4924	基准=1
	B42特色评价	4.1667±0.7178	
	B43增幅评价	4.2500±0.7538	

三级指标权重比较表

一级指标	二级指标	三级指标	平均值±标准差	比值
A1发展目标	B11预期目标	C111五年目标	3.7500±0.7538	基准=1
		C112三年目标	4.0833±0.7930	
		C113年度目标	4.7500±0.4523	
	B12计划目标	C121学生体质目标	4.2500±0.7538	基准=1
		C122足球技能目标	4.5000±0.6742	
		C123足球人口目标	4.4167±0.6686	
		C124比赛成绩目标	3.9167±0.9003	
A2资源保障	B22足球管理工作	C221领导小组	4.0833±0.9003	基准=1
		C222部门协同配合	4.2500±0.8660	
		C223管理制度	4.0833±0.6686	
		C224评价制度	4.0000±0.9535	

(续表)

一级指标	二级指标	三级指标	平均值 ± 标准差	比值
A2资源保障	B23足球课程建设	C231课程理念	4.6667 ± 0.4924	基准=1
		C232课程模式	4.4167 ± 0.6686	
		C233教材选择与应用	4.0833 ± 0.6686	
		C234常规教学文件	3.8333 ± 0.9374	
	B24校长领导力	C241对校园足球前瞻力	4.2500 ± 0.7538	基准=1
		C242对校园足球决策力	4.5833 ± 0.5149	
		C243对校园足球执行力	4.9167 ± 0.2887	
	B25班主任支持力	C251对校园足球的认知力	4.0000 ± 0.6030	基准=1
		C252对校园足球的参与力	4.4167 ± 0.6686	
		C253对学生的引导力	4.1667 ± 0.8349	
	B26足球师资状况	C261教师周均课时量	4.5000 ± 0.6742	基准=1
		C262D级教练员教师数量	4.4167 ± 0.6686	
		C263教师课酬满意度	4.6667 ± 0.4924	
		C264教师招聘/培训计划与实施	4.6667 ± 0.6513	
	B27安全保障	C271安全教育机制	4.3333 ± 0.4924	基准=1
		C272意外伤害应急机制	4.7500 ± 0.4523	
		C273保险保障机制	4.7500 ± 0.4523	
		C274法律保障机制	4.5000 ± 0.6742	
	B28足球场地状况	C281场地面积	4.9167 ± 0.2887	基准=1
		C282场地质量	4.5000 ± 0.5222	
		C283场地改善/调配措施	4.5000 ± 0.5222	
		C284场地改善/调配效果	4.7500 ± 0.4523	
A3组织执行	B31足球课程设置	C311开设班级	3.8333 ± 0.5774	基准=1
		C312周开课时数/班	4.5833 ± 0.5149	
		C313编班人数	4.1667 ± 0.5774	
		C314开课形式	4.0833 ± 0.7930	
		C315教学督导	4.2500 ± 0.7538	
		C316教学质量反馈	4.5000 ± 0.6742	

（续表）

一级指标	二级指标	三级指标	平均值 ± 标准差	比值
A3组织执行	B32足球课堂教学	C321教学目标	4.4167 ± 0.5149	基准=1
		C322教学内容	4.5000 ± 0.5222	
		C323教法与学法	4.5833 ± 0.5149	
		C324教学组织	4.5000 ± 0.5222	
		C325课堂评价	4.5833 ± 0.5149	
	B33足球课外活动	C331制度建设	4.2500 ± 0.6216	基准=1
		C332执行状况	4.6667 ± 0.4924	
		C333课外活动参与人数比例	4.5833 ± 0.5149	
	B34足球班级联赛	C341联赛制度建设	4.2500 ± 0.4523	基准=1
		C342联赛实施	4.7500 ± 0.4523	
		C343参与场次/班/年	4.6667 ± 0.4924	
		C344联赛参与人数比例	4.6667 ± 0.4924	
	B35足球文化节	C351文化节制度建设	3.7500 ± 0.7538	基准=1
		C352活动方案设计	4.0000 ± 0.9535	
		C353宣传平台建设	3.8333 ± 0.7177	
		C354文化节参与人数比例	4.4167 ± 0.9003	
	B36足球队建设	C361足球队制度建设	4.1667 ± 0.5773	基准=1
		C362队伍种类与数量	4.4167 ± 0.7930	
		C363训练计划的制订与执行	4.9091 ± 0.3015	
		C364对外交流	4.4167 ± 0.6686	
		C365校队文化辅导	4.2500 ± 0.4523	
A4发展成果	B41成果评价	C411学生体质健康测试	4.1667 ± 0.7177	基准=1
		C412足球技能测试	4.4167 ± 0.6686	
		C413足球人口比例	4.5000 ± 0.5222	
	B42特色评价	C421创新模式	4.2500 ± 0.8660	基准=1
		C422创新效果	4.3333 ± 0.7785	
		C423示范辐射效用	4.3333 ± 0.7785	

（续表）

一级指标	二级指标	三级指标	平均值 ± 标准差	比值
A4发展成果	B43增幅评价	C431体质测试优良率年增长比率	4.3333 ± 0.6513	基准=1
		C432技能测试优良率年增长比率	4.4167 ± 0.5149	
		C433足球人口年增长比率	4.7500 ± 0.4523	
		C434校队比赛成绩年增长率	4.3333 ± 0.7785	

（对您的支持再次表示衷心的感谢）

附录4 校园足球特色学校评价实证研究部分调查问卷

（校长问卷）

尊敬的校长：

您好，首先感谢您在百忙之中抽出时间填写此问卷，为本课题的研究提供宝贵的意见！

我是福建师范大学与首都体育学院联合培养的博士研究生，正在进行《基于CIPP的北京市校园足球特色学校评价研究》论文的相关撰写，本研究旨在通过构建全面、科学、客观、合理的北京市校园足球特色学校评价指标体系，发挥评价的导向和改良作用，为北京市校园足球特色学校的发展提供建议和参考。依照研究进展，现在进入评价指标体系的实证研究阶段，即对构建的评价指标体系的科学性和合理性进行验证，现需要对部分北京市的校园足球特色学校和足球教育教学开展相关的情况进行调查，特设计此问卷。问卷答案无对错之分，仅为本课题研究所用，希望能获得您的真实想法和意见。

对于您的支持再次表示衷心的感谢，祝您身体健康，工作顺利！

指导教师：××× 教授

博士研究生：×××

联系电话：×××　　邮箱：×××

一、请在下面横线处填写您和贵校的相关信息

1. 个人基本信息：

性别_____年龄_____学历_____职称_____任校长职务年限_____

2. 贵校的基本信息：学校名称_____学校性质_____

二、请对以下问题进行作答或判断，同意处划"√"。

针对发展目标部分

1. 作为校长，您当时处于一种怎样的考量，想到了要通过申报校园足球特色学校的方式来促进学生和学校的发展呢？从学校体育工作实践的角度出发，您认为校园足球工作的重点是什么？

2. 作为北京市校园足球特色学校，贵校将校园足球的发展纳入学校整体发展规划，请您描述一下学校以校园足球为特色内容、以五年时间为目标的校园足球发展的愿景，以及贵校对校园足球开展的整体水平和程度的设想。

3. 基于学校已有基础的现实性和目标的前瞻性，以三年目标为例，学校预设的与校园足球有关的学生体质目标、足球技能目标、足球参与人口目标、足球业余训练与竞赛成绩目标分别是什么？

4. 根据校园足球的三年发展目标，遵循学校体育发展的规律和足球人才成长的规律，贵校确定的年度目标的重点是怎么安排的？为实现三年目标中的各个具体的计划目标，学校采取了哪些具体的行为和措施来确保计划目标的实现。

针对资源保障部分

1. 贵校校园足球领导小组由哪些成员构成：
   A. 校外专家　B. 校长（副校长）　C. 班主任代表　D. 体育教师
   E. 学生代表　F. 家长代表

2. 您认为贵校校园足球领导小组的设置：
   A. 合理　B. 较合理　C. 不合理

3. 请您对校园足球多种形式的教育教学活动，按照您所认为的重要程度，按照由高到低的顺序进行排列：
   A. 课堂教学　足球文化节　课外活动　班级联赛　业余训练与竞赛
   B. 课外活动　班级联赛　课堂教学　足球文化节　业余训练与竞赛
   C. 业余训练与竞赛　班级联赛　课外活动　课堂教学　足球文化节

4. 贵校是否成立了针对校园足球各项教育教学活动的评价制度？如果成立了请您对该制度进行评价。

名称	好	一般	差
涵盖内容的全面性			
各部分权重的合理性			
对实践工作的指导性			

5. 贵校每年的教育经费是_____元，体育经费所占比例为_____，用于发展校园足球的经费占体育经费的比例为_____，生均足球经费是____元。

6. 贵校校园足球活动经费与开展多种形式的足球活动需求之间的关系是：
   A. 充分满足 B. 基本满足 C. 不能满足

7. 贵校有关足球课程的教学文件（学年、学期、单元、课时教学计划）：
   A. 齐备 B. 基本齐备 C. 不齐备

8. 贵校每年为每位体育教师提供的服装费是_____元，发放状况如何：
   A. 按时一次足额发放 B. 按时多次足额发放 C. 不能按时足额发放

9. 作为校长，您每学期听足球课的平均次数：
   A. 1~3次 B. 4~6次 C. 7次及以上

10. 您每学期在课外活动时间到足球场对足球课外活动的实施状况进行了解的平均次数：
    A. 1~3次 B. 4~6次 C. 7次及以上

11. 您对班主任在开展校园足球活动中给予的支持力度表示：
    A. 满意 B. 比较满意 C. 基本满意 D. 不满意

12. 目前，学校能够利用的可用于足球教学的场地能否（多大程度上）满足开展足球活动的需求？

13. 目前，您认为学校拥有的足球教师数量与校方开展多项足球活动需求之间的状况是：
　　　A. 充分满足　B. 基本满足　C. 不能满足

14. 针对学校体育安全工作，贵校是否开展了专题性的教育教学活动？每学期累计体育安全教育_____学时。

15. 贵校的校园足球活动经费对于满足多种形式的足球教育教学活动而言：
　　　A. 充分满足　B. 基本满足　C. 不能满足

针对组织执行部分

1. 目前，贵校开设足球课堂教学的班级占班级总数的_____，足球课每班每周开课时数_____学时，每班平均人数为_____人。

2. 贵校的学校体育教学督导小组开展了哪些形式的督导工作？对督导组成员的工作有哪些具体要求？完成状况如何？

3. 有哪些成员作为评价主体参与了贵校校园足球教学质量与水平的评价工作？针对评价结果采取了哪些针对性的改善措施和方法？

针对发展成果部分

1. 从总体上看，您认为贵校的校园足球文化氛围和校园足球开展的效果：
　　　A. 氛围已形成，效果好　　　B. 氛围初步形成，效果初显
　　　C. 氛围未形成，效果较差

2. 目前针对校园足球的教育教学活动，您对贵校创建的"课内外一体化"的教学模式的整体评价是：
　　　A. 满意　B. 比较满意　C. 基本满意　D. 不满意

3. 请您对贵校多种形式的校园足球活动的开展效果进行评价：

名称	好	一般	差
足球课堂教学			
足球课外活动			
班级联赛			
足球文化节			
代表队训练			
代表队竞赛成绩			

4. 您认为贵校的足球教师在发展校园足球上的表现：

名称	强	一般	弱
足球教师数量			
足球教师技能			
足球教师态度			
足球教师执教水平			
奖惩制度的执行力度			

5. 作为校长您如何理解学校的内涵式发展、特色化办学的目的和方法？作为全国校园足球特色学校未来有哪些打算？

附件5 校园足球特色学校评价实证研究部分调查问卷

（教师问卷）

尊敬的老师：

　　您好，首先感谢您在百忙之中抽出时间填写此问卷，为本课题的研究提供宝贵的意见！

　　我是福建师范大学与首都体育学院联合培养的博士研究生，正在进行《基于CIPP的北京市校园足球特色学校评价研究》论文的相关撰写，本研究旨在通过构建全面、科学、客观、合理的北京市校园足球特色学校评价指标体系，发挥评价的导向和改良作用，为北京市校园足球特色学校的发展提供建议和参考。依照研究进展，现在进入评价指标体系的实证研究阶段，即对构建的评价指标体系的科学性和合理性进行验证，现需要对部分北京市的校园足球特色学校和足球教育教学开展相关的情况进行调查，特设计此问卷。问卷答案无对错之分，仅为本课题研究所用，希望能获得您的真实想法和意见。

　　对于您的支持再次表示衷心的感谢，祝您身体健康，工作顺利！

指导教师：×××教授
博士研究生：×××

一、请在下面横线处填写您和贵校的相关信息

　　1. 个人信息：姓名_____性别_____年龄_____学历_____职称_____任职年限_____

　　2. 贵校的基本信息：学校名称_____学校性质_____
　　在校生人数_____教学班数量_____体育教师人数_____足球教师人数_____

二、针对发展目标部分

1. 作为北京市的全国青少年校园足球特色学校，贵校将校园足球的发展纳入学校整体发展规划，请您描述一下学校以校园足球为特色内容、以五年时间为目标的校园足球发展的愿景，以及贵校对校园足球开展的整体水平和程度的设想。

2. 基于学校已有基础的现实性和目标的前瞻性，以三年目标为例，学校预设的与校园足球有关的学生体质目标、足球技能目标、足球参与人口目标、足球业余训练与竞赛成绩目标分别是什么？

3. 根据校园足球的三年发展目标，遵循学校体育发展的规律和足球人才成长的规律，贵校确定的年度目标的重点是怎么安排的？为实现三年目标中的各个具体的计划目标，学校采取了哪些具体的行为和措施来确保计划目标的实现。

三、针对资源保障部分

1. 从贵校的全国校园足球特色学校申报表和今年6月份北京市教委对全国校园足球特色学校的复核报告可见，贵校已建立了针对校园足球各项活动的管理制度，请您对贵校成立的校园足球管理制度的多个方面进行评价：

名称	好	一般	差
制度内容的全面性			
制度条款的合理性			
制度的可执行性			

2. 请您对校园足球多种形式的教育教学活动，根据您认为的重要程度按照由高到低的顺序进行排列：

　　A. 课堂教学 足球文化节 课外活动 班级联赛 业余训练与竞赛
　　B. 课外活动 班级联赛 课堂教学 足球文化节 业余训练与竞赛
　　C. 业余训练与竞赛 班级联赛 课外活动 课堂教学 足球文化节

3. 贵校是否成立了针对校园足球各项教育教学活动的评价制度？如果成立了请您对该制度进行评价。

名称	好	一般	差
涵盖内容的全面性			
各部分权重的合理性			
对实践工作的指导性			

4. 贵校校园足球活动经费能否满足开展多种形式的足球活动？
　　A. 充分满足　B. 基本满足　C. 不能满足

5. 贵校有关足球课程的教学文件（学年、学期、单元、课时教学计划）：
　　A. 齐备　B. 基本齐备　C. 不齐备

6. 以您的教学经验来判断，一个学期的教学工作实践中能够完成学期教学计划规定内容所占的比例是：
　　A. 100%　B. 80%　C. 60%　D. 40%

7. 贵校每年为每位体育教师提供的服装费是_____元，发放状况如何？
　　A. 按时一次足额发放　B. 按时多次足额发放　C. 不能按时足额发放

8. 在贵校组织的班级联赛、足球文化节活动、足球运动员选拔、文化辅导等工作中，是否得到班主任老师的支持，您对班主任老师的支持力度表示：
　　A. 满意　B. 比较满意　C. 基本满意　D. 不满意

9. 班级联赛开展的过程中，每逢所在班有比赛时班主任老师到现场观赛参与的情况是：
　　A. 每次比赛都到场观赛　B. 多数场次到场观赛　C. 较少到场观赛

10. 针对比赛过程中的各种问题及比赛结果，您认为班主任老师对学生的引导能力：
　　A. 满意　B. 比较满意　C. 基本满意　D. 不满意

11. 贵校是否将体育教师组织的早操、课间操、课外活动、业余训练与竞赛、学生体质健康测试等工作按照合理比例计入教师总工作量？早操、课间操、课外活动、业余训练与竞赛、学生体质健康测试的折算系数分别是：_____。

12. 贵校自获批北京市校园足球特色学校以来，新进体育教师数量____人，其中足球教师_____人；此外_____人参加了关于足球的继续教育培训，人均培训_____课时。

13. 目前，贵校共有体育教师_____人，足球教师_____人，其中拥有D级教练员资质的教师为_____人，拥有C级教练员资质的教师为_____人。

14. 目前，您认为学校拥有的足球教师数量与校方开展多项足球活动需求之间的状况是：
  A. 充分满足 B. 基本满足 C. 不能满足

15. 贵校自获批全国青少年校园足球特色学校以来，为满足校园足球教育教学活动的需要，在原有足球场地的基础上，采取了哪些具体的改善或调配措施？

16. 目前，您认为经过学校调配后的足球场地能否满足开展校园足球多项活动的需求？
  A. 充分满足 B. 基本满足 C. 不能满足

17. 请您对贵校成立的体育伤害应急机制进行评价：

名称	好	一般	差
应急小组人员齐备性			
应急救助预案有效性			
事故处理预案可操作性			

18. 为保障学生安全，贵校购买了哪些险种？（可多选，若选D，则举例）

A. 学校责任险　B. 学校无过失责任险　C. 运动意外伤害险　D. 其他

19. 体育运动意外伤害险参保学生所占的比例为：

A. 100%　B. 80%　C. 60%　D. 低于60%

20. 请您对校长的有关校园足球的领导力进行评价

名称	好	一般	差
对校园足球的前瞻力			
对校园足球的决策力			
对校园足球的执行力			

四、针对组织执行部分

1. 目前，贵校开设足球课堂教学的班级占班级总数的比例为_____，足球课每班每周开课时数_____学时，每班学生平均人数为_____人。

2. 据您了解，针对足球课，校长每学期参与听课或评课的平均次数为：

A. 1~3次　B. 4~6次　C. 7次及以上

3. 有哪些成员作为评价主体参与了贵校校园足球教学质量与水平的评价工作？（可多选）

A. 校外专家 B. 学校领导 C. 体育教师　D. 学生 E. 家长 F. 其他
针对评价结果采取了哪些针对性的改善措施和方法？

4. 贵校在每天的课外活动时间，每周组织以足球为活动内容的次数_____次，每次活动时长为_____分钟，（□有□无）专人负责，针对不同年级校园足球的组织形式和活动内容有无区别？
以您的经验判断，每周能参加两次足球课外活动内容的学生比例为：_____。

5. 贵校校园足球班级联赛每学年开展_____次，比赛时间安排：上半场+休息+下半场时间为：_____。

班级联赛的开展形式：

　　A. 三人制　B. 五人制　C. 七人制　D. 九人制

是□男女分赛还是□男女同赛，如果是男女同赛，则男生和女生人数分别是_____

每次班级联赛每班参与的平均场次为：

　　A 5.～10场　B. 11～15场　C. 16～20场

以您的经验判断，以班为单位，每次班级联赛每班上场参与比赛的人数比例为：_____。

6. 贵校足球文化节每学年开展_____次，活动内容的形式有：_____。
以您的经验判断，以班为单位，每次文化节参与活动的学生比例为：_____。

7. 贵校校级足球代表队，男队和女队的人数分别是_____和_____校足球代表队每周训练次数_____次，每次时长_____分钟，每年参与校际间比赛的场次约为_____场。

8. 以您的了解，贵校常年参加足球业余训练的学生约有_____人，每周训练_____次，每次时长约为_____分钟。

五、针对发展成果部分

1. 从总体上看，您认为贵校的校园足球文化氛围和校园足球开展的效果：
　　A. 氛围已形成，效果好　　B. 氛围初步形成，效果初显
　　C. 氛围未形成，效果较差

2. 目前针对校园足球的教育教学活动，您对贵校创建的"课内外校内外一体化"或"1+X"的教学模式的整体评价是：
　　A. 非常满意　B. 比较满意　C. 基本满意　D.不满意

3. 请您对贵校多种形式的校园足球活动的开展效果进行评价：

名称	好	一般	差
足球课堂教学			
足球课外活动			
班级联赛			
足球文化节			
代表队训练			
代表队竞赛成绩			

4. 您认为贵校的足球教师在发展校园足球上的表现：

名称	强	一般	弱
足球教师数量			
足球教师技能			
足球教师态度			
奖惩制度的执行力度			

5. 贵校开展校园足球两年多以来，您认为学校在发展校园足球方面获得了哪些宝贵的经验？现在在校园范围内制约校园足球发展的短板是什么？未来在校园足球工作实践中有何改善的建议或想法？

附录6　校园足球特色学校评价实证研究部分调查问卷

（学生问卷）

为反映北京市校园足球特色学校足球教育教学开展质量与水平的现状，了解同学们对所在学校足球活动开展及参与状况的真实情况，特设计此问卷。将耽误你几分钟宝贵的时间，请你根据自己的亲身经历和真实想法对以下问题进行作答。问卷无需填写姓名，答案无对错之分，本问卷将对你的所有答案进行保密，请放心作答。谢谢你的帮助和支持！

1. 你认为学校对校园足球的重视程度如何：
   A. 非常重视　B. 比较重视　C. 一般　D. 不太重视　E. 很不重视

2. 你喜欢参加下列哪种具体形式的校园足球活动？（可多选）
   A. 足球课堂教学　　B. 足球文化节　　　C. 班级联赛
   D. 足球课外活动　　E. 足球队业余训练　F. 校足球代表队竞赛

3. 你认为贵校校园足球的文化氛围和开展的整体效果如何？
   A. 氛围已形成，效果好　B. 氛围初步形成，效果初显
   C. 氛围未形成，效果较差

4. 你校每个学期的期末是否对体育教师进行网上评教活动，以上学期为例，你对足球教师的整体评价是：
   A. 优秀　B. 良好　C. 中等　D. 合格　E. 不合格

5. 你班有＿＿＿＿名同学一起上足球课，每周上了＿＿＿＿节足球课，回忆一下在过去的一个月时间内，除了足球课，你平均每周参加了＿＿＿＿次以足球为活动内容的体育活动，每次活动时长约为＿＿＿＿分钟。

6. 你校每学年开展_____次足球班级联赛，每次班级联赛你（□是，□否）作为球员上场参与比赛，如果作为球员上场参与比赛，共参加了_____场班级之间的比赛。

7. 在上届校园足球文化节举办的过程中，你（□是，□否）参加了其中的活动，你参加了其中的_____个项目，内容分别是_____，（□是，□否）获奖，获奖的最好名次是_____。

8. 在下午两节课后的课外活动时间，你校每周安排了_____次以足球为主题的活动内容，你（□是，□否）参与了以足球为主题的课外活动，你每周参与_____次，每次活动时长约为_____分钟。

附录7 调研学校各级指标记录统计表

指标/校名	A小学	K小学	Z小学	C小学	M小学
C1五年目标	1	0.9	0.8	0.9	0.8
C2三年目标	0.9	0.9	0.9	0.8	0.8
C3年度目标	0.9	0.9	0.8	0.8	0.85
C4学生体质目标	0.9	0.9	0.9	0.9	0.9
C5足球技能目标	0.6	0.6	0.6	0.6	0.7
C6足球人口目标	1	0.8	1	0.8	0.8
C7比赛成绩目标	0.9	0.8	0.75	0.9	0.7
C8领导小组	0.9	0.9	1	1	0.9
C9管理制度	1	0.9	0.9	0.9	0.9
C10评价制度	0.6	0.6	0.6	0.6	0.7
C11课程模式	1	1	0.8	0.8	0.8
C12教材选择与应用	0.9	0.9	1	0.8	0.7
C13常规教学文件	0.7	0.7	0.7	0.7	0.7
C14对校园足球前瞻力	1	1	0.8	0.9	0.8
C15对校园足球决策力	0.9	1	0.9	0.7	0.8
C16对校园足球执行力	0.9	0.9	0.9	0.8	0.8
C17对校园足球的参与力	0.7	0.7	0.8	0.7	0.7
C18对学生的引导力	0.6	0.6	0.8	0.6	0.5
C19教师周均课时量	1	1	0.9	1	1
C20C级D级教练员教师数量	0.9	1	0.5	1	0.5
C21教师课酬满意度	0.9	0.9	0.9	0.9	0.9
C22教师招聘培训计划与实施	1	1	1	1	0.7
C23安全教育机制	0.9	0.9	0.9	0.9	0.9
C24意外伤害应急机制	0.9	0.9	0.9	1	0.9

（续表）

指标/校名	A小学	K小学	Z小学	C小学	M小学
C25保险保障机制	0.75	0.7	1	0.7	1
C26场地面积与质量	0.6	1	0.6	0.7	0.5
C27场地改善措施与效果	1	1	0.75	0.7	0.5
C28班级开课率	1	1	1	1	1
C29周开课时数/班	1	1	1	1	1
C30编班人数	1	1	0.65	0.7	0.65
C31教学督导	0.7	0.7	0.7	0.8	0.8
C32教学质量反馈	0.8	0.8	0.9	0.8	0.8
C33教学目标	0.5	0.6	0.6	0.7	0.6
C34教学内容	0.7	0.7	0.7	0.7	0.7
C35教学方法	0.7	0.8	0.8	0.9	0.7
C36教学组织	0.7	0.8	0.8	0.9	0.75
C37课堂评价	0.7	0.7	0.8	0.7	0.75
C38制度建设与执行	0.9	0.9	0.9	0.9	0.8
C39课外活动参与人数比例	0.75	0.75	0.8	0.8	0.6
C40联赛制度建设与实施	0.8	0.8	0.8	0.9	0.7
C41参与场次/班/年	0.75	0.5	0.5	0.7	0.5
C42联赛参与人数比例	0.67	0.5	0.5	0.7	0.5
C43活动方案设计与实施	0.9	0.9	1	0.9	0.8
C44文化节参与人数比例	1	0.8	1	0.9	0.7
C45足球队制度建设	1	1	0.9	1	0.9
C46队伍种类与数量	0.9	1	0.9	0.8	0.8
C47训练计划的制订与执行	0.9	0.9	0.65	0.9	0.7
C48对外交流	1	0.9	0.7	0.8	0.75
C49学生体质健康测试	1	1	1	1	1
C50足球技能测试	0.5	0.5	0.5	0.5	0.4
C51足球人口比例	0.75	0.7	0.8	0.6	0.55
C52创新模式	0.9	0.9	0.8	0.7	0.6

（续表）

指标/校名	A小学	K小学	Z小学	C小学	M小学
C53创新效果	0.7	0.8	0.8	0.7	0.6
C54体质测试优良率年增长率	0.9	0.9	1	0.9	0.9
C55足球技能测试达标年增长率	0.5	0.5	0.5	0.5	0.4
C56足球人口年增长率	1	0.8	1	0.8	1
C57足球人才输送年增长率	0.8	1	0.6	0.8	0.5
B1预期目标	0.9265530	0.9000514	0.8397966	0.8265473	0.8169224
B2计划目标	0.8566513	0.7755744	0.8011415	0.7056268	0.7303981
B3足球管理工作	0.8155545	0.7799929	0.8044232	0.8044232	0.8200038
B4足球课程建设	0.8341054	0.8341054	0.8051275	0.7531771	0.7272019
B5校长领导力	0.9246730	0.9551917	0.8746258	0.7941932	0.7746648
B6班主任支持力	0.64714	0.64714	0.8	0.64714	0.59428
B7足球师资状况	0.9507307	0.9714881	0.8475481	0.9714881	0.7758905
B8安全保障	0.8454736	0.8272982	0.9363507	0.8601102	0.9363507
B9足球场地状况	0.82296	1	0.68361	0.7	0.5
B10足球课程设置	0.8752743	0.8752743	0.8418974	0.8483005	0.8397884
B11足球课堂教学	0.6699547	0.7302235	0.7521402	0.7452412	0.7073968
B12足球课外活动	0.8175	0.8175	0.845	0.845	0.69
B13足球班级联赛	0.7271752	0.5705567	0.5705567	0.7470430	0.5470401
B14足球文化节	0.95572	0.84428	1	0.9	0.74428
B15足球队建设	0.9426714	0.9476854	0.7332015	0.8676171	0.7786835
B16成果评价	0.7434507	0.7236236	0.7632778	0.6839694	0.6326653
B17特色评价	0.78853	0.844265	0.8	0.7	0.6
B18增幅评价	0.8171667	0.7871457	0.8029545	0.7497780	0.7366445
A1发展目标	0.8861428	0.8280912	0.8316188	0.8090275	0.7952401
A2资源保障	0.8428630	0.8763345	0.8212066	0.7994446	0.7288094
A3组织执行	0.8305974	0.7985073	0.8060200	0.8348756	0.7170942
A4发展成果	0.7885853	0.7872543	0.7913489	0.7169410	0.6672109
最终得分	0.8359442	0.8236719	0.8124318	0.8000757	0.7243093

致谢

　　一年一度一春归，四度光阴成追忆。博士生涯行将结束，掩卷回首，感慨良多！若没有读博的经历，本人绝不能体会林语堂先生关于幸福无非四件事（一是睡在自家床上，二是吃父母做的饭菜，三是与心爱的人耳鬓私语，四是陪自家孩子玩耍）的含义之深，读罢由衷佩服先生是一个真正生活过的人！寒冬饮冰雪，点滴在心头。曾几何时，旗山脚下、蓟门桥西、蔚园湖畔，冥思苦想、卧不能寐、衣带渐宽、斯人憔悴，"急不得、快不得、等不得、慢不得"的深刻体味、五公里起步的慨然、边跑边思的"一心二用"、阿Q的精神慰藉与自我鼓励、放不下的牵挂与放得下的难舍、开题混沌之忧虑、思路渐开之欣喜、初稿渐成之释然……共同汇聚成读博生活的底色。

　　本论文是在导师于振峰教授的指导下由本人独立完成的，导师在选题、开题、调研和撰写过程中给予了无微不至的关怀，在此表示衷心的感谢！在追随导师学习的日子，导师知识渊博、平易近人、睿智严谨，视每个弟子如同己出。忘不了在405室，他面对新任务高屋建瓴的诠释与丝丝入扣的部署所映射的传道精神；忘不了他在贵友酒家，教育我们尊重每一位普通劳动者所流露的悲悯情怀；忘不了他在交流中心，将我们三位博士生一一引荐给各位专家的舐犊情深……每念及此，敬畏之情，油然而生！

　　如果你没有真正地尝试去做一件事情，那么你很难学会如何去做这件事；如果没有人站在你身边帮助你处理可能遇到的问题，那么你很难做好一件从未做过的事情。论文撰写结束之际，本人忠心地感谢身边的良师益友，感谢福建师范大学体育科学学院博士生导师团队的黄汉升教授、洪泰田教授、方千华教授、吴燕丹教授、林向阳教授、刘一平教授的培养，感谢开题组专家团队的钟秉枢教授、王凯珍教授、李林教授给予的肯定和意见，感谢论文撰写过程中给予指点的潘绍伟教授、张路老师、马凌教授、吴键教授、陈效科教授、庄弼教授、仓江教授，感谢调研过程中首都体育学院足球教研室的高原教授、马克副教授、文仕林博士的"牵线搭桥",感谢调研学校的校长、老师和同学们的配合与支持,感谢陈俊钦教授、李思民教授、杨海晨教授、许文鑫教授、毕学翠博士、苏立强博士、王永安博士对论文提出的修改意见,感谢答辩组专家的批评与指正,同时怀念与体科院2015级博士一起学习生活的岁月,感谢同门师兄弟的帮助。

感谢我的妻子凤美,每当学业进展受挫时的无助感、不知所措的焦虑感、对家庭的亏欠感困扰我时,她总能开导我、鼓励我,曾多次往返于京福高速铁路之间,每次送我到高铁站,不舍的眼神、临行的宽慰、儿子的飞吻……构成了无数个惜别的瞬间。

感谢我的父母,虽年过花甲,却又承担起照顾家庭和孩子的责任。父母常说"一粥一饭即是幸福""抬脚包子落脚面",这是他们对儿子表达勉励与祝福的方式。饺子"元宝状",吃饺子冀盼外出求财的能得富贵、外出求学的能得功名;每次返校前,父母都会擀皮、和馅、包饺子……这就是家的味道,每念及此,不禁潸然!愿天下父母老有所乐、幸福安康!

博士生活的结束预示着新的征程的开始,敢问路在何方?路在脚下!唯有砥砺前行、不负韶华、无愧我心!

张　健
2019年2月20日
蔚园图书馆